CHRONIQUE
D'ANTONIO MOROSINI

EXTRAITS RELATIFS A L'HISTOIRE DE FRANCE

PUBLIÉS POUR LA SOCIÉTÉ DE L'HISTOIRE DE FRANCE

INTRODUCTION ET COMMENTAIRE

PAR

Germain LEFÈVRE-PONTALIS

TEXTE ÉTABLI ET TRADUIT

PAR

Léon DOREZ

TOME PREMIER

1396-1413

A PARIS
LIBRAIRIE RENOUARD
H. LAURENS, SUCCESSEUR
LIBRAIRE DE LA SOCIÉTÉ DE L'HISTOIRE DE FRANCE
RUE DE TOURNON, N° 6

MDCCC XCVIII

CHRONIQUE
D'ANTONIO MOROSINI

EXTRAITS RELATIFS

A L'HISTOIRE DE FRANCE

(1396-1433)

IMPRIMERIE DAUPELEY-GOUVERNEUR

A NOGENT-LE-ROTROU.

CHRONIQUE
D'ANTONIO MOROSINI

EXTRAITS RELATIFS A L'HISTOIRE DE FRANCE

PUBLIÉS POUR LA SOCIÉTÉ DE L'HISTOIRE DE FRANCE

INTRODUCTION ET COMMENTAIRE

PAR

Germain LEFÈVRE-PONTALIS

TEXTE ÉTABLI ET TRADUIT

PAR

Léon DOREZ

TOME PREMIER

1396-1413

A PARIS
LIBRAIRIE RENOUARD
H. LAURENS, SUCCESSEUR
LIBRAIRE DE LA SOCIÉTÉ DE L'HISTOIRE DE FRANCE
RUE DE TOURNON, N° 6

MDCCC XCVIII

EXTRAIT DU RÈGLEMENT.

Art. 14. — Le Conseil désigne les ouvrages à publier, et choisit les personnes les plus capables d'en préparer et d'en suivre la publication.

Il nomme, pour chaque ouvrage à publier, un Commissaire responsable, chargé d'en surveiller l'exécution.

Le nom de l'éditeur sera placé en tête de chaque volume.

Aucun volume ne pourra paraître sous le nom de la Société sans l'autorisation du Conseil, et s'il n'est accompagné d'une déclaration du Commissaire responsable, portant que le travail lui a paru mériter d'être publié.

Le Commissaire responsable soussigné déclare que le tome Ier *de la* Chronique d'Antonio Morosini, *préparé par* MM. Germain Lefèvre-Pontalis *et* Léon Dorez, *lui a paru digne d'être publié par la* Société de l'Histoire de France.

Fait à Paris, le 30 novembre 1898.

Signé : M[ls] DE BEAUCOURT.

Certifié :

Le Secrétaire de la Société de l'Histoire de France,

A. DE BOISLISLE.

CHRONIQUE
D'ANTONIO MOROSINI

EXTRAITS RELATIFS

A L'HISTOIRE DE FRANCE

(1396-1433).

. . . .

È[1] da saver[2] che[3] in questo tenpo[4] Baixeto, fio che fo de Morato, inperador dy Turchy[5], iera molto posente in Turchia e in Grecia; per muodo e via che, se (a) la divina providencia non avese provezudo, quelo iera per farse signor de la pluy parte de la Cristantade[6]. De che el dito inperador di Turchy, schorando Baixeto, elo vigniva meso l'inpierio de

1. Fol. 135 A *in fine*. — Le numérotage des feuillets du ms. 6586-6587 de la Bibl. imp. et roy. de Vienne est établi en prenant pour base, non pas le recto et le verso, mais la position de chaque folio à gauche ou à droite, méthode qui n'est pas sans exemple. L'indication représentée ici, selon l'usage, par la lettre A correspond donc au verso habituel de chaque feuillet, la lettre B représentant le recto du feuillet suivant.

2. Cet extrait et les suivants, jusqu'à indication contraire — qui se rencontrera seulement dans le cours de l'an 1404 — font partie de la *Chronique* qui précède le *Diario* d'Antonio Morosini, et sont compris dans la fraction supposée originale de cette *Chronique*. Les caractères généraux de cette première grande division de l'œuvre de l'historien vénitien, et les limites particulières de sa section spéciale supposée originale, qui s'étend de 1388 à 1404, sont définis dans l'Introduction.

3. Tout cet extrait, relatif à la croisade de 1396, organisée en France et dans les États chrétiens, jusques et y compris l'allusion à la trêve conclue avec le roi de Hongrie, se retrouve dans les Vite de' Duchi di Venezia, de Marino Sanuto : le fonds du récit, quoiqu'abrégé et tronqué, guide sans hésitation la narration de Sanuto. La parité des deux textes ne peut faire aucun doute entre ces mots : « In questo tempo, come nella Cronica Dolfina ho letto, Bajazet figliulo d'Amuratte Imperador de' Turchi s'era fatto molto potente nella Turchia e nella Grecia... », et ceux-ci : « Poi fu fatta tregua per anni cinque. » (Vite de' Duchi di Venezia, ap. Muratori, *Rer. Ital. Script.*, t. XXII, col. 762-763.) — La référence de source (Cronica Dolfina), indiquée par Sanuto, fait voir que la Chronique de

. . . .

Or sachez qu'en ce temps Bajazet, fils de Mourad, empereur des Turcs, était très puissant en Turquie et en Grèce ; tant et si bien que, si la divine providence n'y eût pourvu, il fût devenu maître de la plus grande partie de la chrétienté. Car à la suite des incursions de cet empereur des Turcs, l'empire de Constantinople était réduit au point que Bajazet était tout près de s'en proclamer et de s'en rendre maître ; il était, disait-on, entré

Pier Delfino, dont il est suffisamment traité dans l'Introduction, avait, entre autres, emprunté presque textuellement ce fragment à la *Chronique*, démontrée antérieure, qui précède le *Diario* d'Antonio Morosini.

4. La Chronique, dans cet extrait, contient la relation de la fatale croisade de 1396, dite de Nicopolis, à laquelle la chevalerie française prit une part si décisive et si malheureuse, que ce bref précis met singulièrement en relief.

5. Bayezid Ier, empereur des Ottomans, fils de Mourad Ier, a succédé à son père en 1389.

6. La puissance ottomane, fondée au milieu du XIIIe siècle par l'émir Ortogrul dans le nord de l'Asie Mineure, à Dorylée (Eskichehr), organisée par Osman Ier, son fils, installée définitivement à Brousse par Orkhan (1326-1360), a pris pied en Europe, pour la première fois, en 1356, par la conquête de Gallipoli, incomparable position devenue rapidement la tête de pont de l'invasion musulmane au delà des Dardanelles. Mourad Ier (1360-1389) a fait d'Andrinople sa seconde capitale, puis a détruit au choc sanglant de Kossovo, en 1389, la défense des Slaves du Sud. Son fils, Bayezid Ilderim, Bajazet l'Éclair, vient d'absorber la Bulgarie, d'asservir la Valachie (1390-1391). En 1395, au moment où va s'ouvrir ce récit, il accentuait une vigoureuse offensive, déjà prononcée depuis quelques campagnes, contre la Hongrie, avec laquelle l'invasion asiatique entrait maintenant en contact, et contre Constantinople, que les récentes conquêtes ottomanes séparaient désormais, sans retour, du reste des États chrétiens d'Europe.

Constantinopoly in termene che al tuto quelo iera per darse e farse signor de quelo ; e averave armado intro el destreto de Romania [1] tra de galie [2] e alguny altry legny da fusty [3] pluy de LX, per muodo [4] e maniera che in quel streto non sende podeva navegar alguna zeneraciom, se non a grando stuolo de galie. Anchora è da saver che el so chanpo iera tuto posente in la Grecia, chon pluy de persone cento milia tra da pè e da chavalo [5]. De che veziando i Cristiany molty-plichar el dito Turcho, (e) intro M III° LXXXXVI [6] fo fato una honion tra Cristiany, zoè per lo dito inperador

---

1. « Destreto de Romania. » Il semble que cette expression représente plutôt les Dardanelles, l'Hellespont antique, la Chronique employant plus loin, pour désigner le Bosphore, la dénomination de « destreto de Pera ».

2. *Galie*, galères, le seul type du vrai bâtiment de combat alors usité en Méditerranée, « le plus parfait des vaisseaux longs, celui que tous les peuples qui rêvaient la domination de la mer Méditerranée construisirent avec le plus de soins et de luxe. » Toutes les questions relatives à cette catégorie de navires ont été traitées de façon définitive dans l'œuvre de Jal, dans son Glossaire nautique (art. Galère et art. adjacents), et dans son Archéologie navale (mém. 4 et 5). Une excellente reproduction de Galère réale et une curieuse représentation de Galère vénitienne en 1539, auxquelles il est intéressant de se référer, se trouvent dans le recueil de l'amiral Pâris. (*Collection de plans ou dessins de navires*, t. V, pl. 289-300, et t. I, pl. 93-94.)

3. *Legni da fusti*, lins armés en fuste. — Le lin est un bâtiment à rames, susceptible d'être armé en guerre, inférieur à la galère. (Jal, *Gloss. naut.*, et *Arch. nav.*, mém. 4.) — La fuste est un bâtiment à rames, également susceptible d'être armé en guerre, de taille sensiblement inférieure à la galère. (Ibid., *id.*) Fuste est peut-être pris ici dans le sens général de bâtiment de guerre, acception que ce vocable paraît prendre, à cette époque, dans certains documents officiels de technique maritime véni-

en armes dans le détroit de Romanie avec des galères et quelques autres lins armés en fuste, plus de soixante, de sorte que personne ne pouvait plus naviguer dans ce détroit sans un nombre imposant de galères. Or sachez aussi que son armée occupait puissamment la Grèce avec plus de cent mille personnes, à pied ou à cheval. Alors les Chrétiens, voyant le Turc faire de tels progrès, conclurent entre eux, en l'année 1396, une ligue où entrèrent l'empereur de Constantinople, Venise et Gênes, ainsi que le roi de Hongrie, et ensuite la république de Florence. Aussitôt il fut décidé de faire une

tienne. (Voir ci-après la lettre de Carlo Zeno en date du 9 octobre 1403.)

4. *Muodo*. Inc. fol. 135 B.

5. Ces indications relatives à la flotte ottomane en croisière dans les Dardanelles et aux forces de Bajazet à terre sont à relever, ainsi que celles relatives aux opérations de cette campagne. Le chiffre de 100,000 hommes, tant cavaliers que fantassins, signalé par la Chronique comme composant l'armée ottomane, se rapproche sensiblement de celui des 94,000 combattants réguliers que le dénombrement circonstancié de la Chronique du religieux de Saint-Denis permet de relever. (Chronique du religieux de Saint-Denis, éd. Bellaguet, ap. *Coll. des doc. inéd. sur l'hist. de France*, liv. XVII, t. II, p. 504.) — Sur la marche et les forces des Turcs, Delaville le Roulx, *La France en Orient au XIVe siècle*, p. 220-232, 258-260, 266-269.

6. En style vénitien, l'année commence le 1er mars, mode de supputation qui persiste officiellement jusqu'aux derniers jours de l'existence même de l'État de Venise, en 1797. Dans le cours de cette édition, toute la notation des dates, soit pour le style vénitien du 1er mars, soit pour le style français de Pâques, employé, comme on sait, jusqu'en 1565, soit pour tout autre style italien ou étranger, a été ramenée au mode de supputation actuelle du 1er janvier.

de Constantinopoly[1] e Veniciany[2] e Zenovexi[3], e con meso el re d'Ongaria[4], e apreso el chomum de Fiorenza[5], e de subito fo hordenado de far una granda armada per tera e per mar (e) per deverse aidar a la destrucion del dito Turcho[6].

De che prima elo fo fato in Franza[7] uno grando aparechiamento de gran barony de Franza, i qual se mose per andar[8] al dito pasazo[9], e tra i altry de fo el chonte de Universa, el qual iera ducha de Borgogna[10],

---

1. Manuel II Paléologue, empereur d'Orient, fils de Jean VI Paléologue, a succédé à son père en 1391 (1391-1425).

2. Venise a pour doge Antonio Veniero, doge depuis 1382 (1382-1399).

3. L'ingouvernable Gênes, à bout de révolutions intérieures, négocie depuis 1392 son abandon à la France, soit à la couronne de France proprement dite, soit à Louis, duc d'Orléans, frère du roi Charles VI, auquel la seigneurie de Gênes va définitivement être dévolue par le traité du 25 octobre 1396. Le doge génois est alors Antoniotto Adorno, représentant du parti démagogique, réélu en 1394 et remplacé le 30 décembre 1396 par un gouverneur français.

4. Sigismond de Luxembourg, second fils de l'empereur Charles IV, et frère de l'empereur régnant Wenceslas Ier. Roi de Hongrie (1382-1437) par son mariage avec Marie d'Anjou, fille de Louis Ier le Grand, roi de Hongrie, de la première maison d'Anjou régnante à Naples, ce n'est qu'en 1410 qu'il se fit élire à l'empire (1410-1437).

5. Florence, aux mains du parti oligarchique des « Popolani grassi », depuis l'écrasement de la domination démagogique des « Ciompi » jusqu'à l'unification du pouvoir sous Cosimo de' Medici (1382-1435), compte alors pour âme de ses conseils Tommaso degli Albizzi (1382-1417).

6. Les ambassadeurs envoyés par Sigismond aux États chrétiens d'Occident sont présents à Venise au début de mars 1395. Ils paraissent se rendre ensuite à Florence et à Gênes avant de passer à la cour de Bourgogne et en France. (Delaville le Roulx,

grande expédition par terre et par mer, afin de s'aider mutuellement à la destruction dudit Turc.

D'abord il fut fait, en France, de grands apprêts par les grands barons de France, qui se levèrent pour aller audit passage, entre autres le comte de Nevers, qui était duc de Bourgogne, et, avec lui, beaucoup

La France en Orient, p. 230-232.) — Il est à noter que la Chronique, ici et plus loin, indique comme effective la coopération de Gênes à l'entreprise, et semble même y ajouter, en ce passage, celle de Florence, que sa rupture imminente (1396-1398) avec le duc de Milan, Giangaleazzo Visconti, devait, en réalité, empêcher de prononcer plus avant ces intentions d'intervention lointaine.

7. Ms. « Fiorenza ». Correction qui s'impose d'elle-même.

8. « Passage », voyage d'Outre-mer, expédition contre les infidèles, sens étendu à toute sorte de Croisade, même continentale.

9. En France, Charles VI règne depuis 1380 : depuis son état de démence, déclaré en 1392, le pouvoir est disputé entre le duc d'Orléans, son frère, les ducs de Berri et de Bourgogne, ses oncles.

10. Jean, comte de *Nevers*, que la Chronique défigure ici sous le vocable d'*Universa*, plus bas sous celui d'Onguersa, et Sanuto (col. 762) sous celui d'*Anversa*, fils et futur successeur de Philippe le Hardi, duc de Bourgogne (1363-1404). Alors âgé de vingt-quatre ans, il avait en mains le commandement en chef des croisés de France. C'est de cette campagne fatale qu'il devait, assure-t-on, rapporter le surnom de Jean Sans-Peur. La Chronique, comme on voit, fait de lui le duc de Bourgogne régnant, erreur répétée par Sanuto (col. 762). Méprise qui peut s'expliquer par l'omission de quelques mots dans la rédaction ou la copie de la Chronique. On pourrait, en effet, rétablir ainsi le texte : « el qual iera [fio del] ducha de Borgogna ».

e chon luy molty altry barony e chavaliery[1], e fo in tuto circha cavaly x^{M}[2] ; e tute queste zente vene zoxo per Lonbardia e pasa in Hongaria[3].

E per miser lo re d'Ongaria, clamado per nome Sismondo, metudose in hordene chommeso uno gran esercito, sperando che questa zente de Franza da chavalo chonmesa in ly paixi con el contradito Turcho ed eser a le man con luy (sic); e chusy aparechiady vene zoxo[4].

I Veniziany e Zenovexi a insenbre e' fexe armada de galie a la suma de galie XLIIII° per andar intro el destreto de Romania a daniziar i dity Turchy, e fo fato chapetanio de le dite galie el nobel homo miser Tomado Mozenigo[5], el qual s'aconpagna chon le galie di Zenovexi e apreso chon algune galie de l'inperador de Chonstantinopoly, per muodo over maniera che i Christiany iera sy posenty che in algum luogo nè galie (sic) de Turchy non hosava parer[6].

1. Les ambassadeurs de Sigismond, qu'on vient de voir à Venise en mars 1395, ayant passé sans doute par Florence et Gênes, se trouvent à la cour de Bourgogne vers la mi-juin, puis à Paris, d'où ils repartent le 15 août pour la Hongrie. (Voir ci-dessus, p. 6, n. 6.)

2. Le contingent français compta un millier de chevaliers, et, en tout, une dizaine de mille hommes. Le chiffre indiqué par la Chronique paraît donc aussi exact que possible.

3. Une simple fraction du contingent français, en réalité, prit seule la voie d'Italie signalée ici par la Chronique. Le rendez-vous général des croisés de France, sous le comte de Nevers, étant fixé à Montbéliard à la fin d'avril, pour parvenir en juillet à Bude, un faible corps, sous Enguerrand VII, sire de Coucy, partit de Paris vers la même date, en avril, prit la route de Lombardie, pour y remplir, en passant, une mission auprès de Giangaleazzo Visconti, duc de Milan, puis gagna Venise dans

d'autres barons et chevaliers, en tout dix mille chevaux environ, et toute cette gent se mit en marche par la Lombardie et passa en Hongrie.

Quant à messire le roi de Hongrie, Sigismond de son nom, il se mit en ordre avec une grande armée, espérant que la chevalerie française rencontrerait par le pays le Turc ennemi et en viendrait aux mains avec lui; et une fois prêts, ils se mirent en marche.

Les Vénitiens et les Génois ensemble réunirent une flotte montant à quarante-quatre galères pour forcer le détroit de Romanie et y attaquer les Turcs. On nomma capitaine desdites galères noble homme messer Tommaso Mocenigo, qui partit en compagnie des galères génoises et ensuite de quelques galères de l'empereur de Constantinople. De cette manière, les Chrétiens étaient si puissants que nulle part les galères des Turcs n'osaient plus se montrer.

la seconde quinzaine de mai, d'où, par mer et par la route de Dalmatie, il rallia Bude.

4. Bude était désigné comme point de concentration générale de toutes les forces chrétiennes, sous le commandement supérieur de Sigismond. L'armée des croisés, d'après le calcul scrupuleux de l'historien hongrois Kiss, pouvait atteindre 120,000 hommes. (*A' Nikápolyi ütközet*, ap. *Magyar Academiai értesítő*, p. 266.) — Sur la marche et les forces des Croisés, Delaville le Roulx, *La France en Orient*, p. 234-237, 246-249, 264-266.

5. Tommaso Mocenigo, qu'on voit ici commandant de la flotte vénitienne (voir ci-après, fonctions de Carlo Zeno en 1403), et qu'on trouvera plus tard doge de Venise (1414-1423).

6. La Chronique fait ici nettement allusion, comme on voit, à la coopération navale, en cette entreprise, de Gênes et de l'Empire grec avec Venise, en attribuant le chiffre de 44 galères

Ma veziando el Turcho questo, de prexente desfexe tuta la soa armada da mar, e infortisese da tera quanto plù el pote, e fexe uno grando esercito per andar incontra el re d'Ongaria e i Franzeschi; i qual [come] el senty ch'y Turchy voleva vegnir a trovarlo, mesese a chanpo su la Grecia con innumerabel zente e a gran forteza[1]. De che siando partido el chanpo chon el re d'Ongaria con i dity Franzeschy per atrovar i dity Turchy, siando el dito Turcho acampado, chomo ho dito, in grandisima forteza e in grandisimy stechady, i qual stando come homeny de gran ponpa, non voiando andar con hordene a la bataia, ma chomo i ave el sentimento là ho che iera acanpado i Turchy, subitamente i se mese in anemo d' eser dy primy ferydory, e non volse aspetar de[2] andar a insenbre chon i Ongary, ma chavalchando avanty de loro, in questo dy, ady XXIIII°[3] de setenbrio de M° CCC° LXXXXVI°[4], e i dity Franzeschy se porta intro el chanpo del primo arsalto notabelysimamente, e taia una gran quantitade de Turchy a peze. Ma per lo gran murmurio dy dity Turchy, per che de hora inn ora el reffreschava zente a loro e a hy Franzeschi no, per chaxion ch'el re d'Ongaria iera una meza ziornada lutam, esiando

au seul contingent uni de Venise et de Gênes, sans compter les galères impériales. Il n'est plus question de la coopération de Florence à laquelle il a été fait allusion au début du récit.

1. Partie de Bude vers le milieu d'août, l'armée des croisés, continuant à descendre le Danube par sa rive du sud, met le siège, le 12 septembre, devant la décisive position de Nicopolis, un peu en aval du confluent du Danube et de l'Osma.
— Sur la campagne et les conditions de la bataille, voir le récit documenté de M. Delaville le Roulx, *La France en Orient*, p. 250-8, 258-262, 270-281.

Mais, voyant cela, le Turc désorganisa toute son armée de mer et se renforça sur terre le plus qu'il le put, formant une grande armée pour aller à la rencontre du roi de Hongrie et des Français. Lorsque ceux-ci apprirent que les Turcs voulaient venir les trouver, ils se mirent en campagne au pays de Grèce avec d'innombrables et très fortes troupes. L'armée, composée des gens du roi de Hongrie et desdits Français, partit donc à la rencontre des Turcs, ceux-ci étant, comme je l'ai dit, retranchés avec très grande force d'hommes derrière de très hautes palissades. Mais les Français, gens de grand orgueil, ne voulurent pas aller en ordre à la bataille; dès qu'ils surent où étaient campés les Turcs, aussitôt ils se mirent en tête d'être des premiers à combattre, et, au lieu d'attendre les Hongrois pour marcher avec eux, ils chevauchèrent devant eux. C'était le 24 septembre 1396. Lesdits Français forcèrent l'entrée du camp au premier assaut, qui fut merveilleux, et taillèrent en pièces une grande quantité de Turcs. Mais, à cause de la grande rumeur desdits Turcs, à qui d'heure en heure il arrivait des troupes fraîches, et non pas aux

---

2. *De*. Inc. fol. 136 A.

3. Ces formes de notations, telles que « iiii », pour iv, « viiii », pour ix, etc., sont de règle dans le manuscrit. Elles n'ont pas peu contribué à multiplier les erreurs dans les emprunts de Sanuto. (Voir l'*Introduction*.)

4. C'est le lundi 25 septembre qu'a lieu le choc historique connu sous le nom de bataille de Nicopolis. Les croisés, qui viennent de lever le siège de la ville de Nicopolis, établi depuis quelques jours, ont marché à la rencontre de l'armée ottomane, descendue des Balkans pour dégager la place, et dont l'approche a été signalée la veille au soir, le 24.

guasty da le freze la pluy parte de loro cavaly, adevene che i diti Franzeschy fo roty[1], e prexonde una gran quantitade de loro, e apreso molty de fo morty, e fo preso el sovradito chonte d'Onguersa chom molty altry barony[2]. De che vignando le novele al re d'Ongaria, el qual bem sope la dita novela per alguni de quely schanpady che fo in la bataia, i qual schanpava, subitamente el se mose ad andar volentiera con la soa zente[3]. Ma el dito miser lo re d'Ongaria chavalcha chon alguni dy suo baroni verso la Donoia per aver sentimento che le galie dy Veniciani e Zenovexi e l'inperador se trovava eser là[4], e zionto quelo a le galie[5], subitamente elo monta sovra quele, e vene su la galia del chapetanio dy Veniciany, zoè de miser Tomado Mozenigo, al qual el dito fexe grandisimo honor e a tuta soa zente, e vene al pian de Sclavania, la qual iera verso Ziara, e desmonta in tera e atrova eser de là e paso in Ongaria, esiando vegnudo là molta de la soa

---

1. L'imprévoyance des croisés de France, leur refus d'accepter le plan d'attaque en masse unique, arrêté avec raison par Sigismond, leurs imprudents prodiges de valeur sont ici nettement mis en relief.

2. Échappés au carnage immédiat, plusieurs milliers de prisonniers furent massacrés le lendemain du combat par ordre de Bajazet. Ne furent exceptés, comme on sait, qu'une vingtaine de captifs de marque, dont le comte de Nevers, et, entre autres, Enguerrand de Coucy, que la maladie devait enlever en Orient avant sa libération, puis Jacques de Bourbon, comte de la Marche, le futur roi de Naples, et le maréchal Boucicaut, le futur gouverneur français de Gênes, reconnu à temps par Jean Sans-Peur dans la foule des victimes désignées, deux personnages dont la *Chronique* et le *Diario* vont continuellement relever les actes à venir.

3. Sigismond, avec le fort de l'armée des croisés, n'était pas

Français, le roi de Hongrie étant à une demi-journée de marche et la plus grande partie de leurs chevaux étant blessés par les flèches, il arriva que lesdits Français furent mis en déroute : un grand nombre d'entre eux furent faits prisonniers, et puis beaucoup furent tués, et le susdit comte de Nevers fut pris avec beaucoup d'autres barons. Quand la nouvelle en vint au roi de Hongrie, qui l'apprit par aucuns de ceux qui avaient pris part à la bataille et s'étaient échappés, il se mit aussitôt en marche, sans hésiter, avec ses gens. Mais finalement ledit messire roi de Hongrie chevaucha avec aucuns de ses barons vers le Danube, parce qu'il savait que les galères vénitiennes, génoises et impériales se trouvaient là. Et, aussitôt arrivé aux galères, il y monta et vint sur la galère du capitaine vénitien, messer Tommaso Mocenigo, qui le reçut, lui et tous ses gens, avec de très grands honneurs;

en réalité aussi éloigné du lieu du combat que le dit plus haut la Chronique, qui le représente comme faisant route à distance d'une demi-journée de marche en arrière. La cavalerie française, qui chevauchait à l'avant-garde, se jeta spontanément sur l'ennemi à deux reprises successives, sans plan combiné d'attaque, mais ne perdit jamais à ce point le contact avec le gros de l'armée chrétienne.

4. C'est seulement après une vigoureuse défense, après une lutte inégale et désespérée soutenue contre l'armée ottomane, qui venait de détruire la seconde charge du contingent français, que Sigismond gagna la berge du Danube et se fit recueillir par les embarcations de quelques galères de la flotte chrétienne, qui, passées dans la mer Noire, avaient remonté le Danube et coopéraient au blocus de Nicopolis.

5. A peine escorté, « wie ein zweiter Kœnig Xerxes », dit expressivement Aschbach, le récent historien de sa vie. (*Geschichte Kaiser Sigmund's*, t. I, p. 112.)

zente d'Ongaria per aconpagnarlo[1]. Ma lo dito re molto se trova chontento del bom portamento, lo qual ly aveva fato el dito chapetanio chontra de luy e de la soa brigada, e per merito ly fexe molty bely dony, e hordena ch'el devese aver hogny ano ducaty[2] M d'oro de provixiom, li qual denery ly fose dady in Veniexia, de quely che el chomun de Veniexia ly iera tegnudo de dar al dito re per la paxie celebradamente, i qual fo duchaty VI^M d'oro a l'ano[3]. El dito miser Tomado Mozenigo vene dapuo a Veniexia, e fo rezevudo aliegramente, e dapuo fo molto esaltado in Veniexia[4].

---

1. Du Danube et de la mer Noire, par Constantinople et Rhodes, Sigismond, sur la galère capitane de Tommaso Mocenigo, gagne en effet l'Adriatique, et, dans les derniers jours de décembre 1396, aborde à la côte dalmate, d'où il rentre en Hongrie en 1397. (Aschbach, *Gesch. Kaiser Sigmund's*, t. I, p. 112-117.) Sa galère et ses navires d'escorte défilèrent, devant Gallipoli, sous les yeux des rares chrétiens prisonniers, en route de Nicopolis à Brousse, et contraints par les Turcs, en cette occasion, à contempler la fuite de leur chef suprême. — Voir le dramatique récit du prisonnier bavarois, le page Johann Schiltberger : « Da namen sie uns usz dem turn und furten uns zu dem mer, und stalten ain nach dem andern Kunig Sigmunden ze tratz. Und schruwen in an, das er herusz trät usz der galleyen und löset sein volk. » (*Reisen des Johannes Schiltberger aus München in Europa, Asia und Afrika*, p. 56.)

2. *Duchaty d'oro*. Le célèbre ducat d'or vénitien semble remonter à l'an 1284, au principat de Giovanni Dandolo. Sur la valeur de cette monnaie, voir Gallicioli, *Delle memorie venete antiche*, l. I, ch. XII, *Delle monete*, par. II, *Del ducato*.

3. Cette créance de Sigismond, qui paraît avoir été non de 6,000, mais de 7,000 ducats, représentait un versement annuel

puis, ayant gagné la plaine d'Esclavonie, du côté de Zara, il débarqua et se trouva au passage qui mène en Hongrie, beaucoup de ses gens de Hongrie étant venus là pour lui faire escorte. Le roi fut très content des bons traitements qu'il avait reçus, lui et sa suite, dudit capitaine, et en récompense il lui fit beaucoup de beaux présents, et ordonna qu'on lui fît une pension annuelle de mille ducats d'or, dont le montant lui serait donné à Venise, des deniers que la république de Venise s'était solennellement engagée à verser audit roi pour la paix, c'est-à-dire six mille ducats d'or par an. Ledit messer Tommaso Mocenigo vint ensuite à Venise, où il fut reçu avec joie, et puis il fut tenu en très grand honneur à Venise.

que Venise, contre garantie du monopole de la fourniture du sel, s'était engagée à effectuer régulièrement à la couronne de Hongrie : cet engagement avait été réglé par un article de la paix de Turin, du 8 août 1381, pacification qui, en cette année 1397, régissait encore les rapports de Venise avec tous les anciens coalisés de la guerre de Chioggia. (Romanin, *Storia documentata di Venezia*, t. III, p. 295 et suiv.) — C'est sur ce compte ouvert que Sigismond, par un ingénieux virement financier, impute sans déboursé la pension annuelle qu'il décerne, en reconnaissance de son salut, à l'amiral vénitien, et qui paraît avoir été plutôt de 2,000 ducats. (Reçu de Tommaso Mocenigo, dans Delaville le Roulx, *la France en Orient*, p. 338.) — Le demeurant de la créance de la couronne de Hongrie sur Venise, passé par Sigismond, à l'occasion de la rançon des captifs de Nicopolis, au compte de divers banquiers italiens, dans les conditions les plus compliquées, devait occuper jusqu'en 1425 la diplomatie des doges, de la Hongrie et des ducs de Bourgogne. (Michel Perret, *Histoire des relations de la France avec Venise*, t. I, p. 80.)

4. On retrouve ensuite Tommaso Mocenigo, ambassadeur à

E dapuo per algum spacio de tenpo, adevene che per lo dito re hover per la chorona d'Ongaria molto se abia levado chontra questa dogal signoria, non chognosando el beneficio fatoy in la persona soa, in tanto che con quela luy tolse vera, e arsalta el tiryturorio Trivixam per la zente luy manda zoxo, e da puo tratado fo con luy per any v trieva[1], chomo in prozeso per avanty in questa dyremo[2].

. . . .

In[3] M° CCCC II[4] del mese[5] d'otubrio[6], per lo anti-

Gênes, chargé des pourparlers de la paix définitive de 1406, qui clôt la rupture de 1403-1404 entre Gênes et Venise; puis ambassadeur en Hongrie, en 1413, négociant la paix qui termine la guerre de 1411-1413 entre Sigismond et Venise; doge enfin en 1413, jusqu'à sa mort en 1423.

1. La Chronique fait ici allusion à la guerre que Sigismond devait déclarer à Venise en 1411, à l'occasion de l'acquisition de Zara par la République en 1409, guerre qui se prolonge sur les frontières de la Marche Trévisane et du Frioul jusqu'au traité du 17 avril 1413, par lequel est instituée une trêve de cinq ans.

2. La Chronique, à l'occasion de la croisade de Nicopolis ou de ses suites, ne parle ici ni du retour à Venise, à la fin de 1397, des survivants des prisonniers français, tels que le comte de Nevers, le comte de la Marche, le maréchal Boucicaut, ni de leur séjour dans l'État vénitien et des négociations laborieuses relatives au prêt de leur rançon, achevées seulement en 1425. Elle ne mentionne pas davantage la nouvelle entreprise de Boucicaut en Orient, en 1399, pour le salut de l'empire grec, dont la situation, depuis le désastre de 1396, était devenue désespérée, ni le nouveau retour du maréchal à Venise, en compagnie de l'empereur Manuel II, en 1400, gagnant la France pour tenter d'obtenir quelques suprêmes secours. Sera seulement relevé, plus loin, au début de 1403, le retour de Manuel II à Constantinople, après que la journée d'Ancyre et la destruction de la puissance ottomane par les Mongols de

Ensuite, après quelque intervalle de temps, il advint que ledit roi ou la couronne de Hongrie s'irrita beaucoup contre cette Seigneurie ducale, oubliant les bons offices rendus à sa personne, si bien qu'il lui déclara la guerre et fit assaillir le territoire de Trévise par la gent qu'il envoya encontre; puis il fut conclu avec lui une trêve de cinq ans, comme nous le dirons plus loin, dans la suite de cette histoire.

. . . .

En 1402, au mois d'octobre, le susdit duc de Milan,

Tamerlan, en juillet 1402, auront dégagé, pendant l'absence de l'empereur et hors de son intervention, les débris survivants de l'empire de Bysance.

3. Fol. 140 A.

4. Tout cet exposé, relatif aux troubles de la Haute Italie en 1402-1403, qui vont amener une rupture entre Venise et Gênes devenue possession française, se retrouve en somme, mais cette fois sans aucune indication de source, dans les Vite de' Duchi. Sauf l'énoncé de la mort du duc de Milan, que Sanuto représente comme ayant été assassiné, la ressemblance des deux textes est évidente entre ces mots : « In quest' anno 1402 d'ottobre Giovanni Galeazzo... duca di Milano, dopo avuta Bologna », et ceux-ci : « e il sale... lo tolsero da Genova; sicchè fu gran danno a' nostri. » (Col. 791.) Tout le passage, dans les Vite de' Duchi, figure hors de sa place normale, au milieu du conflit génois-vénitien de 1403-1404.

5. La Chronique, dans cet extrait, indique l'origine des premiers dissentiments nouveaux entre Venise et l'état de Gênes, devenu possession propre de la couronne de France depuis le traité du 25 octobre 1396. Conflit inévitable, né de lui-même par la brusque ouverture de la succession de Milan en 1402, dont le tableau est ici tracé avec tant de saveur d'expression.

6. Dans la partie qui s'étend entre le dernier extrait publié et ce présent passage (fol. 136 B à 140 A), la Chronique ne contient aucune mention relative à l'installation de la domination française à Gênes, en germe depuis 1392, qu'il s'agisse, à

dito ducha de Milam[1], siando quelo in florido e verde stado[2], per chaxiom che de tuta Lonbardia quelo iera lyberamente signor, e anchora de la mazior parte de Toschana, abiando abudo in quel ano la[3] signoria de Bologna e siando in mazior cholmo che may el fose[4], pagando el debito de la humana natura, da la prexente vita el fo asolto[5]. Per la qual morte de luy se può dir quel dito del Vanzielio, che dixe : « *Perchuciam pastores, et dispergentur hoves*[6] », chomo è a dir questo : « Se io perchuterò el pastor, desperderase le piegore ».

diverses reprises, de Louis, duc d'Orléans, frère de Charles VI, ou de la couronne de France même. Le 6 juillet 1396, les articles du traité de transfert de la seigneurie de Gênes à Charles VI étaient définitivement arrêtés; le 25 octobre, le traité même est signé; le 27 novembre a lieu la prise de possession au nom du roi de France; le 30 décembre est installé le premier gouverneur français, Waleran de Luxembourg, comte de Ligny et de Saint-Pol. La domination française en Ligurie devait durer jusqu'à la révolution du 3 septembre 1409, qui rendit Gênes à l'indépendance et à l'anarchie. — Aucune mention non plus de la nomination, comme gouverneur français de Gênes, le 23 mars 1401, ni de l'entrée en fonctions, le 31 octobre suivant, du maréchal Boucicaut, revenu de Constantinople l'an précédent. (Eug. Jarry, *Les origines de la domination française à Gênes*, ch. ii-x.) — Gênes, avec ses incomparables possessions du Levant, ses établissements de Pera, de la mer Noire, de l'Archipel, passait ainsi sous la suzeraineté directe de la couronne de France, dont l'action allait trouver un vaste et précieux champ d'expansion dans toutes les mers d'Orient, où Boucicaut, dont la Chronique va bientôt relever les moindres actes, se prépare immédiatement à chercher des entreprises.

1. Giangaleazzo Visconti, comte de Vertus en Champagne par sa première femme Isabelle, fille de Jean le Bon, roi de France, seigneur régnant en Milanais depuis 1385, créé par l'empereur Wenceslas, en 1395, duc de Milan, le plus grand

— alors qu'il était dans un état florissant et vert, seigneur incontesté de toute la Lombardie et même de la majeure partie de la Toscane, ayant acquis, cette année même, la seigneurie de Bologne et étant au plus haut point de sa prospérité, — payant la dette de l'humaine nature, fut absous de la présente vie. Et, à l'occasion de cette mort, se peut dire ce mot de l'Évangile, qui dit : « *Percutiam pastorem et dispergentur oves* », qui est à dire : « Si je frappe le pasteur, les

génie politique de l'Italie, peut-être, depuis la chute du monde romain jusqu'aux temps modernes.

2. Sur ses conquêtes, sur l'unification si remarquablement rapide de l'Italie du Nord sous sa main, voir l'*Introduction*.

« Cesar mio novello, »
« Re nostro sacro santo... »

l'appelèrent les poètes italiens de son temps. (Sonnets cités par Carlo Cipolla, *Storia delle signorie italiane*, p. 235.)

3. *La. Inc.*, fol. 140 B.

4. Par sa récente victoire de Casalecchio (26 juin 1402), il venait d'anéantir la puissance de Florence et d'annexer immédiatement à son empire la cité de Bologne, l'une des alliées de la république florentine en cette campagne.

5. En pleine force et en plein triomphe, à la veille de prendre enfin le titre tout indiqué de roi d'Italie, ambition de sa vie, Giangaleazzo Visconti meurt presque subitement de la peste, à Marignan en Lombardie, le 3 septembre 1402. Avec lui disparaît son empire. Le parti gibelin s'effondre dans toute la Lombardie, où le parti guelfe se ressaisit et se relève. Cette dissolution spontanée est vigoureusement décrite dans une œuvre contemporaine, le Dialogue des Morts composé sous le titre d'*Ogdoas* par le génois Alberto Alfieri. « Ut te, clarissime pater, » dit au grand prince un de ses fils, « deorum cetui fata vocarunt, totius Italiæ regnum est impio gladio cruentatum, fas omne ruptum... » (*Ogdoas*, sc. I, dans *Atti della società ligure*, t. XVII, p. 270.)

6. Matth., XXVI, 31 ; Marc., XIV, 27.

Digo in propoxito che la morte del dito se può dir ch'el fose la destrucion de Lonbardia, per chaxiom che, puocho da puo la dita morte, la pluy parte de le suo tere fo robade; e i fioly chy sende tole una, e chy una altra. E prima comenza Bologna, la qual se dè a la Gliexia, intrando in quela uno alegato per nome de la Gliexia[1]; e susequentemente Pixia e Siena fexe reziandose a chomun[2]; e de [Cremona[3]] sy fexe[4] so

1. Bologne, tout récemment tombée aux mains du duc de Milan, le 10 juillet 1402, ayant reconnu quelque temps encore le pouvoir de son successeur, son fils aîné Gianmaria Visconti, se donne en effet au Saint-Siège par le mouvement des 2-3 septembre 1403. Le pape de Rome alors régnant, Boniface IX (1389-1404), y délègue comme *ablégat* (l'expression exacte de la Chronique est à relever) le cardinal Baldassare Cossa, le grand aventurier de la Tiare qui devait conquérir la papauté romaine, en 1410, sous le nom de Jean XXIII (1410-1415). — Bologne, agitée par plusieurs révolutions intérieures, échappe, puis retourne au Saint-Siège par divers soulèvements successifs, de 1410 à 1434. (Carlo Cipolla, *Storia delle signorie italiane*, p. 233, 237-239, 355-358.)

2. Pise, tout récemment achetée par le duc de Milan, au cours de février 1399, accepte sans interruption la domination de Gabriello-Maria Visconti, son fils naturel, qui va bientôt en faire hommage au roi de France. — A vrai dire, c'est seulement par le soulèvement du 20 juillet 1405 que Pise expulse Gabriello-Maria, et reprend son indépendance sous le gouvernement de Giovanni Gambacorta. Elle la conserve jusqu'à la conquête florentine du 9 octobre 1406. Événements dont le Diario de Morosini exposera en leur lieu tous les détails. — Sienne, tout récemment aussi annexée, par une décision volontaire, préparée de longue main, à l'empire du duc de Milan, au cours de novembre 1399, tente au contraire de se libérer de la domination du nouveau souverain Gianmaria Visconti, par le mouvement national du 25-26 novembre 1403, et y réussit par le traité du 4 avril 1404. (Sismondi, *Histoire des*

brebis seront dispersées. » Je dis à ce propos que l'on peut dire que la mort de ce duc fut la ruine de la Lombardie, parce que, peu après cette mort, la plus grande partie de ses terres furent mises au pillage; et de ses fils, qui en prit une et qui une autre. Et ce fut Bologne, la première, qui commença, en se donnant à l'Église, et un ablégat y fit son entrée au nom de l'Église; puis ce fut le tour de Pise et de Sienne, qui se mirent en république; de Crémone se fit seigneur un membre de la maison Cavalcabò; de Brescia, mes-

républiques italiennes, t. V, ch. VIII, p. 222-224.) Sienne conserve son indépendance jusqu'à l'absorption espagnole de 1541 et l'annexion définitive à Florence en 1557.

3. Ms. : « chomunità » (*sic*). Ce mot, qui, placé dans la phrase précédente, semblerait s'appliquer, soit à Pise, soit à Sienne, n'offre en réalité, ainsi rapproché des faits concernant Ugolotto Cavalcabò, aucun sens appréciable. — Tout ce passage particulier, suivi presque littéralement par Sanuto, y est fortement défiguré, en accentuant l'erreur de « chomunità » pour « Cremona », ainsi qu'il suit : « Pisa e Siena si vollero governare a Comune tra loro, fatto capitano di Pisa uno de' Cavalcabò. » (Col. 791.) — C'est, sans hésitation, « Cremona » qu'il faut lire, Crémone étant la ville dont Ugolotto Cavalcabò, en ce moment, se rendait précisément maître.

4. Crémone, depuis longtemps partie intégrante du Milanais, échappe, presqu'aussitôt après la mort du duc de Milan, à la domination du nouveau souverain Gianmaria Visconti. Le 30 mai 1403, Giovanni Ponzoni, dans le désordre des circonstances, s'empare de la ville, au nom du parti gibelin, mais en la détachant de l'empire des Visconti. Peu après, Ugolotto Cavalcabò, chef du parti guelfe, l'expulse et fonde une courte dynastie, à laquelle met fin le tragique massacre du 18 juillet 1406, qui installe à Crémone le condottiere Gabrino Fondulo. (Sismondi, *Hist. des rép. ital.*, t. V, ch. VIII, p. 218-219, X, p. 254-255.) Crémone ne retourne au duché de Milan qu'en 1420. (Cipolla, *Stor. delle sign. ital.*, p. 322.)

signor uno de la chaxa di Chavalchabuo[1], de [Bresia[2]] miser[3] Pandolfo di Malatesta[4]; per che el non i romaxe altro cha la signoria de Milam e de Paveia[5]. E al dito ducha romaxe do fioli, dy qual el mazior aveva nome miser Zian Maria, e questo romaxe ducha e sygnor de Milam; l'altro aveva nome miser Chabriel Maria, e chostuy romaxe chonte e signor de Paveia; veriziando i dity uno grando tenpo i dity suo rebely; per le qual vere tuta Lonbardia iera in gran conbustiom[6]. Ma è

1. Ugolotto Cavalcabò, marquis de Viadana, chef d'une ancienne maison de Crémone, héréditairement attachée au parti guelfe, longtemps prisonnier du duc de Milan, délivré par le soulèvement du 30 mai 1403, devenu maître de Crémone en juillet suivant, massacré trois ans plus tard, avec tous les membres de sa maison, par son lieutenant Gabrino Fondulo, le 18 juillet 1406.

2. Ms. : « la Gliexia » (sic). Ces mots, ainsi placés, n'offrent aucun sens. — Sanuto, interprétant ce passage, corrige de la façon suivante : « Era in questo tempo capitano della Chiesa il detto Pandolfo Malatesta signor di Rimini » (col. 791). Cette modification, qui semble supposer que la charge de « gonfalonier de l'Église », appartenant soi-disant à Giangaleazzo, eût été arrachée à ses successeurs, comme les villes précédemment énumérées, et ait été attribuée à Pandolfo Malatesta, n'offre pas davantage de sens acceptable. On a quelque difficulté à reconnaître la suite des gonfaloniers de l'Église, entre John Hawkwood, le célèbre condottiere anglais devenu capitaine général de la milice à Florence, mort le 16 mars 1394, et le roi de Naples Ladislas, investi de cette charge par le pape Innocent VII, le 9 août 1406. Mais il est suffisamment évident que le duc de Milan n'a jamais reçu d'un pontife romain pareille charge, les Visconti étant depuis le début du xive siècle les ennemis héréditaires de l'Église, et que Pandolfo Malatesta ne l'a jamais occupée non plus. — C'est, sans hésitation, « Bresia » qu'il faut lire, Brescia étant la ville dont Pandolfo Malatesta, vers ce moment, se rendait précisément maître.

ser Pandolfo Malatesta. De sorte qu'il ne leur resta rien d'autre que la seigneurie de Milan et de Pavie. Et ledit duc laissa deux fils, dont l'aîné avait nom messer Gianmaria, et celui-là resta duc et seigneur de Milan; l'autre avait nom messer Gabriello Maria, et celui-là resta comte et seigneur de Pavie. Lesdits durent guerroyer longtemps contre leurs sujets rebelles, et par ces guerres la Lombardie était tout

3. Brescia, depuis longtemps partie intégrante du Milanais, a été un instant occupée, à la fin de l'été de 1403, par l'armée de Francesco de Carrare, seigneur de Padoue, qui n'a pu la conserver plus de quelques jours. Dans les premiers mois de 1404, à la suite d'un soulèvement guelfe, Pandolfo Malatesta, l'un des tuteurs du jeune duc de Milan, entré dans la ville soi-disant au nom des Visconti, s'en fait attribuer la seigneurie. Brescia, demeurée entre ses mains, ne retourne au duché de Milan qu'en 1421 seulement. (Cipolla, *Stor. delle sign. ital.*, p. 239-241, 323.)

4. Pandolfo III Malatesta (1370-1427), co-seigneur de Rimini depuis 1385, avec son frère aîné Carlo (1368-1429), condottiere de race princière, comme tant d'autres personnages de l'époque. Tuteur, avec son frère, du jeune duc de Milan Gianmaria et de son frère Filippo-Maria, après la mort de Giangaleazzo en septembre 1402, il se fait attribuer en toute seigneurie, par la duchesse leur mère, Catarina Visconti, en 1404, la cité de Brescia révoltée contre les Visconti, puis, vers 1408, acquiert aussi Bergame. Ce petit état, ainsi constitué en pleine Lombardie, demeure quelques années entre ses mains, jusqu'au retour de Bergame, puis de Brescia, au duché de Milan, en 1419 et en 1421.

5. Soit l'ancienne seigneurie de Milan, maintenant duché depuis 1395, avec, comme unique accroissement conservé, la seigneurie de Pavie, acquise aux Visconti depuis le cours du xive siècle, maintenant comté depuis 1396.

6. Outre Valentine, mariée en 1387 à Louis, duc d'Orléans, Giangaleazzo Visconti laissait en réalité deux fils légitimes,

da saver che le dite novitade torna in grando dano de Veniexia¹, e questo per chaxon che uno grando tenpo el Po stete serado, per muodo che le marchadantie non andava suxo nè zoxo segondo huxanza, e la citade de Veniexia rezeveva uno gran dano de sal che non podeva andar in Lonbardia, per chaxion che in vita del predito miser lo ducha hogny ano quelo toleva sal da Veniexia per valor de duchaty cento milia d'oro e holtra; de la qual per molty any dapuo niente de vegniva tolto, ma i dity se forniva da Zenova in gran dano dy Veniciany e chon volentade dy predity Zenovexi².

. . . .

Chorando³ mile CCCC III⁴ in Veniexia⁵.

Pur⁶ in lo tempo de questo miser lo doxie,

qui, tous deux, régnèrent successivement après lui, Gianmaria (1402-1412) et Filippo-Maria (1412-1447), et un fils naturel, Gabriello-Maria, héritier d'une part des États de son père. La Chronique confond ici les titres et les noms de Filippo-Maria, comte de Pavie (1402-1412) jusqu'à son avènement au trône, et de Gabriello-Maria, possesseur de Pise, qu'il occupa effectivement de 1402 à 1405, et de quelques autres villes voisines, qu'il conserva jusqu'à sa fin tragique, jusqu'à son exécution à Gênes en 1408.

1. A Venise, le doge Antonio Veniero, doge depuis 1382, mort le 23 novembre 1399, a pour successeur Michele Steno, élu le 1ᵉʳ décembre 1399, mais entré seulement en fonctions, en raison de son état de santé, le 9 janvier 1400.

2. Cette interruption d'un trafic, où il s'agissait, comme on voit, d'un chiffre d'affaires de plus de cent mille ducats, et l'irritation d'en voir le profit passer à Gênes, ne doit pas échapper à l'observation, et peut compter parmi les causes

en feu. Mais il faut savoir que ces révolutions tournèrent au grand dam de Venise, et cela parce que longtemps le Pô fut coupé, de sorte que les marchandises ne descendaient ni ne montaient selon l'habitude. La ville de Venise recevait un grand dam du sel qui ne pouvait aller en Lombardie, car, de son vivant, le susdit messire duc prenait chaque année du sel à Venise pour une somme de cent mille écus d'or et davantage, tandis qu'ensuite, pendant longues années, on ne lui en prit plus, et les Lombards se fournissaient à Gênes, au grand dam des Vénitiens et à la satisfaction des Génois.

. . . .

Au cours de l'an 1403, à Venise.

Également au temps dudit messer doge, nous

occultes de la rupture qui allait éclater, sous la domination française à Gênes, entre Venise et sa puissante rivale.

3. Fol. 141 A.

4. L'année vénitienne commençant le 1er mars, et les événements dont il va être question datant des mois de mars et d'avril, il s'agit donc bien en réalité de l'an 1403.

5. Premier exemple, présenté par les Extraits qui composent cette édition, de la formule *Chorando...*, employée de temps à autre dans la Chronique, et d'un usage constant dans le Diario.

6. Tout l'extrait qui suit, relatif à la rupture de Gênes française et de Venise en 1403-1404, l'un des plus longs que le cadre de cette édition ait permis de tirer, en un seul tenant, de l'œuvre de Morosini, se retrouve, sans conteste, réduit et modifié sur certains points, mais continuellement reconnaissable, dans certaines fractions des Vite de' Duchi. — Le récit de la Chronique ici éditée est composé de deux reprises parfaitement distinctes, que suit une mention postérieure très courte, contenant, hors de leur date, quelques renseignements

avesemo apreso de gran deschordie[1] che nasiete fra el re de Zepro e Zenovexi[2], e non ly vene fata a Zenovexi (sic), e questo per chaxion che luy aveva investigado, l'ano avanty, de tuor Famagosta de le mam de Zenovexi[3]. E sentando questo, la chomunitade de Zenova se infelony molto chontra el re de Zepro[4], e in questo sovradito milieximo se fexe una armada a Zenova de galie XII[5]; chapetanio de quela fo el so

sur l'ouverture des hostilités. Reprises et mention postérieure dont les points de départ et d'aboutissement seront indiqués successivement. — Le récit des Vite de' Duchi, quant à lui, est constitué non par deux, mais par trois narrations, la première (col. 785-789) ne paraissant rien devoir à aucune des deux reprises de la Chronique, la seconde (col. 789-793 et 805) se retrouvant presque intégralement, d'un seul tenant, avec son addition déplacée, dans la première reprise de la Chronique, la troisième (col. 801-805 et 805-806) se retrouvant aussi, malgré ses enchevêtrements répétés, dans la seconde reprise de la Chronique. — On trouvera à l'annexe I l'indication exacte des passages de Sanuto dont la réunion reconstitue ces deux narrations, et leur comparaison avec les reprises correspondantes de la Chronique, opérations dont l'étendue ne permettrait pas l'insertion ici, comme pour les autres extraits, plus courts et moins complexes à reconstituer.

1. Ici commence la première reprise de la Chronique, suivie par Sanuto dans la narration correspondante (la seconde) de son récit. (Col. 789-793 et 805.)

2. Début du long récit de la rupture entre Venise et le gouvernement français de Gênes, en 1403-1404, comprenant la relation de l'expédition génoise conduite en Orient, en 1403, par le maréchal Boucicaut, gouverneur français de Gênes depuis 1401, du choc fortuit des deux flottes rivales sur la côte de Morée, dans le port de Modon, le 9 octobre 1403, et des négociations qui aboutissent à la paix de Gênes du 22 mars 1404.

3. L'influence génoise à Chypre, si prépondérante depuis

apprîmes les grandes discordes survenues entre le roi
de Chypre et les Génois; et ce ne furent pas les Génois
qui en furent la cause (?), c'est le roi, qui avait essayé,
l'année précédente, d'enlever Famagouste aux mains
des Génois. A cette nouvelle, la république de Gênes
s'irrita beaucoup contre le roi de Chypre, et dans le
susdit millésime on arma à Gênes une flotte de douze

les événements de 1372-1373, si privilégiée sous le roi Pierre II
de Lusignan (1369-1382), puis sous son successeur Jacques Ier
(1382-1398), était fortement battue en brèche, depuis la mort
de ce dernier en 1398, par son fils et successeur Janus II
(1398-1432). Au commencement de 1402, à l'époque indiquée
par la Chronique, Janus II, rompant décidément avec Gênes,
assiégeait en effet, par terre et par mer, la place de Famagouste, sur la côte méridionale de l'île, le port le plus florissant du royaume, cédé aux Génois par Jacques Ier en 1383. —
En outre, également depuis 1402, Gênes se trouve en état de
guerre avec l'empire musulman d'Égypte et ses dépendances
de Palestine et de Syrie, conquêtes de Saladin depuis la fin du
XIIe siècle. Le sultan d'Égypte est alors un enfant de treize ans,
Melik el Nasir Zein ed Din Feredj (1399-1412), de la dynastie
circassienne des Bordjites, seconde dynastie de la milice des
Mameluks, maîtres de l'Égypte depuis la chute du dernier des
sultans Eyoubites en 1249. Cette guerre a été occasionnée par
les attaques des Génois de Famagouste dirigées en 1402 contre
la côte de Syrie, après la retraite de l'invasion mongole de 1400-
1401, qui avait dévasté toute cette partie de l'Asie, et qui se
dérivait en 1402 contre la puissance ottomane.

4. En août 1402, une première expédition génoise, armée
par Boucicaut, a dégagé Famagouste assiégé par les Chypriotes.
Opérations qui viennent d'amener d'âpres dissentiments entre
Gênes et Venise, lesquelles ont conclu, le 5 mai 1403, une
convention destinée à régler ce désaccord, au moment même
où, pour de plus graves conflits d'intérêts, une rupture allait
éclater entre les deux États.

5. Sur les galères de guerre, voir ci-dessus, au récit de la
croisade de 1396.

governador ch'y aveva per nome del re de Franza[1], clamado miser Buzicaldo[2], e la dita armada fo a Ruodo[3]. E là quela se aconpagna con algune galie de Sio e de Metelin, le qual per simel chaxon i aveva

1. Ici, pour la première fois, la Chronique fait allusion à la domination française établie à Gênes depuis 1396, et mentionne le nom de Boucicaut, gouverneur de Gênes, au nom de Charles VI, depuis 1401, Boucicaut dont le nom redoutable et abhorré de tout Vénitien va revenir si souvent sous sa plume. — C'est sans doute à quelque lecture défectueuse de ce passage, tel qu'il se lit dans le texte de la Chronique : « el so governador ch'y aveva per *nome del re de Franza*, clamado miser Buzicaldo, » qu'il faut attribuer l'erreur suivante de Sanuto, au début de sa seconde narration : « il qual Bucicaldo era *nipote del re de Franza.* » (Col. 789.) Erreur assez grossière que Sanuto ne commet pas, lorsqu'il a parlé du maréchal pour la première fois, en relatant en son lieu, — à une date inexacte du reste, 1398 au lieu de 1396, — l'établissement de la domination française à Gênes : « E il Re mandò subito a Genova per suo Governatore uno chiamato Bucicaldo, uomo molto valoroso. » (Col. 766.)

2. Jean le Meingre, dit Boucicaut, fils du maréchal de France portant le même nom, né vers 1364, mort en captivité en Angleterre en 1421. Déjà sous les armes à la bataille de Roosebeke, en 1382, passé deux fois en Prusse pour y combattre dans les rangs de l'ordre Teutonique, ayant déjà, pour un pèlerinage aux lieux saints, couru l'Orient, de Constantinople au Caire, il était, dès 1391, maréchal de France avant trente ans. Le commentaire de la croisade de Nicopolis vient de montrer son rôle dans la campagne de 1396 et dans l'expédition de 1399 conduite au secours de l'empire grec. Revenu en France dans le courant de 1400, il repartait quelques mois après pour Gênes, qu'il gouverne avec une énergie singulière, au nom de Charles VI, de 1401 à 1409, jusqu'au moment où la révolution du 3 septembre y met fin à la domination française. Rentré enfin dans sa patrie au fort des dissensions politiques qui déchirent alors la France, on n'y voit son nom mêlé que de loin. L'un des chefs de l'armée au désastre d'Azincourt, il y est

galères, dont le capitaine fut le gouverneur qui y commandait pour le roi de France, et se nommait Boucicaut. Cette flotte alla se joindre à quelques galères de Chio et de Mytilène, qui avaient été armées pour la

fait prisonnier, en 1415, et meurt en Angleterre en 1421. — Le *Livre des Faicts du bon messire Jean le Meingre dit Boucicaut*, l'attachant récit de sa vie d'héroïques aventures, publié pour la première fois par Théodore Godefroy en 1620, est édité dans les grandes Collections de Mémoires de l'Histoire de France. (Antoine Perrin, Petitot, Buchon, Michaud et Poujoulat.) L'édition citée ici, quand il y a lieu, est indifféremment celle donnée par Buchon en 1835 (*Choix de Chroniques et Mémoires sur l'histoire de France* — ap. coll. du *Panthéon littéraire* — au t. III, à la suite des *Chroniques* de Froissart, p. 563-695), ou bien par Michaud et Poujoulat en 1836 (*Nouvelle collection des Mémoires pour servir à l'histoire de France*, t. II, p. 203-332). On aura souvent recours au texte manuscrit, le meilleur existant, contenu dans le ms fr. 11432 de la Bibl. nat. de Paris, anc. Suppl. fr. 178 [20].

3. La flotte armée à Gênes n'a pour objectif apparent que la paix à imposer au roi de Chypre, mais compte en réalité pour destination effective la côte de Syrie : Boucicaut, confondant dans une même aversion tous les États musulmans, tant l'empire ottoman, abattu à Ancyre en 1402 par les Mongols, que les pays soumis à l'empire égyptien, avec lequel Gênes est en guerre, était résolu à prendre enfin sur le monde islamite une furieuse revanche de Nicopolis. — La flotte génoise appareille, le maréchal à bord, dans les premiers jours d'avril 1403, le 3 d'après le Livre des faicts (part. II, ch. xi), le 6 d'après l'historien génois Giorgio Stella. (Annales Genuenses, ap. Muratori, *Rer. ital. script.*, t. XVII, col. 1197.) Elle se rend en effet à Rhodes, où elle parvient dans les premiers jours de juin. (Pour l'établissement de la date, ci-après, p. 38, n. 6, et p. 40, n. 7.) Mais, entre temps, elle avait fait une assez longue station à l'extrémité de la côte de Morée, où elle avait rencontré l'escadre d'observation vénitienne, événements que la Chronique relatera tout à l'heure, mais sans en opérer la liaison.

fato armar. E anchora in Zenova sy arma VI choche[1], su le qual i mese zente d'arme e i chavaly[2]. De che azionta la dita armada[3] a Ruodo[4], atrovando in lo dito luogo anbasada dal dito re de Zepro, el qual molto dubitava de l'avignimento del dito esercito, e de subito lo dito anbasador[5], chon meso el gran maistro de l'Ospedal da Ruodo[6], fo a la prexencia de miser Buzicaldo, schuxiando el Re al meio ch'y pote, domandandoly

1. *Coche.* Coques. La « coque » est un bâtiment à voiles, rond, court et large, de haut bord et de fort tonnage, susceptible d'être armé en guerre. (Jal, *Gloss. naut.*, et *Arch. nav.*, mém. 6.) Ces mêmes navires de la flotte génoise de 1403, désignés ici par la Chronique sous le vocable de « coche », sont dénommés par Boucicaut, dans le Livre des faicts (part. II, ch. XI), sous celui de « naves », expression qui semble préférée par la terminologie nautique génoise.

2. La flotte portait six cents lances et sept cents hommes de pied. (Rapport de Zaccaria Trevisano, ambassadeur de Venise à Gênes, cité dans Delaville le Roulx, *La France en Orient*, p. 422, n. 3.)

3. Avec les douze galères qu'elle a mentionnées et les six coques qu'elle vient de relever, la Chronique présente pour la flotte de Boucicaut, au départ de Gênes, un total, qui paraît approcher de l'exactitude, de dix-huit navires. Mais la répartition qu'elle en donne (12 galères et 6 coques) ne semble pas aussi sûre. Le Livre des faicts ne parle que de huit galères (part. II, ch. XI). Giorgio Stella, qui semble assez précis à ce sujet, lui assigne neuf galères, sept « naves », une « grosse galère » et un « huissier » (col. 1197). La « nave » génoise, on vient de le voir, est l'équivalent de la « coque » vénitienne. La « grosse galère », à Gênes comme à Venise, est une galère de grande taille et de nombreux équipage, pouvant être armée au commerce, dans des conditions particulières, pour certains voyages. L' « huissier », alors employé dans la plupart des marines, navire de charge destiné au transport de la cavalerie, est un bâtiment à voiles qui doit son nom à la vaste ouverture, à l' « huis » qu'il portait en poupe pour donner accès aux che-

même circonstance. De plus, on arma à Gênes six coques où s'embarquèrent les gens d'armes et les chevaux. Puis, arrivée à Rhodes, cette flotte y trouva une ambassade du roi de Chypre, qui redoutait beaucoup l'arrivée de ladite armée; et aussitôt l'ambassadeur, accompagné du grand maître de l'Hôpital de Rhodes, vint en la présence de messire Boucicaut, excusant le roi de son mieux, demandant merci pour

vaux embarqués. (Jal, *Gloss. naut.*, et *Arch. nav.*, mém. 6 et 4.)

4. Quelle qu'en fût la composition au départ de Gênes, la flotte de Boucicaut se grossit en Levant de plusieurs renforts. Une galère était partie de Gênes, en mars, portant un ambassadeur génois expédié à Chypre, une autre suivit, en mai, toutes deux à destination directe de Famagouste. (*Giorgio Stella*, col. 1197.) Venant de Chio, de Mytilène, d'Œnos (sur la côte de Roumélie, à l'embouchure de la Maritza), possessions de familles de Gênes, venant de l'établissement génois de Pera, cinq galères et trois galiotes rejoignent le gros de la flotte. (*Livre des faicts*, part. II, ch. xiv.) — La galiote est une galère de petite taille, intermédiaire entre la galère et la fuste. (Jal, *Gloss. naut.*, et *Arch. nav.*, mém. 4.)

5. Ce n'est pas un plénipotentiaire de Janus II que Boucicaut trouvait à Rhodes, en y parvenant lui-même, au début de juin 1403; c'était un ambassadeur génois, revenant de Chypre, où il s'était rendu sur la galère isolée partie de Gênes en mars, que le maréchal voyait débarquer peu après sa propre arrivée. Ce négociateur était un français, de la maison de la Faye, connu sous le nom de l'Ermite de la Faye, ancien sénéchal de Beaucaire, déjà souvent employé dans les négociations orientales. (Delaville le Roulx, *La France en Orient*, p. 422, 424, 426-427.)

6. Le Français Philibert de Nailhac, grand-maître de l'ordre des Hospitaliers (1396-1421). C'est seulement lors de la seconde mission de l'Ermite de la Faye auprès de Janus II, à la fin de juin, qu'il prit part aux négociations de Chypre. (*Ibid.*, p. 427-428, 431.)

perdonanza, alegando che la novitade che quelo ly aveva fata, quelo non aveva fato contra la chomunitade de Zenova, ma avevala fata per tuor quela de le man de miser Antuonio da Guarcho Zenovexe, el qual iera intrado in quela per chapetanio chontra la chomunitade de nobile de Zenova, per tal muodo che quela tegniva andando in chorso a la roba de[1] amixi e de nemixi[2]. Hor che abreviando el fato, el dito miser Buzicaldo romaxe d'achordo chom el re de Zcpro[3].

È de saver che avanti che la dita armada partise da Zenova, el dito Buzicaldo aveva abudo chomandamento de Franza che de la dita inprexa quelo se dovese tuor zoxo, perho che anbasada del re de Zepro iera stada in Franza, e de ziò aveva la chorona de Franza fato examinacion[4]. Ma nondemen lasando ziò la dita armada in ordene, perchè abiando Zenovexi fata la spexa per Mahona[5], quelo se delybera al tuto de

1. *De.* Inc. fol. 141 b.
2. Antonio Guarco, de la famille génoise de ce nom, si étroitement mêlée à toutes les récentes luttes politiques de Gênes, gouverneur, « podestà » génois de Famagouste, véhémentement soupçonné d'avoir tenté de se tailler une possession indépendante dans la riche et enviable place maritime dont il avait la garde.
3. La Chronique reviendra plus loin, et plus exactement cette fois, sur le récit de ces négociations entre Gênes et Chypre, qui devaient aboutir, après une seconde ambassade, à un traité conclu le 7 juillet 1403. En ce présent passage, la Chronique continue à présenter les faits d'une façon erronée. La conclusion de la paix en ce moment, au début de juin, n'est pas plus exacte que, tout à l'heure, la mention de l'ambassade chypriote à Rhodes.
4. Est-il exact qu'une mission chypriote se soit rendue en France vers 1402, à l'époque qu'indique ici la Chronique?

lui, alléguant que le coup de main qu'il avait tenté n'était pas dirigé contre la république de Gênes, mais bien pour tirer la ville des mains de messer Antonio Guarco, Génois, qui s'y était établi en qualité de capitaine contre la communauté des nobles de Gênes ; de sorte qu'il y dominait, allant en course à l'écumerie contre amis et ennemis. Si bien que, pour abréger les choses, ledit messire Boucicaut resta d'accord avec le roi de Chypre.

Il faut savoir qu'avant que ladite flotte ne quittât Gênes, Boucicaut avait reçu de France l'ordre de surseoir à cette expédition : une ambassade du roi de Chypre s'était en effet rendue en France, et la couronne de France avait examiné l'affaire. Néanmoins les Génois, gardant la flotte tout armée dont ils avaient fait les frais pour la Mahone, prirent le parti de pas-

---

En cette année, Perrin le Jeune, ambassadeur de Janus II, paraît à Venise d'abord, puis à Milan, pendant le siège de Famagouste, pour solliciter une intervention en faveur du roi, puis à Gênes, pour excuser la conduite de Janus II et rejeter la cause du conflit sur Antonio Guarco. (Delaville le Roulx, *La France en Orient*, p. 412-413, 414-415, 422.) Sanuto, dans la première reprise de son récit, dit, il est vrai, que l'ambassadeur chypriote, arrivant à Venise, venait de France (col. 786). Il est intéressant de constater que le discours réellement tenu par Perrin le Jeune au gouvernement génois (attribution de tous les torts à Antonio Guarco), discours à lui conseillé et dicté par le gouvernement vénitien pendant son séjour à Venise (délibération du sénat de Venise du 12 décembre 1402, publiée par M. de Mas Latrie, *Histoire de Chypre*, t. II, p. 459-460), est sensiblement identique à celui que la Chronique met dans la bouche du prétendu envoyé chypriote, que Boucicaut, d'après elle, aurait alors reçu à Rhodes.

5. « Mahona », la « Mahone » des textes français, vocable

proseguir¹, fazandose raxion de andar a Ruodo, chomo i fexe, e de là investigar de aver acordo con el re de Zepro, e hotegnudo l'achordo, de andar puo a la destrucion de Sarainy, chomo i fexe, bem che mal partido i alese; e questo per chaxion che meio ly iera stado ad eser romaxi, perche con grando so dano e vergonza hy torna a Zenova, chomo per adriedo de loro se traterà per avanty².

Abiando i Veniciany sentido del sentimento de la dita armada e dubiandose che questy non andese a ferir in alguna de le suo tere, de subito scrise de ziò,

dérivant, à ce qu'il semble, de l'arabe « Ma'ouna » (Dozy, *Supplément aux dictionnaires arabes*, II, 192), dont le sens paraît équivaloir à celui d'apport pécuniaire extraordinaire. Terme qu'il ne faut pas confondre avec le mot identique de « Mahone », servant à désigner une variété de bâtiment, turc ou barbaresque, destiné aux transports et convoyages. (Jal, *Gloss. naut.*) — La « Mahone » est une société financière constituée par la mise en commun de capitaux individuels versés par des actionnaires dénommés « Mahons » ou « Mahonais, » en vue d'une certaine exploitation temporaire et déterminée, les bénéfices se répartissant au prorata des mises. La forme d'association légale actuelle qui représenterait le plus exactement ce système serait la Société en Participation de nos codes commerciaux modernes. — Cette forme d'association, où le commerce et la politique, l'esprit de lucre et l'esprit de conquête interviennent en éléments égaux, est depuis longtemps en usage à Gênes. C'est par mahone, au témoignage de Caffaro, qu'est armée en 1100 la flotte destinée à la première croisade. (Annales Genuenses, ap. Muratori, *Rer. Ital. Script.*, t. VI, col. 247.) C'est encore par mahone qu'est montée, en 1347, l'occupation définitive de Chio, fief concédé par les empereurs d'Orient, depuis le début du xvᵉ siècle, aux Zaccaria de Gênes, mahone qui se maintint dans la possession de l'île jusqu'à la conquête ottomane de 1566. (Carl. Hopf, art. Giustiniani, Familie aus

ser outre et d'aller à Rhodes, comme ils le firent, pour essayer de traiter avec le roi de Chypre ; puis, une fois le traité conclu, d'aller à la destruction des Sarrasins, comme ils le firent, bien que mal leur en ait pris. Mieux eût valu rester tranquille, parce qu'ils durent retourner à Gênes avec grand dommage et honte, comme on le verra plus loin.

A la nouvelle du départ de cette flotte, les Vénitiens, craignant qu'elle n'allât toucher quelqu'une de leurs terres, en écrivirent aussitôt à tous nos recteurs de

Genua, ap. *Allgemeine Encyclopädie der Wissenschaften und Künste*, t. LXVIII, p. 308-341.)

1. La « Mahone » à laquelle la Chronique fait ici allusion est celle qui paraît avoir été constituée à l'occasion même de cet armement génois de 1403, destiné au rétablissement de l'influence génoise sur le royaume chypriote, et dont fait mention le traité du 7 juillet 1403. Elle est couramment appelée « Nouvelle Mahone de Chypre », continuellement distinguée de la Société précédemment constituée, en 1373, pour un motif analogue, au capital de 400,000 ducats (approximativement 2,500,000 francs), Société connue jusque-là sous le nom de « Mahone de Chypre », et désormais désignée, dans ce document et depuis, sous celui d' « Ancienne Mahone de Chypre ». En 1408, les deux Mahones se fondirent dans la célèbre Compagnie financière centrale de l' « Office de Saint-Georges », établie en 1407 sous l'impulsion du gouvernement français et destinée à durer jusqu'à la fin de l'État de Gênes, en 1805. (Voir Note sur la Mahone de Chypre, ap. Mas Latrie, *Hist. de Chypre*, t. I, p. 366-370.)

2. La Chronique convient ici implicitement de toute la loyauté de l'expédition de Boucicaut en Orient, dont elle résume bien ici l'unique objectif : une campagne de furieuses représailles contre l'Islam et contre le désastre de Nicopolis, campagne dont les procédés de la politique vénitienne occasionnèrent seuls l'insuccès.

per le suo letere avixando tuti i nostry retory[1] de
Levante, a ziò che (con) bona varda quely devese far;
e de prexente fexe armar al cholfo galie XII chon quele
de Chandia[2]; e de quele fo fato chapetanio zeneral el
nobel homo miser Carlo Zem[3], fazando chomandamento a quelo che alguna novitade quelo non devese
far a la dita armada de Zenovexi, salvo se per quela
i non avese fato a Veniciany notabel dano, non voiando

1. L'expression de « retori », récteurs, équivaut au nom
générique des fonctionnaires vénitiens représentant le gouvernement central dans les possessions d'outre-mer.
2. Le gouvernement vénitien, armant de son côté, expédie
ses instructions au « capitaine du golfe », c'est-à-dire au commandant de l'escadre permanente de l'Adriatique, promu de
fait, par les mesures à lui prescrites, au commandement en
chef des forces navales de la république, comme s'il était
investi des fonctions de « capitaine général de mer ». (Sur ces
charges, voir le curieux « Traité du gouvernement de la cité
et seigneurie de Venise », Bibl. nat., ms. fr. 5599, ch. c,
fol. 164 v°-165, et ch. XCIX, fol. 162-164 v°.) Le 9 mars 1403,
ordre lui est donné de concentrer immédiatement six galères,
alors à portée en divers points des côtes voisines; du 24 mars
au 5 avril, d'autres galères lui sont expédiées de Venise même
ou de divers ports du Levant. (Décisions du sénat en date de
ces divers jours, dans Delaville le Roulx, *La France en Orient*,
p. 423, n. 2-4.) La Chronique indique ici douze galères en
tout. Le Livre des faicts dit treize. (Part. II, ch. XII.) La décision officielle du sénat, formulant les instructions, en mentionne
nettement quatorze. (Décision du sénat en date du 4 avril, dans
La France en Orient, Pièces just., n° 26, p. 111-113.)
3. Carlo Zeno, le grand homme de mer vénitien, né en 1338,
mort à quatre-vingts ans et demi, le 6 mai 1418, ainsi que l'établit exactement Morosini dans son Diario, ce qui permet de
rectifier la date erronée acceptée jusqu'ici d'après la copie évidente, mais fautive (col. 921), de Sanuto : « Corando M IIII^c
XVIII dy VIII de mazio in Venezia. Noto fazo a perpetual me-

Levant et les avisèrent par lettres de faire bonne garde; puis, sans tarder, ils firent armer dans le golfe douze galères, avec celles de Candie, nommèrent capitaine général noble homme messer Carlo Zeno, qui avait pour ordre de ne pas attaquer la flotte génoise, sauf si elle causait aux Vénitiens quelque notable dommage, et de ne pas se découvrir pour chose de peu d'importance. Or, comme les galères

moria de tuti dapuo de nuy vignera chomo la bona anema de miser Carlo Zen pasa de questa vita ady vi de note vignando al sabado dy vii del mexe de mazio... » (*Diario*, ad diem 8 mai 1418, ms., fol. 349 a.) — De la forte race des viveurs passés hommes d'action, ses aventures, sa romanesque captivité à Constantinople, puis son rôle glorieux dans la guerre de Chioggia, en 1380, sont faits trop connus pour avoir besoin d'être rappelés. Capitaine général de mer en 1380, après la reprise de Chioggia, il s'était porté au dogat en 1382, à la mort d'Andrea Contarini, mais avait échoué devant la candidature discutable de Michele Morosini. En 1398, Venise l'avait envoyé en ambassade à Gênes, puis en France, pour combiner l'expédition de secours à l'empire grec, que Boucicaut devait conduire seul l'an suivant. Cette campagne de 1403 fut le point radieux de sa gloire. « Provéditeur » pendant la guerre de Padoue, engagée l'an suivant contre Francesco de Carrare, il devait, en 1406, se voir frappé d'une ridicule condamnation à l'occasion d'une mesquine somme d'argent reçue naguères du prince vaincu. Un pèlerinage à Jérusalem occupa les dernières années de sa vie, qu'il acheva dans la retraite, à Venise, en 1418. Il était le frère de Niccolò et d'Antonio Zeno, les deux célèbres explorateurs des mers septentrionales (1390-1405), dont les voyages dans l'Atlantique du Nord, longtemps tenus pour fabuleux, aujourd'hui acquis sans conteste à l'histoire des découvertes maritimes, recèlent encore tant d'énigmes. — Sa vie a été écrite par son neveu, Giacomo Zeno, évêque de Padoue, mort en 1481. (Vita Caroli Zeni, ap. Muratori, *Rer. Ital. Script.*, t. XIX, col. 199-372.)

perho che per pizola chosa el se devese deschovrir[1]. De che siando le dite galie de Veniciany in le parte de Modom[2], sovra azionse l'armada de Zenovexi, che andava a Levante[3], e per la nostra armada tuty fo vezudy gracioxamente, mandandose miser Charlo Zem dito ad oferir a miser Buzicaldo in ogno so destro, e toiando la dita armada refreschamento[4]. Puo[5] dal dito luogo el se partì, tornando in verso Ruodo[6].

Seguendo (*sic*) quela el predito miser Charlo Zem fina al dito luogo e chomo da Veniexia luy aveva abudo in chomision[7]. Ma hè da saver ch'el dito miser Buzicaldo

1. Instructions à Carlo Zeno formulées dans la décision du sénat en date du 4 avril (*loc. cit.*). Il était alors, non pas « capitaine général de mer », comme vient de le dire la Chronique, mais simplement « capitaine du golfe », titre qu'il conserve pendant toute la durée de cette campagne. (Décision citée du 4 avril, et autre du 25 septembre, ci-après.)

2. Modon, Méthônè des désignations grecques modernes, à l'extrémité de la presqu'île de Messénie, la plus occidentale des trois promontoires découpés du Péloponnèse, regardant la mer Ionienne. Possession vénitienne, de capitale importance, acquise par Venise, par le dépècement de l'empire grec, en 1204.

3. La flotte vénitienne, concentrée au débouché de l'Adriatique, en mars et au commencement d'avril, ainsi qu'il vient d'être dit, était en effet entrée la première à Modon, comme poste d'observation. C'est là que Boucicaut, parti de Gênes dans la première semaine d'avril, comme on l'a vu, en entrant en relâche dans la baie, la trouvait au mouillage, à sa profonde stupéfaction. (*Livre des faicts*, part. II, ch. xii.)

4. Le Livre des faicts relate, en effet, l'apparence tout amicale de l'accueil fait à Boucicaut par Carlo Zeno.

5. C'est pendant ce contact, encore correct et pacifique, des deux flottes rivales dans les eaux de la Morée que se place la rencontre de l'empereur Manuel II, lequel se trouvait alors dans ces parages, à terre, sur son trajet de retour de France à Constantinople, événement que la Chronique mentionnera tout à

vénitiennes se trouvaient aux environs de Modon, survint la flotte génoise, qui allait en Levant; notre flotte leur ménagea un gracieux accueil; messer Carlo Zeno envoya offrir ses services à messire Boucicaut; et cette flotte, après s'être ravitaillée, quitta ce lieu et fit voile vers Rhodes.

Le susdit messer Carlo Zeno la suivit jusqu'audit lieu, ainsi qu'il en avait commission de Venise. Or, il arriva que ledit messire Boucicaut et tous les Fran-

l'heure, mais sans le relier à la succession effective des faits.

6. C'est seulement, en réalité, après le départ de Manuel II des eaux de la Morée, sous escorte égale de galères génoises et vénitiennes, que Boucicaut, avec le gros de ses forces, appareille définitivement pour Rhodes. (*Livre des faicts*, part. II, ch. XIII.) Il y arrive au commencement de juin. (Pour l'établissement de la date, ci-après, p. 40, n. 7.)

7. C'est également, en réalité, après le départ de Manuel II des eaux de la Morée, sous sa double et identique escorte, que le gros de la flotte vénitienne appareille, en même temps que la flotte de Boucicaut, pour suivre à vue les galères génoises. Le 29 mai, Carlo Zeno, avec ses galères, est devant l'île de Patmos, sur la côte d'Asie, à mi-chemin de Chio à Rhodes; puis, à la suite de Boucicaut, il gagne Rhodes, où la présence de l'escadre vénitienne en même temps que l'escadre génoise, au début de juin, est un fait acquis (ci-après, p. 40, n. 6 et 7). Cet itinéraire des eaux de la Morée à Rhodes résulte clairement de l'examen du Livre des faicts, ainsi que de la décision du sénat en date du 10 juillet 1403, formulant réponse à une dépêche de Zeno datée de Patmos le 29 mai. (Décision du sénat en date du 10 juillet 1403, dans Delaville le Roulx, *La France en Orient*, Pièces just., n° 27, p. 114-117.) Comme l'établit le Livre des faicts, c'est exactement au mouillage du cap Malée (le cap Maléas des désignations grecques modernes, le cap Saint-Ange de la terminologie médiévale) que l'escorte de Manuel II se sépara

e tuty Franzeschi e Zenovexi, che iera sovra quela armada, molto se infelony, per caxion che le galie de Veniciany le aveva seguide[1], ma pur non hosa far alguna molestia, per chaxion le iera mancho galie le suo che le nostre, perch'el è da creder che, se'l contrario fose stado, s'averia deschoverty a far novitade a le nostre, e per questo se puo ben conprender per[2] quelo i fexe da puo, per chaxion el sè de tegnir per fermo[3] che al so partir da Zenova i aveva mala intention[4] chontra dy Veniciany[5].

Hora tornando a la nostra materia, zionte tute do le armade[6] a Ruodo[7], per chaxion che i Veniciany

du gros des deux flottes (*loc. cit.*). La décision du sénat fait voir que, parti de ce lieu, Carlo Zeno était à Patmos le 29 mai (*loc. cit.*). L'arrivée de la flotte vénitienne à Rhodes est démontrée plus loin (ci-après, n. 6). — Dans son récit (p. 426), l'auteur de la France en Orient place à Patmos, le 29 mai, un tout autre événement, c'est-à-dire le conseil de guerre vénitien où se décide la formation de l'escorte de Manuel II. Or, à Patmos, à cette date, ce n'est pas un conseil qui fut réuni; c'est une dépêche de Zeno, relatant la tenue de ce conseil, qui fut rédigée. Cette différence d'interprétation rendrait incompréhensible le fil des événements. Comment, en effet, à la réflexion, expliquer la tenue, à Patmos, près de la côte d'Asie, de l'autre côté de l'Archipel, d'un conseil destiné à régler la façon dont Manuel II quitterait le Péloponnèse?

1. Le Livre des faicts dit expressément que les galères vénitiennes suivirent sans relâche, à la vue, la flotte de Boucicaut. (Part. II, ch. xiii.) « Et tele compaignie lui tenoient, que quand il aloit ilz aloient, quand il arestoit ilz s'arrestoient, et ainsi le firent jusques à l'isle [Chypre] de Nicocie. » (Bibl. nat., ms. fr. 11432, fol. 55 r°, col. 1.) La Vie de Carlo Zeno dit aussi, d'autre part : « In eum modum Bucicardi vestigia continua navigatione persecutus Rhodum usque pervenit. » (Liv. VIII, col. 319.)

çais et les Génois qui formaient l'équipage de cette flotte s'irritèrent vivement de ce que les galères vénitiennes les avaient suivis; pourtant ils n'osèrent les molester, parce que leurs galères étaient inférieures en nombre aux nôtres. Mais il est à croire que si c'eût été le contraire, ils n'eussent pas hésité à attaquer les nôtres, et il est facile de le comprendre à ce qu'ils firent dans la suite; car on peut tenir pour certain qu'à leur départ de Gênes ils avaient male intention contre les Vénitiens.

Revenons à notre sujet. Une fois les deux flottes arrivées à Rhodes, les Vénitiens n'entrèrent pas dans

2. *Per.* Inc. fol. 142 A.
3. Le ms. portait d'abord : « per *fede* che ».
4. Le ms. portait d'abord : « mala *suspeciom* et contra ».
5. La Chronique vient cependant d'indiquer plus haut que Boucicaut, en préparant cette campagne, n'avait d'autre but que la guerre à l'Islam.
6. Le fait que l'escadre vénitienne, dans sa véritable chasse, ait poussé jusqu'à Rhodes, suivant la flotte de Boucicaut, et ait séjourné quelque temps dans les eaux de l'île, est démontré. (Décision du sénat en date du 10 juillet 1403, *loc. cit.*; *Vita Caroli Zeni*, liv. VIII, col. 319; *Livre des faicts*, part. II, ch. XIII.)
7. Ce moment de l'arrivée des deux flottes à Rhodes peut se déterminer en tenant compte, les délais nécessaires observés, des dates suivantes. La flotte vénitienne, liée à la flotte génoise, est à Patmos le 29 mai (ci-dessus, p. 39, n. 7). Ensuite, peu après l'arrivée de la flotte génoise à Rhodes, l'Ermite de la Faye, l'ambassadeur parti directement, comme on l'a vu, de Gênes pour Chypre, en mars, débarque à Rhodes, arrivant de Chypre. (*Livre des faicts*, part. II, ch. XIV.) Il y séjourne quelque temps, puis en repart pour Chypre, accompagné du grand-maître de Rhodes, Philibert de Nailhac. (*Ibid.*, id.) La flotte vénitienne, partie de Rhodes après leur départ et le sachant, est, le 14 juin, à l'île d'Astypalæa (ci-après, p. 42, n. 2).

non intra in lo porto, per non aver chaxion de inpaziarse chon Zenovexi[1]; ma de subito tolto aqua de fuora, i se retorna[2] in verso Modom, dagandose huovra de persentir de la intincion de la dita armada[3]; la qual intincion in chonplimento el sape, per una de le galie el manda a far dar noticia a la Signoria[4].

Ed è da saver che in el dito ano de M CCCC III, el zionse a Veniexia miser l'inperador de Constantinopoly, clamado per nome Chaloiany, el qual iera stado longamente in le parte de Franza, e questo per archoier sovencion dal re de Franza e i suo barony chontra l'antydito Baixeto, inperador dy Turchy, inpero che questo aveva meso Chonstantinopoly in termene che al tuto quelo averia abudo, se la devina Providencia non avese provezudo, chomo per avanti è stado atratado[5]. E vignando questo da le dite parte, fexe la via da Zenova, per la qual per Zenovexi a quelo fo fato

---

1. C'est pendant ce contact, encore pacifique, mais déjà inquiétant, que le trop confiant Boucicaut, en négociant vainement avec Zeno pour lui demander son concours pour l'entreprise projetée contre les ports musulmans, dévoila définitivement à l'amiral vénitien, déjà pressenti au départ du cap Malée, tout son plan de campagne imminent. (*Livre des faicts*, part. II, ch. XIII, XIV; *Vita Caroli Zeni*, liv. VIII, col. 319-321.) Zeno, exécutant les instructions de son gouvernement, prévient immédiatement le sultan d'Égypte et les émirs de Syrie, cauteleux, mais habituel procédé de la politique vénitienne, dont la politique génoise, du reste, le cas échéant, ne lui eût pas laissé le monopole.

2. Le 14 juin, la flotte vénitienne, ayant quitté Rhodes après ce court séjour, se trouve devant l'île d'Astypalæa (Stampalie de la terminologie médiévale), au milieu de l'Archipel, à mi-route environ de Rhodes à Naxos. Ceci résulte d'une décision du sénat en date du 10 juillet 1403, formulant réponse à

le port, pour éviter toute occasion de conflit avec les Génois, mais reprirent aussitôt la mer et firent voile vers Modon, cherchant à pressentir les desseins de ladite flotte, et, dès qu'ils les eurent connus à plein, ils envoyèrent une des galères en porter nouvelle à la Seigneurie.

Or sachez qu'en cette même année 1403 arriva à Venise messire l'empereur de Constantinople, nommé Calojanni, qui avait longtemps séjourné au pays de France, et cela pour obtenir aide du roi de France et de ses barons contre le susdit Bajazet, empereur des Turcs, qui avait réduit Constantinople à telle extrémité qu'il s'en serait complètement emparé, si la divine Providence n'y eût pourvu, comme il a été dit plus haut. En revenant de France, il fit route par Gênes, et les Génois lui firent grand honneur et lui offrirent grandement leurs

une dépêche de Zeno datée d'Astypalæa le 14 juin. (Décision du sénat en date du 10 juillet 1403, *loc. cit.*)

3. La version que donne ici la Chronique, d'après laquelle la flotte vénitienne serait retournée de suite directement de Rhodes à Modon, en station d'attente, est à relever, mais paraît peu conciliable avec le passage à Astypalæa, qui vient d'être établi, et le passage en Crète, dont il sera traité plus loin.

4. Il est exact qu'à ce moment, dans les premiers jours de juillet, parviennent à Venise des dépêches de Zeno, celle de Patmos, du 29 mai, et celle d'Astypalæa, du 14 juin, auxquelles le sénat répond par la décision du 10 juillet, qui vient d'être citée.

5. Manuel II Paléologue, empereur d'Orient (1391-1425), passé en Occident en 1400, avec le retour de l'expédition que Boucicaut lui avait amenée l'an précédent, séjournait depuis cette époque en France, attendant de nouveaux secours contre les Turcs. A la nouvelle du choc d'Ancyre, où l'invasion mongole venait d'anéantir la puissance ottomane, où Tamerlan venait de faire prisonnier Bajazet, en juillet 1402, il venait de

grando honor, e hoferandose Zenovexi molto a quelo ; de che lo dito inperador haver questo a Zenovexi, che ly de[se][1] sonvencion de galie per pasar a Constantinopoly, e hofersely de darly tre galie armade, e chusy fexe[2]. E per simel zionto lo dito inperador a Veniexia, fexe la dogal Signoria el simel ; de che in Veniexia ly fo chonzeso de darly altre III galie armade[3]. E de presente fo fato chapetanio de queste, con do sovrachomity[4], (fo) miser Lunardo Mozenigo. E de vero che le

se décider à rentrer à Constantinople. Il avait quitté la France à la fin de 1402, et, ayant pris par l'Italie, puis par la voie de mer, il regagnait Byzance en touchant en Morée. La Chronique, rectifiée en ce point par Sanuto, qui le dénomme « Vice imperadore » (col. 789), confond ici le nom de Manuel II avec celui de son neveu, le co-empereur Jean le Beau (Kalojohannès), Jean VII Paléologue, fils de son frère Andronic, associé au trône de 1398 à 1403, et laissé par son oncle, lors de son départ de Bysance en 1400, comme seul régent de l'empire. — Le Livre des faicts, de son côté, appelle Manuel II « Karmanoli ». (Bibl. nat., ms. fr. 11432, fol. 54 v°, col. 1.)

1. Le ms. portait d'abord : « de che *per* lo dito inperador *fo de* questo *da* Zenovexi ly de ».

2. Manuel II, arrivant de France par le Milanais, a séjourné à Gênes du 22 janvier au 10 février 1403. Dès ce moment, Boucicaut décide de lui donner une escorte pour le ramener à Constantinople. (*Giorgio Stella*, col. 1196.) Pacte qui n'eut à recevoir son exécution que dans les eaux de Morée.

3. Manuel II, arrivant de Gênes par terre, est à Venise avant le 26 février et s'y trouve encore le 5 mars 1403. Mais le gouvernement vénitien décide simplement de le transporter de suite en Morée, où il tenait à séjourner avant de rentrer à Constantinople. (Décision du sénat en date de ces jours, dans Delaville le Roulx, *La France en Orient*, p. 425, n. 2.) S'il fut escorté, de Morée au Bosphore, par des galères vénitiennes, ce fut uniquement pour ne pas le laisser convoyer par les seuls navires de Boucicaut.

services; ledit empereur leur demanda de lui fournir des galères pour passer à Constantinople; ils lui offrirent de donner trois galères armées; et ainsi fut fait. De même, lorsque ledit empereur arriva à Venise, la Seigneurie fit de même; on lui accorda à Venise un secours de trois autres galères armées, et sur-le-champ on en nomma capitaine, avec deux « sovracomiti », messer Leonardo Mocenigo. Et voire ces trois galères étaient du nombre des douze susdites galères que com-

---

4. *Sovrachomity*. Le « sovracomito », à ce moment de l'histoire maritime de Venise, est le commandant de galère, toujours noble vénitien. C'est un point qu'il convient de bien préciser et de mettre hors de discussion. Ce n'est pas un chef d'escadre, comme semblent le croire Du Cange (*Gloss. naut.*, art. Supracomitus), interprétant à tort un passage de la Chronique du doge Andrea Dandolo, ainsi que Jal (*Gloss. naut.*, art. Supracomitus, et *Arch. nav.*, mém. 4, p. 420, 457), se référant à Du Cange : cette fonction de chef d'escadre, l'escadre ne fût-elle que de deux navires, comporte toujours à Venise le terme de « capitano ». Ce n'est pas davantage un officier en second, intermédiaire, comme son nom pourrait induire à le croire au premier abord, entre le commandant du navire et le « comito » ou maître d'équipage. Le « sovracomito » vénitien, tout au contraire, est bien le commandant effectif de la galère. Et c'est bien dans ce sens que l'emploie, malgré tout, la Chronique d'Andrea Dandolo, rédigée au temps du principat du doge historien (1342-1354), et mentionnant, sous la date de 1262, l'armement d'une flotte destinée à la seconde guerre génoise : « Et cuilibet galeæ unum nobilem civem *supracomitem* fecit. » (Chronicon Venetum, liv. X, ch. VII, part. XXVI, ap. Muratori, *Rer. Ital. Script.*, t. XII, col. 370.) Galère de guerre ou galère de commerce d'État, le « sovracomito » porte le même nom; on s'en rendra compte aux mentions d'armements commerciaux. La galère représentant alors, dans une flotte de guerre, en Méditerranée, la véritable unité de combat, la fonction du « sovracomito » doit s'entendre dans le

dite tre galie fo del numero de le antydite galie XII, chapetanio el nobel homo miser Charlo Zem ; per caxion che a miser Lunardo Mozenigo[1] fo chommeso che, abiando miser l'inperador de Chonstantinopoly in la soa sedia meso, da puo quelo devese retornar indriedo, e andar a miser Carlo Zem, e star soto soa ubidiencia, e chusy fexe[2]. Honde el dito miser l'Inperador siando in Veniexia, a quelo fo fato grandisimo honor, e andely miser lo doxie incontra con el Buzentoro[3]; e aconpagnalo infina a la chaxa de miser lo marchexe da Ferara[4], la qual è mesa a San Zane Degolado[5], la qual ly fo dada per soa abitaciom, e a quel dito

même sens que celle qui définit, de nos jours, le « capitaine de vaisseau » de nos marines modernes. Le terme de « commandant », usité dans le langage courant actuel, serait encore celui qui trahirait le moins le sens spécial du vocable. — Sur ce sujet, voir le chapitre : *Des Supracomytes et de leurs offices*, dans le Traité du gouvernement de Venise (Bibl. nat., ms. fr. 5599, ch. CII, fol. 166-166 v°), et les chapitres suivants sur les *Supracomytes* des galères bâtardes et des grosses galères. (Ibid., ch. CIII-CIV, fol. 166 v°-169.)

1. Leonardo Mocenigo, homme de mer éprouvé, dont on va retrouver le nom, souvent à l'œuvre, au cours du récit de cette campagne.

2. Le récit de la Chronique est ici manifestement erroné. La réalité des faits va être établie dans une des notes qui vont suivre.

3. « Con el Buzentoro », avec le Bucentaure. Il ne faudrait pas croire, avec presque tous ceux qui ont eu occasion de citer ce nom légendaire de navire, que le Bucentaure fût un bâtiment unique en son genre, construit et reproduit à un seul exemplaire pour les solennités vénitiennes. Bucentaure, comme le dit excellemment Jal, était le nom générique d'une variété des grandes galères, citée dès 1293. Il n'y avait pas *un*, il y avait *des* bucentaures, comme des « chelandes », des « chats » et

mandait noble homme messer Carlo Zeno. Aussi fut-il ordonné à messer Leonardo Mocenigo qu'après avoir replacé sur son trône messire l'empereur de Constantinople, il dût revenir en arrière et rallier messer Carlo Zeno et se mettre sous ses ordres, et ainsi fit-il. Et ledit messire empereur étant à Venise, il lui fut fait très grand honneur; messer le doge alla à sa rencontre avec le Bucentaure et l'accompagna jusqu'à la maison de messire le marquis de Ferrare, qui est située à Saint-Jean-le-Décollé et qui lui fut donnée comme demeure; on fit audit messire empereur de très notables présents, de sorte qu'à son départ il se

---

des « pamphiles ». (*Arch. nav.*, mém. 4.) Le Diario de Morosini, à maintes reprises, cite ce type de bâtiment à côté des « ganzaruoli », des « pareschelmi ». Le bucentaure affecté aux doges était seulement plus richement décoré que les autres. Tel est le sens où il convient de dire *le* Bucentaure. (Voir Francesco Sansovino, *Venetia descritta... con aggiunta da d. Giustiniano Martinioni*, l. X, p. 449 et suiv.; Gallicioli, *Delle mem. ven.*, l. I, ch. viii, *Appartenenze della citta di Venezia*, par. ix, *Delle gondole*, n° 258; *Venezia e le sue lagune*, t. I, part. ii, *Brevi cenni sulle costruzioni navali e sulla marina de Veneziani*, p. 201-3; *Della voce Bucintoro*, ap. *Archivio Veneto*, t. XXXIV, p. 396-7; amiral Pâris, *Collection de plans ou dessins de navires*, t. IV, pl. 226-229.)

4. Niccolò III d'Este, marquis de Ferrare (1393-1441).

5. L'église, naguères paroissiale, de San Giovanni Decollato (Sen Zan Degolà), depuis transformée en simple oratoire, était située sur le canal du même nom, dans le quartier de Santa Croce in Luprio, non loin du Grand-Canal, presque en face le débouché du Canareggio. (Voir Francesco Sansovino, *Ven. descr.*, l. V, p 202-3; Flaminio Cornaro, *Ecclesiæ Venetæ*, t. VI, p. 382-5; Gallicioli, *Delle mem. ven.*, l. I, ch. iv, *Delle venete lagune*, par. vi, *Valli delle lagune*, n° 44; *Ven. e le sue lag.*, t. II, part. ii, *Fabbriche sacre*, p. 308.)

miser l'Inperador i fo faty de notabilysimy prexenty, per muodo che a la soa partida molto quelo se clama chontento de la signoria de Veniexia[1]. Ma da puo montando su le nostre tre galie, navega in verso (su) le suo chontrade, achonpagnandose con le altre galie tre de Zenovexi in le parte de[2] Chonstantinopoly[3]. E meso el dito inperador in tera, trovando quelo luogo in bon termene per la destruciom del predito Baixeto[4]. Ma l' è da saver che uno so nievo, el qual luy l'aveva lasado intro l'Inpierio, domentre che quelo stete fuora, che fo pluy de any do, sy rezeve el dito Inperador begnignamentre, rendando a quelo tuto l'Inpierio e le juridicion suo[5]. E sconbiandose le predite vi galie, che l'aveva aconpagnado[6], retornando le tre de Zenovexi a le parte de Ruodo, per aconpagnarse chon la soa armada, la qual le atendeva, ceto quela che i aveva armada per andar contra el re de Zepro[7]; e le nostre

1. Les renseignements contenus ici sur cette réception de l'empereur Manuel II, plus circonstanciés que le récit correspondant de Sanuto (col. 789), sont à relever.

2. *Chonstantinopoly.* Inc. fol. 142 B.

3. Ce récit interrompu, donné par la Chronique, du convoyage de Manuel II par les galères génoises et vénitiennes jusqu'à Constantinople, récit coupé par la mention de son séjour à Venise, est obscur et inexact. En réalité, Manuel II, parti de Venise, comme on l'a vu, dans les premiers jours de mars, et transporté en Morée, s'y trouve encore au milieu de mai. C'est là, dans les parages de Modon, que s'organise le retour de l'empereur. Boucicaut lui ayant donné pour escorte quelques galères de sa flotte, — non pas trois, selon la convention faite à Gênes et comme le dit ici la Chronique, — mais quatre (*Livre des faicts*, part. II, ch. xiii; décision du sénat du 10 juillet, *loc. cit.*), Zeno s'empresse immédiatement, et de suivre cet exemple, et de rendre équivalente l'escorte vénitienne, après un

déclara très satisfait de la Seigneurie de Venise. Puis, montant sur nos trois galères, il fit voile vers son pays, accompagné par les trois autres galères des Génois dans les parties de Constantinople. Et, ayant mis pied à terre, il trouva ces lieux en bon point à la suite de la destruction du susdit Bajazet. Or, sachez qu'un sien neveu, qu'il avait laissé dans l'Empire pendant son absence, qui dura plus de deux ans, reçut ledit empereur bénignement, lui rendant tout l'Empire et tous ses droits. Alors se séparèrent les six galères susdites qui l'avaient accompagné; les trois galères génoises retournèrent à Rhodes pour rejoindre leur flotte, qui les attendait, excepté celle qu'ils avaient armée pour aller contre le roi de Chypre; et les trois nôtres retournèrent dans les eaux de Modon et rejoignirent la flotte de messer Carlo Zeno. Et ces galères,

---

conseil de guerre où la question fut discutée de près (Ibid., *loc. cit.*). Le Livre des faicts fixe au cap Malée le lieu où cette singulière escorte de surveillance et de défiance mutuelle se sépara du gros des deux flottes (part. II, ch. xiii). — Leonardo Mocenigo n'avait nullement convoyé à part l'empereur depuis Venise, mais ce fut lui qui fut chargé du commandement de la division des quatre galères vénitiennes, destinées à l'accompagner de Morée jusqu'au Bosphore. (Décision du sénat du 10 juillet, *loc. cit.*)

4. Allusion au désastre infligé à Bajazet par Tamerlan, à Ancyre, l'an précédent, en juillet 1402.

5. Allusion à la régence du co-empereur Jean VII, neveu de Manuel II, régent de l'empire depuis le départ de Manuel II pour l'Occident, en 1400.

6. Ce récit du retour respectif des galères génoises et vénitiennes de Constantinople jusqu'au lieu de stationnement du gros de chaque flotte est plus près de la vérité que le précédent.

7. Les galères génoises, au nombre de quatre et non de

tre retorna in le aque de Modom e achompagnase con l'armada de miser Charlo Zem[1], abiandose senpre le dite vi galie portandose (sic) a insenbre pacifichamente e quietamente[2].

Hora tornando pur a la nostra materia, zoè de la antidita armada de Zenovexi, la qual zionta a Ruodo[3] tuta quanta a insenbre, zoè le suo galie partide da Zenova, e vignando in le parte de Romania in so sovencion, le qual fo in suma galie xv[4], e le suo choche[5] chon i omeny d'arme, la pluy parte Franzes-

---

trois, rallient en effet Boucicaut à Rhodes, après s'être renforcées des cinq galères et des trois galiotes provenant des établissements génois de Pera, OEnos, Mytilène et Chio, qui ont été spécifiées dans le dénombrement de la flotte génoise. (*Livre des faicts*, part. II, ch. xiv.) — D'autre part, le fait relevé par la Chronique est exact, à savoir qu'une des galères génoises qu'on a vue partir isolément de Gênes, celle partie en mars, naviguait entre Chypre et Rhodes pour le transport des ambassadeurs, dont il vient d'être question, et, par suite, se trouvait à défalquer du nombre total des galères de Boucicaut. (*Ibid.*, id.)

1. Les galères vénitiennes, également au nombre de quatre et non de trois, ne paraissent avoir rejoint le gros de leur flotte qu'après le départ de Zeno des eaux de Rhodes. (Décision du sénat du 10 juillet 1403, *loc. cit.*) En indiquant Modon comme lieu de leur jonction, la Chronique, qui vient de faire passer directement la flotte vénitienne de Rhodes en Morée, continue ici, comme on voit, à fixer dans ces derniers parages le rendez-vous immédiat des forces vénitiennes.

2. Assertion d'ensemble qui paraît acquise.

3. En ce moment où le séjour des deux flottes à Rhodes vient à concorder, dans la suite réelle des faits comme dans le récit de la Chronique, il convient d'établir la succession des événements enchevêtrés qui précèdent. — Départ de la flotte génoise de Boucicaut, de Gênes, dans les premiers jours d'avril. — Formation de la flotte vénitienne de Carlo Zeno, en mars et dans les premiers jours d'avril. — Station de la flotte véni-

pendant tout ce temps, se comportèrent vis-à-vis les unes des autres pacifiquement et tranquillement.

Revenons maintenant encore à notre sujet, c'est-à-dire à la flotte des Génois, qui, arrivée à Rhodes toute ensemble, c'est-à-dire les galères parties de Gênes et celles envoyées au secours de la Romanie, au nombre total de quinze galères, et les coques avec les gens d'armes, la plupart Français. Arrivés en ce lieu, les-

tienne à Modon et arrivée de la flotte génoise au même lieu. — Pourparlers avec Manuel II, en Morée depuis mars. — Double escorte imposée à l'empereur, de Morée jusqu'à Constantinople, comprenant quatre galères génoises et quatre vénitiennes, qui se séparent des deux flottes sous le cap Malée. — Trajet de la flotte génoise du cap Malée à Rhodes, suivie à vue par la flotte vénitienne, cette dernière se trouvant le 29 mai à Patmos. — Arrivée simultanée des deux flottes à Rhodes; la flotte vénitienne, repartie de Rhodes, se trouvant le 14 juin à Astypalæa.

4. Ce chiffre de quinze galères finalement présentes à Rhodes, sous les ordres de Boucicaut, exact au fond, mais que n'expliquent pas suffisamment les données de la Chronique, se décomposerait ainsi : les galères parties de Gênes avec Boucicaut, que la Chronique a portées à douze et d'autres à huit ou neuf (ci-dessus, p. 30, n. 3); les galères armées dans les établissements génois de l'Archipel, dont la jonction vient d'être signalée (p. 30, n. 4; p. 48, n. 7), mais dont la Chronique n'a pas fait directement mention; une des deux galères expédiées isolément de Gênes en Levant, celle partie en mai; ou même toutes les deux, en comptant la galère des ambassadeurs pendant son séjour au port (ci-dessus, p. 30, n. 4; p. 48, n. 7).

5. Les transports, englobés par la Chronique sous la dénomination de *coques*, et dont elle ne donne pas ici le chiffre total, qui semble monter à douze, se décomposaient ainsi : les coques proprement dites, parties de Gênes avec Boucicaut, que

chy¹, trovandose in el dito luogo ly dity homeny d'arme, i chomenza molto a manchar, e la mazior parte dy suo chavaly morir, per che molty ziorny la dita armada stete a Ruodo per aspetar tute le suo galie². E in questo mezo l'anbasada antydita del re de Zepro, la qual iera vegnuda a Ruodo per far l'aconzo, esyando stady al parlamento chon miser Buzicardo e trovando quelo chonsentise a l'acordo, e abiando abudo la soa intinciom, i dity anbasadory e 'l maistro de Ruodo retorna dal re de Zepro, narandoly de l'intencion del dito miser Buzicaldo, dal qual re i ave lybertade de afermar el dito aconzo chon miser Buzicardo e retornando a Ruodo, conferma el predito acordo³. E fo fato i paty in questo muodo⁴, ch'el dito re de Zepro devese dar ai dity Zenovexi duchaty ᴸᴹ d'oro per le spexe fate in la dita soa armada⁵, e holtra de questo fose tegnudo de darly in so susydio de le suo galie, de le qual l'aveva armade, per chaxion che loro iera posty ad andar a dagnyfichar Sarainy⁶, abiandose delyberado de andar a ferir in Alesandria; fazando lor cha-

---

la Chronique a portées à six et d'autres documents à sept; la grosse galère et l' « huissier » expédiés avec elles; les trois galiotes armées dans les établissements génois de l'Archipel, dont la jonction vient d'être signalée.

1. 600 lances montées, presque tous gens de France, et 700 h. de pied, tous embarqués à Gênes (ci-dessus, p. 30, n. 2).

2. On verra également, plus tard, une épidémie de même ordre sévir sur les troupes et les chevaux embarqués sur les bâtiments destinés à l'attaque manquée d'Alexandrie.

3. Exposé quelque peu inexact des conditions des négociations engagées entre Boucicaut et le roi de Chypre, dont la Chronique a déjà dit un mot au début de ce récit. En réalité, l'Ermite de la Faye, ambassadeur de Gênes à Chypre, parti de

dits gens d'armes commencèrent à mourir en grand nombre, ainsi que la plupart de leurs chevaux, pendant les longs jours que la flotte demeura à Rhodes pour se mettre en ordre et attendre toutes ses galères. Dans l'intervalle, la susdite ambassade du roi de Chypre, qui était venue à Rhodes pour traiter, fut à parlement avec messire Boucicaut, lequel consentit à traiter; et, une fois leur mission terminée, les ambassadeurs et le maître de Rhodes retournèrent vers le roi de Chypre. Après lui avoir rapporté les intentions de messire Boucicaut, ils reçurent de lui plein pouvoir de ratifier ledit traité avec messire Boucicaut et, retournant à Rhodes, ratifièrent ce traité, dont les articles furent faits en la manière qui s'ensuit. Le roi de Chypre devait donner aux Génois cinquante mille ducats d'or pour les dépenses faites en ladite flotte; en outre, il serait bon de leur fournir l'aide des galères qu'il avait d'armées, parce qu'ils étaient envoyés pour aller faire la guerre aux Sarrasins et avaient délibéré d'aller toucher Alexandrie, et

Gênes pour Chypre en mars, débarque à Rhodes, ayant échoué dans sa mission, peu après l'arrivée de Boucicaut. Il en repart, accompagné, cette fois seulement, du grand-maître de Rhodes, Philibert de Nailhac, avant le 14 juin, et conclut directement à Chypre, sans retourner une seconde fois à Rhodes, le traité du 7 juillet 1403 entre Janus II et Gênes.

4. Texte du traité du 7 juillet 1403, dans Mas Latrie, *Hist. de Chypre*, t. II, p. 466-471.

5. Art. 1 à 3 du traité du 7 juillet 1403.

6. Engagement verbal fait à Boucicaut par Janus II lors de leur première entrevue à Nicosie, capitale du royaume de Chypre, à la suite de la conclusion du traité, et tenu en partie. (*Livre des faicts*, part. II, ch. xviii.)

xion de questo a tute le suo choche, che le dovese navegar verso le parte d'Alesandria e aspetar sul dito porto le suo galie, e chusy le dite choche fexe[1]. I dity anbasadory promese a quelo miser Buzichardo pagar anchora altry ducaty L milia d'oro[2]. Ed è da saver che siando azionte le dite choche sul porto d'Alesandria, e atendando là pluxor ziorny, aspetando la dita armada, hogno dy moriva grandisima quantitade dy suo chavaly, per muodo ch'el nonde romaxe el quinto de quely[3].

E[4] partandose el dito miser Buzicardo da Ruodo chon tute le suo galie, navega a Famagosta[5], e là quelo stete arquanty ziorny, metandose in hordene tute suo galie[6], e toiando da quel luogo, zioè da Famagosta, algune suo galie armade là, e puo da quel luogo el se party[7] in suma con galie XXII, chonputando le galie

---

1. Ce n'est pas, en réalité, en ce moment que se place cette entreprise ébauchée contre Alexandrie, dont les circonstances sont jusqu'ici demeurées assez obscures, et sur laquelle l'examen attentif du texte qui fait l'objet de cette édition pourra peut-être faire la lumière. Le commentaire de ces événements en sera donné en son lieu. On a vu comment Gênes se trouvait en guerre, depuis 1402, avec l'empire musulman d'Égypte.

2. Allusion probable au présent royal que Janus II voulut faire à Boucicaut personnellement, lors de leur entrevue de Nicosie, et que le maréchal refusa noblement. L'offre paraît n'avoir monté qu'à 25,000 ducats et non aux 50,000 mentionnés par la Chronique. (*Livre des faicts*, part. II, ch. XVIII.)

3. Ce renseignement relatif à l'entreprise d'Alexandrie, inscrit ici hors de sa place, est caractéristique. Il sera joint au commentaire de cet événement, qui en sera donné lorsque la Chronique en présentera le récit.

4. *E*. Inc. fol. 143.

5. En réalité, entre ce départ de Rhodes et cette arrivée à

il était entendu que toutes leurs coques devaient faire voile vers le port d'Alexandrie, où elles attendraient ses galères ; et ainsi firent lesdites coques. Lesdits ambassadeurs promirent à messire Boucicaut de payer, en outre, cinquante autres mille ducats d'or. Or, sachez que pendant que ces coques, arrivées en vue du port d'Alexandrie, y séjournaient en attendant, pendant plusieurs jours, ladite flotte, il mourait chaque jour une très grande quantité de leurs chevaux, de sorte qu'il n'en resta pas le cinquième.

Quittant Rhodes avec toutes ses galères, ledit messire Boucicaut fit voile vers Famagouste, où il s'arrêta quelques jours pour mettre en bon ordre toutes ses galères. Et, faisant lever l'ancre de ce lieu, c'est-à-dire de Famagouste, à quelques-unes de ses galères équipées là, il mit à la voile avec vingt-deux galères

---

Chypre, ainsi directement consécutifs d'après la Chronique, a lieu l'importante entreprise de Boucicaut contre une place d'Asie, l'Escandelour, port dépendant des États musulmans de Karamanie, entreprise que la Chronique va placer tout à l'heure, à tort, après le séjour à Chypre, avec Chypre comme point d'appareillage, au lieu de Rhodes.

6. En réalité, ce séjour à Chypre, ainsi indiqué par la Chronique, a donc lieu après l'entreprise contre l'Escandelour, à laquelle il vient d'être fait allusion.

7. En réalité, c'est de Rhodes, et non d'un port de l'île de Chypre, que Boucicaut, dans ces conditions, appareille pour l'entreprise dont suit le récit. (*Livre des faicts*, part, II, ch. xv.) On peut essayer de délimiter la date de ce départ. D'une part, en effet, le Livre des faicts place l'appareillage pendant la seconde mission à Chypre de l'Ermite de la Faye, accompagné de Philibert de Nailhac (part. II, ch. xv). Or, il résulte du document officiel vénitien, déjà cité, que Carlo Zeno, parti des eaux de Rhodes et ayant déjà gagné la relâche d'Astypalæa, où il

del re de Zepro e queste del gran maistro de Ruodo[1], le qual tute galie[2] navega intro el cholfo de la Iaza[3], e ande a ferir a uno luogo de Sarainy, el qual se clama el Candelor[4]. E desmontado i omeny de suxo le galie in tera[5], e achostandose a i mury de la dita tera, tra-

était le 14 juin, savait, avant son départ des eaux de Rhodes, le départ de cette mission. (Décision du sénat du 10 juillet, *loc. cit.*) En défalquant de part et d'autre des délais nécessaires, on voit que l'absence de la mission partie de Rhodes durait depuis la seconde semaine de juin. D'autre part, il est établi que la nouvelle du traité de paix conclu le *lundi* 7 juillet, apportée de suite au maréchal alors qu'il était encore devant l'Escandelour, lui parvint là le *quatorzième* jour du siège et que ce siège avait commencé un *dimanche*, qui, dans ces conditions, ne peut avoir été que le *dimanche* 29 juin. (*Livre des faicts*, part. II, ch. xv, xvii, xviii.) Ce qui placerait le départ de Rhodes vers les derniers jours de juin, antérieurement au 29.

1. Par suite de l'interversion qui vient d'être signalée, la Chronique attribue ici à Boucicaut, au départ de Rhodes, le chiffre de galères qu'il ne devait réunir, en réalité, que plus tard, au départ effectif de Chypre (ci-après, p. 63, n. 2).

2. Ce qui suit est le récit de l'entreprise de Boucicaut contre le port de l'Escandelour, qui se place, en réalité, avec Rhodes comme base, entre le départ de Rhodes, à la fin de juin, et l'arrivée à Chypre, vers la mi-juillet. La Chronique relate ici cette attaque, par erreur, après le départ de Chypre, avec Chypre comme base, comme, du reste, la Chronique de Giorgio Stella. (Col. 1199.)

3. S'il fallait prendre à la lettre le texte de ce passage, « navega intro el cholfo de la Iaza », la Chronique voudrait ici, sous la forme « la Iaza », qu'elle emploie habituellement, désigner Laiazzo, l'Ayas turc actuel, l'Ægæ de l'antiquité, le port bien connu dans l'histoire maritime de ces temps, situé au fond du golfe qui échancre si profondément, en face de Chypre, la côte correspondante d'Asie, entre la Cilicie et la Syrie. Laiazzo donnait alors son nom au golfe qui a pris aujourd'hui la désignation courante, non plus de golfe d'Ayas, mais de golfe d'Alexan-

en tout, en comptant les galères du roi de Chypre et celles du grand maître de Rhodes. Et toutes ces galères, naviguant dans le golfe de Laiazzo, allèrent frapper à une cité de Sarrasins nommée « el Candelor ». Les hommes, descendus à terre, s'approchèrent des mu-

drette, parages mêmes qui avaient été le théâtre, en 1294, de l'ouverture de la troisième guerre (1294-1299) de Venise et de Gênes. (Texte du récit du combat de Laiazzo dans l'*Introduction*.) — Mais on ne peut faire autrement que d'admettre, en cette expression, une erreur visible, faute de copiste ou lapsus direct de rédaction. Car le lieu que va désigner la Chronique se trouve situé sans conteste, non pas dans le golfe de Laiazzo, aujourd'hui golfe d'Alexandrette, mais bien dans le golfe voisin, au fond duquel s'ouvre le port désigné dans l'histoire maritime d'alors sous le nom de Satalia, l'Adalia turc actuel, l'Attalea de l'antiquité. Satalia, comme Laiazzo, donnait son nom à cette vaste baie, qui conserve de nos jours la désignation de golfe d'Adalia. Au lieu de : « El cholfo de la Iaza », il faut donc lire : « El cholfo de Satalia », et entendre par là l'échancrure qui creuse la côte d'Asie Mineure, vers la Pamphylie et la Cilicie, entre les caps Chelidonia et Anamur, et dont quelques ports dépendaient alors des États musulmans de Karamanie.

4. « El Candelor. » L'identification de ce lieu a été des plus discutées. On trouvera dans l'Annexe II le détail nécessaire de cette question controversée. Qu'il suffise ici de savoir qu' « el Candelor », le « l'Escandelour » du Livre des faicts, la grosse ville marchande que décrit si exactement Boucicaut comme florissante en 1403 (part. II, ch. xv), doit se reconnaître dans le port actuel d'Alaïa, paraissant répondre au Coracesium antique, à mi-chemin du cap Anamur au fond du golfe d'Adalia. (Description actuelle dans Corancez, *Itinéraire d'une partie peu connue de l'Asie Mineure* (1800-1809), liv. III, ch. v, p. 362-365 ; vue actuelle dans Francis Beaufort, *Karamania, or a brief description of the south coast of Asia Minor* (1811-1812), ch. viii, p. 163.)

5. L'Escandelour et cette partie de la côte ne dépendaient alors ni de l'empire égyptien du Caire, dont les limites s'arrêtaient

zando de baleste e de bonbarde; honde quely dentro, zió sentido, se defexe ferisimamente[1], montando suxo per le mure e suxo per le tore, respondando ai suo inemixi de balestre e de piere e de alguny pezi de fero ch'i gitava zoxo. Honde i dity Sarainy fexe grandisimo dano a la dita armada de Zenovexi, zioè ai omeny che se achostava a le mure; per la qual cosa i fo chonstrety a retornar indriedo a le suo galie. Honde el dito miser Buzicardo, chonsyandose chonmeso i suo che iera suxo la dita armada, delyberadamente determena de partirse de quel luogo, peroch' elo i pareva inespugnabele, parandoly eser sta si mal tratady, che plu algun non aveva argumento de deversely acostar[2].

---

avec la frontière de Syrie vers le fond du golfe d'Alexandrette, ni de l'empire ottoman de Brousse, qui ne conquit cette région que plus tard, sous Mahomet II. Des débris de l'ancien empire seldjoucide de Konieh, florissant pendant tout le xiie et le xiiie siècle, s'était formé, vers l'an 1300, l'état de Karamanie, étendu peu à peu autour de sa capitale Karaman, — la Laranda de l'antiquité, — à laquelle le fondateur de la nouvelle puissance avait donné son nom. Vers cette époque, l'Escandelour, avec ses alentours, tantôt dépendait des princes de Karamanie, tantôt possédait, comme plusieurs districts voisins, de petits souverains indépendants. Pour sauver leurs États, les princes de Karamanie s'étaient faits les auxiliaires de l'invasion mongole pendant son irruption dans ces régions de l'Asie (1400-1402). Avec les uns et les autres, à cette époque, Gênes ne paraît pas avoir été spécialement en état de guerre.

1. Ms. « verisimamente ».
2. Sanuto, résumant ici en son lieu (col. 790), très brièvement, le texte de la Chronique, dit simplement, parlant de Bou-

railles de ladite place, portant avec eux des balistes et des bombardes. Les gens du lieu, à cette nouvelle, se défendirent très courageusement, montant sur les murailles, montant sur les tours, ripostant à leurs ennemis à coups d'arbalètes et de pierres et de certaines masses de fer qu'ils jetaient d'en haut. Si bien que lesdits Sarrasins firent très grand dommage à la flotte génoise, c'est-à-dire aux hommes qui s'approchaient des murailles, de sorte qu'ils furent contraints de battre en retraite vers leurs galères. Alors messire Boucicaut, tenant conseil avec les siens qui étaient sur la flotte, prit avec eux, après en avoir délibéré, la décision de s'éloigner de cette place, parce qu'elle leur paraissait inexpugnable et qu'il leur semblait avoir été si maltraités que personne n'avait plus idée qu'on y dût aborder.

cicaut : « E ando nel Golfo di Lajazzo a Candelorum, ch'e un forte Castello, e quello combattè, ma nulla fece. » Le récit intégral de la Chronique est, on le voit, beaucoup plus circonstancié. Mais, si cette narration demeure vraie, quant au fait de la retraite finale de Boucicaut, sans autre profit que le butin recueilli, elle n'en demeure pas moins très inexacte dans l'exposé général des faits. Ainsi, elle représente l'entreprise comme un simple débarquement de quelques heures, immédiatement suivi d'une retraite hâtive et désordonnée. Mais le récit du Livre des faicts, dont l'ensemble démontre toute la véracité, donne crédit à une version complètement différente. Ainsi, il paraît hors de doute que les Franco-Génois, les abords de l'enceinte occupés, le port et la ville pris d'assaut, le château seul résistant encore, demeurèrent quatorze jours à terre, ravageant les environs et repoussant victorieusement les attaques des Musulmans de la région. (*Livre des faicts*, part. II, ch. xv-xviii; Giorgio Stella, col. 1199-1200.) La date de l'entreprise contre l'Escandelour peut se délimiter par les considérations tirées du Livre des faicts,

E partandose¹ dal dito luogo² non senza so gran dano, zioè de mortalitade e vulneraciom dy suo homeny, quely andava³ destexamente con tuta la

> qui ont déjà servi à établir la date du départ de Rhodes (ci-dessus, p. 54, n. 7) : à savoir que la nouvelle du traité conclu le lundi 7 juillet parvint à Boucicaut alors qu'il était encore devant la place (*Livre des faicts*, ch. xviii), que les opérations avaient duré quatorze jours (*Ibid.*, ch. xvii) et que la descente avait eu lieu un dimanche (*Ibid.*, ch. xv), qui, dans ces conditions, ne peut être que le dimanche 29 juin. L'entreprise aurait donc duré une quinzaine, à partir du 29 juin jusque vers le 12 juillet, moment vers lequel la nouvelle de la paix du lundi 7 serait parvenue à Boucicaut. Ce premier coup de main réussit en partie, seul de tous ceux essayés par Boucicaut en cette campagne, pour la raison toute simple que l'avis d'alarme donné par Carlo Zeno à tous les ports musulmans de la côte ne paraît pas avoir été porté à l'Escandelour.
>
> 1. Ici, en réalité, avant le départ de l'Escandelour, se placent deux faits, l'un omis, l'autre déplacé par la Chronique. En premier lieu, c'est là que Boucicaut apprend, par un navire qui lui est dépêché, la conclusion de la paix, qui venait d'être conclue le 7 juillet entre Gênes et Chypre. (*Livre des faicts*, part. II, ch. xviii.) En second lieu, c'est alors que se place la séparation d'une partie de sa flotte et son envoi directement devant Alexandrie, objet et fin réelle de l'expédition génoise, événement présenté tout à l'heure par la Chronique dans des conditions inexactes (ci-dessus, p. 54, n. 1 et 3). Cette division, qui paraît avoir été composée de la plus grande partie des transports, fut obligée de faire route jusqu'aux parages de Rhodes, pour chercher le vent. (*Ibid.*, id.) Elle parvint effectivement devant Alexandrie, où le gros de l'armée navale, sous Boucicaut, composé des galères, devait la rejoindre après avoir passé par Chypre, projet qui ne put se réaliser. Événements dont on suivra les phases au fil du récit.
>
> 2. En réalité, c'est vers Chypre, à ce moment, partant de l'Escandelour, que Boucicaut, avec ses galères, fait route, et en cet instant que s'intercale son séjour à la cour de Janus II,

Quittant donc cette dite place, non sans y avoir subi de grands dommages et par la mort et par les blessures de leurs gens, ils s'en allèrent rapidement, avec

événements que la Chronique a mentionnés trop tôt tout à l'heure, comme directement consécutifs au départ de Rhodes. — Il ne débarque pas directement à Famagouste, comme l'a dit la Chronique, mais en un point plus voisin de l'Escandelour. (*Livre des faicts*, part. II, ch. xviii.) « Si ala tant qu'il arriva à un port de galées qui s'appelle Pandée, où le dit grant maistre de Rodes et le conseil du roy de Chipre l'attendoient. » (Bibl. nat., ms. fr. 11432, fol. 58 r°, col. 1.) Ce port est Pendaïa, sur la côte nord de Chypre, au fond du golfe dénommé baie de Pendaïa ou baie de Morphou, et qui s'ouvre juste en face du golfe de Satalia, le plus près par conséquent de l'Escandelour. Aujourd'hui sensiblement au milieu des terres, entre deux cours d'eau dénommés Karioti et Petrasidis, Pendaïa, comme tant de ports de ces parages, devait en ce temps se trouver à portée de la mer. (Voir Mas Latrie, *Carte de l'île de Chypre*, pour servir à l'*Hist. de Chypre*, 1862, et les cartes modernes, *A trigonometrical survey of the island of Cyprus*, 1882-1885.) — De là Boucicaut se rend dans l'intérieur, à Nicosie, la capitale, auprès du roi Janus II, demeure quatre jours à la cour, pour s'entretenir de l'exécution du traité du 7 juillet : « Là avoit esté le mareschal iiii jours. Si ne volt plus seiourner. » (Bibl. nat., ms. fr. 11432, fol. 58 v°, col. 2.) — Il rejoint ensuite ses galères, encore augmentées de quelques galères chypriotes, pour continuer la campagne, ainsi que la suite va en être indiquée.

3. En réalité, c'est de Chypre que Boucicaut part pour continuer sa campagne, départ de Chypre que la Chronique a mentionné trop tôt tout à l'heure, comme directement antérieur à l'entreprise de l'Escandelour. Mais dans quelles conditions quitte-t-il le royaume de Chypre ? — Il vient d'être établi que, partant de l'Escandelour, il ait abordé à Pendaïa, sur la côte nord de l'île, trajet le plus bref, le plus logique et le plus compréhensible. — D'autre part, en quittant la cour de Chypre et en rejoignant ses galères, Boucicaut, en premier lieu, ne

soa armada[1] a ferir[2] a Baruto[3]. De che[4] siando el dito luogo molto debele, chomo a tuty è manifes-

cherche qu'à gagner Alexandrie. C'est la côte d'Égypte qui, alors, représente pour lui le but essentiel de l'expédition. De Pendaïa, où sont vraisemblablement demeurées ses galères, il tente énergiquement de prendre la route d'Alexandrie. Des vents contraires, violents et persistants, l'obligent enfin à renoncer à ce projet, momentanément au moins, et à faire route, provisoirement, vers les portes de Syrie, pour rallier ensuite Alexandrie en longeant la côte de Palestine. C'est ce qu'établit avec la dernière évidence la lecture du Livre des faicts (part. II, ch. xviii): « Tost feurent empains en mer, mais n'orent pas grammant erré si comme les mariniers tiroient à tourner environ l'isle de Chipre pour tenir leur chemin en Alexandrie... Si ot en conseil que il laissast celle voye et alast autre part... » (Bibl. nat., ms. fr. 11432, fol. 58 v°, col. 2, 59 r°, col. 1.) Sur les vents d'Ouest et de Nord-Ouest régnant l'été dans ces parages, voir les curieuses observations recueillies par Corancez, *Itinéraire de l'Asie Mineure*, l. III, ch. i, p. 225. — Enfin, après ces divers changements de route, il semble bien que Famagouste, où elle paraît alors entrer pour la première fois, ait été pour la flotte de Boucicaut le lieu de départ définitif vers la côte de Syrie. Ce point résulte nettement, tant du Livre des faicts (*loc. cit.*) que d'une lettre de Bernardo Morosini, vice- « baile » vénitien en Chypre, en résidence évidente à Famagouste, adressée au gouvernement vénitien de l'île de Crète, en date du 21 août 1403, et faisant allusion au départ de la flotte, comme s'étant opéré de Famagouste même. (Lettre de Bernardo Morosini, dans *Sanuto*, col. 800.) La date de ce départ définitif, d'après cette lettre, serait le 5 août. (*Ibid.*, id.)

1. Il semble impossible, en tout cas, d'admettre ici, avec l'auteur de la France en Orient, que Boucicaut en personne, avant de partir décidément pour la côte de Syrie, ait jamais, à aucun moment, suivi l'itinéraire maritime qui lui est prêté. Boucicaut, partant d'un port de Chypre, quel qu'il ait été, ne se rendit jamais personnellement devant Alexandrie, et n'eut

toute leur flotte, frapper à Beyrouth. Et cette place étant très faible, comme chacun sait, parce que les

pas par conséquent, ni alors à retourner sur sa route, de Chypre vers Rhodes, pour chercher le vent, ni ensuite à rentrer d'Alexandrie à Chypre, à Famagouste, avant d'aller attaquer les ports de Syrie (p. 436-438). L'invraisemblance de cet effrayant parcours, surtout supposé accompli en une quinzaine de jours, entre la mi-juillet, où le maréchal débarque à Chypre, et les premiers jours d'août, où il en repart, est suffisamment manifeste. Les mouvements des deux escadres, à savoir, — d'une part, celle que Boucicaut détacha vers Alexandrie, au départ de l'Escandelour, et qui, en effet, gagna la côte d'Égypte en faisant l'angle de Rhodes, — et celle, d'autre part, qu'il conserva avec lui, et qui évolua, comme on vient de le voir, en diverses directions autour de Chypre, cherchant en vain la direction d'Alexandrie, où elle ne parut jamais, — ont été ici confondus, et leurs parcours additionnés mutuellement.

2. En réalité, c'est ici qu'il aurait convenu de placer le dénombrement approximatif de 22 galères, assigné tout à l'heure par la Chronique à la flotte de Boucicaut, au départ supposé de Chypre pour l'Escandelour (ci-dessus, p. 56, n. 1). Alors, en effet, ainsi que l'a dit la Chronique, plusieurs galères, de diverses provenances, viennent grossir l'effectif de la flotte génoise. (Lettre de Bernardo Morosini, dans *Sanuto*, col. 800; *Livre des faicts*, part. II, ch. xviii, xiv.)

3. Ce qui suit est le récit de l'entreprise de Boucicaut contre les ports de la côte de Syrie, et principalement contre Beyrouth, événements qui se placent en réalité après le départ de Chypre. La Chronique les met ici par erreur à la suite directe de l'entreprise de l'Escandelour. La Chronique de Giorgio Stella ne contient aucune indication relative à cette partie de la campagne de la flotte génoise. (Voir col. 1199.) — La Syrie, avec ses côtes, dépendait, depuis les conquêtes de Saladin au xiie siècle, de l'empire égyptien du Caire, avec lequel on a vu comment Gênes était en guerre depuis 1402.

4. La flotte de Boucicaut a donc appareillé de la côte de

to¹, per chaxion che le mure son base quanto uno homo azionzeria con le mam a la somitade de quele², e sian-

Chypre directement pour la côte de Syrie, le 5 août 1403. Elle navigue à la vue du cap Saint-André, le long et bizarre promontoire oriental de Chypre : « salvo di Sant' Andrea », dit la lettre de Bernardo Morosini (*Sanuto*, col. 800), au milieu d'une phrase tronquée relative aux galères génoises de l'Archipel, qui semble rendre le passage incompréhensible, mais qu'il convient d'interpréter en l'isolant. — En tout cas, en plaçant ainsi à la suite directe l'une de l'autre, comme on le voit, les deux faits d'armes, l'entreprise contre l'Escandelour (fin juin à mi-juillet environ), et l'attaque de Beyrouth, qu'on va voir survenir le 10 août, la Chronique passe complètement sous silence le début réel de la campagne de Syrie. Elle néglige les faits suivants : descente des Franco-Génois, le 7 août, à Tripoli de Syrie, dont la situation n'a pas besoin d'être définie (voir E. Rey, *les Colonies franques de Syrie*, p. 356-375), puis, le 9, attaque de Botrun, le « Boton » du Livre des faicts, « une grosse ville champestre » (Bibl. nat., ms. fr. 11432, fol. 62 r°, col. 1), le « Boutron » des dénominations chrétiennes (E. Rey, *les Colonies franques*, p. 363). — Ces événements (voir le récit de *La France en Orient*, p. 438-442) sont établis par le Livre des faicts (part. II, ch. xix-xxi), par la lettre de Bernardo Morosini (*Sanuto*, col. 800), par le curieux récit du Vénitien Emanuele Piloti, contenu dans son Traité sur le passage en Terre Sainte. (*Mon. pour servir à l'hist. des provinces de Namur, de Hainaut et de Luxembourg*, publiés par le baron de Reiffenberg, t. IV, p. 397, ap. *Coll. des chron. belges inédites*.) — En outre, les historiens orientaux, dont il est intéressant de confronter le récit, ajoutent à ces témoignages des renseignements dont il convient de tenir compte. Ainsi, Makrizi, contemporain absolu des faits qu'il relate, dit qu'en cette année 806 de l'Hégire (21 juillet 1403-9 juillet 1404), pendant le cours du mois de Moharrem (21 juillet-19 août 1403), il y eut grande bataille à Tripoli de Syrie, entre Francs et Musulmans. (Bibl. nat., ms. arabe 1728, fol. 40 r°.) Ahmed Askalâni également, contemporain de Makrizi, rapporte qu'en cette même année et

murailles y sont si basses qu'un homme en atteindrait le sommet avec les mains, et ladite place de Beyrouth

au même mois, les Francs arrivèrent devant Tripoli et y séjournèrent trois jours avant d'être refoulés par le gouverneur de Syrie, accouru de Damas, et qui se trouvait à Baalbek. (Bibl. nat., ms. arabe 1601, fol. 205 v°, et 1603, fol. 201 v°.) — Tout ceci, étant donné que la descente a lieu à Tripoli le 7 et à Beyrouth le 10, d'après la lettre de Bernardo Morosini (*loc. cit.*), placerait le séjour de Boucicaut à Tripoli du 7 au 9, et la descente à Botrun le 9.

1. Beyrouth, alors comme aujourd'hui, le principal débouché du commerce de la Syrie.

2. En ce moment où la suite du récit de la Chronique se prend à concorder, pour la relation de cette campagne, avec la suite réelle des faits, il n'est pas inutile de rétablir la succession effective des événements dont elle vient d'enchevêtrer les mentions. La voici donc. — Arrivée presque simultanée, après le 29 mai, du gros des deux flottes génoise et vénitienne à Rhodes, la flotte vénitienne étant encore le 29 mai à Patmos. — Arrivée à Rhodes de la première mission génoise partie de Gênes pour Chypre. — Arrivée à Rhodes des galères génoises détachées pour l'escorte de Manuel II, avec les galères génoises de l'Archipel. — Départ, avant le 14 juin, de la seconde mission génoise, partant de Rhodes pour Chypre. — Départ, avant le 14 juin, de la flotte vénitienne de Rhodes pour Astypalæa, où elle se trouve le 14 juin, ses galères détachées à Constantinople ne semblant pas encore l'avoir rejointe. — Appareillage de la flotte génoise, dans les derniers jours de juin, de Rhodes pour l'Escandelour; attaque de la place le dimanche 29 juin; séjour de quatorze jours à terre aux alentours, jusque vers le 12 juillet. — Réception, encore devant l'Escandelour, vers le 12 juillet, de la nouvelle de la conclusion du traité du 7 juillet entre Gênes et Chypre. — Séparation, dans les parages de l'Escandelour, de la flotte en deux escadres, avec Alexandrie pour destination commune; l'une, composée de la majeure partie des transports, devant s'y rendre de suite, l'autre, avec Boucicaut, formée de toutes

do el dito luogo de Baruto mal defexo[1], in perho che puocha zente d'arme se trovava eser là, ly dity subitamente, senza algun contrasto, intra dentro, e quele puoche de zente intro iera, tuty se mese in fuga, schanpando infra tera[2]. Honde per i dity de la dita armada i se mese a robar trovando tuto quelo che i trovava intro eser là de amixi e de nemixi ; honde [da] i magazeny di fatory[3] che là steva per i marchadanty Veniciany che iera a Damascho, tolse da coly v^c de specie, i qual i nostri marchadanty da Damascho aveva mandado a i dity nostri fatory da Baruto[4]. De che quely de l'armada dita[5], ronpando le porte dy magazeny, roba e tolse tuto quelo che iera dentro[6]. Ma syando questo

les galères, devant, avant de la rallier sur la côte d'Égypte, passer par Chypre. — Trajet de la flotte de Boucicaut de l'Escandelour à Chypre, à Pendaïa. — Très bref séjour de Boucicaut à Chypre. — Efforts infructueux de la flotte de Boucicaut pour rallier la côte d'Égypte. — Appareillage, le 5 août, en désespoir de cause, de Famagouste, pour la côte de Syrie. — Descente à Tripoli de Syrie le 7 août, à Botrun le 9, à Beyrouth le 10.

1. Cette singulière description des fortifications de Beyrouth, si précise dans ce passage de la Chronique, n'était jusqu'ici consultable que dans l'adaptation décolorée de Sanuto : « le cui mura sono basse, e la Terra mal difesa. » (Col. 790.)

2. La flotte de Boucicaut apparaît le 10, à deux heures du matin, en vue de Beyrouth. (Lettre de Bernardo Morosini, dans *Sanuto*, col. 800.) La Chronique, suivie par Sanuto dans son récit correspondant, va dire tout à l'heure, par erreur, le 8. C'est à la vue du port de Beyrouth que Boucicaut, par la capture accidentelle d'un grip vénitien aux allures suspectes, auquel il laissa généreusement la liberté, apprit avec stupéfaction les agissements de la politique vénitienne et l'inqualifiable alarme donnée à tous les ports musulmans de la côte « par la voie des maulvais crestiens », dit le vénitien Piloti (p. 394), trahi-

étant mal défendue, parce qu'il ne s'y trouvait que peu de gens d'armes, immédiatement les Génois, sans aucune résistance, y firent leur entrée, et le peu de gens qui y étaient prirent tous la fuite vers les terres. Alors les gens de la flotte se mirent à piller tout ce qui se trouvait être dans la place, amis ou ennemis ; de sorte qu'aux magasins des factoreries établies là pour le compte des marchands vénitiens de Damas, ils enlevèrent cinq cents balles d'épices que nos marchands de Damas avaient envoyées à nos facteurs de Beyrouth. Car les gens de ladite flotte, brisant les portes des magasins, pillèrent et enlevèrent tout ce qui y était renfermé. Mais alors lesdits facteurs allè-

son dont la flotte génoise ressentait ici le premier effet. (*Livre des faicts*, part. II, ch. xxi.) — Le « grip » ou la « griperie » est un petit bâtiment à voiles et à rames, pouvant être armé en guerre, de taille approchant la dimension des fustes. (Jal, *Arch. nav.*, et *Gloss. naut.*, mém. 5.)

3. L'expression de « fatori » est ici nettement distinguée, comme on le voit, de celle de « marchadanti ». Il s'agit, en l'espèce, des entrepositaires du port de Beyrouth, dont la fonction consistait à recevoir les denrées venues des places commerciales de l'intérieur, telles que Damas, et à les réexpédier aux divers marchés vénitiens, soit à Venise même ou dans le Levant.

4. Sur ce chiffre, voir ci-après, p. 79, n. 5.

5. On conçoit facilement dans quels sentiments d'irritation contre la politique vénitienne la flotte franco-génoise atteignit Beyrouth, en voyant les Musulmans, prévenus par Zeno, sur leurs gardes et en forces supérieures. Dans de telles conditions, la mise à sac, sans distinction, des factoreries vénitiennes, en même temps que des bazars orientaux, devenait un événement inévitable.

6. Récit détaillé de la prise de Beyrouth, dans *La France en Orient*, p. 442-443, d'après le Livre des faicts, la lettre de Ber-

fato, (a) i dity fatory andasende a la prexencia del dito miser Buzichardo, narandoly de ziò, e per luy i fo respoxo che del dano fato ly iera, luy non aveva a far con Veniciany, che ziò sia che luy in paxie chon quely iera, ma che tuto quelo i trovava in le tere dy suo Sarainy, a quelo[1] iera lizito a tuor, e fose de chy se volese. E abiando i dity fatory chusy fata resposta, quely protesta avanty el dito miser Buzicardo, per nome del chomun de Veniexia, de hogny so dano e intereso che a quelo ly vegnise per la dita chaxion ; ma luy, como mal desposto, non aprexia le suo parole, fazandosende befe de loro[2]. De che i dity fatory retorna in tera, e pluy prestamente che i pote, i manda a l'ixola de Zepro, fazando e signyfichando per suo letere de le dite chose a i nostry marchadanty, che iera in quelo luogo ; e subito loro abudo la dita novela, i manda uno legno[3] a Ruodo, el qual iera in Zerines[4], chon letere fazando asaver a Ruodo a sier Befanio d'Acre[5], chonsolo per i Veniciany in quelo luogo.

nardo Morosini, Emanuele Piloti. Le récit de la première narration de Sanuto (col. 786-787), indépendant, comme il a été établi, du récit de la Chronique, est ici assez circonstancié. Les historiens orientaux, d'autre part, contiennent aussi des indications qui sont à relever. Makrizi dit que, pendant le cours du mois de Safer (20 août-18 septembre 1403), parvint au Caire la nouvelle de la descente des Francs à Beyrouth et à Saïda ; l'émir Cheikh-el-Mahmoudi, gouverneur de Syrie, les avait rejetés à la mer et envoyait au Caire sept têtes de captifs. (Bibl. nat., ms. arabe 1728, fol. 40 v°.) Ahmed Askalâni rapporte que le gouverneur de Syrie, descendant de Tripoli à Beyrouth, trouva toute la population civile en fuite, mais prit à son tour l'offensive, et, après un violent combat, refoula les Francs jusqu'à leurs quarante navires ; les corps des Francs tués au cours de la bataille furent brûlés par monceaux.

rent trouver messire Boucicaut et lui racontèrent le fait; il leur répondit que, dans le dommage qui venait de leur être causé, il n'avait pas affaire aux Vénitiens, puisqu'il était en paix avec eux, mais que tout ce qu'il trouvait sur leurs terres sarrasines, il lui était licite de s'en emparer, que ce fût à qui cela voulût; les facteurs, à cette réponse, protestèrent, par-devant messire Boucicaut, au nom de la république de Venise, de tous dommages et intérêts qui lui incomberaient pour ce fait. Mais lui, mal disposé, ne tint compte de leurs paroles et se moqua d'eux. Alors, les facteurs regagnèrent la terre et, le plus rapidement qu'ils purent, envoyèrent à l'île de Chypre, et, par lettres, avisèrent de ce qui se passait nos marchands qui étaient en ce lieu; aussitôt cette nouvelle reçue, ceux-ci envoyèrent à Rhodes un lin qui était à Cérines, avec des lettres adressées à Rhodes, à ser Epifanio d'Acre, consul de Venise en ce lieu. Sans tarder, celui-ci fit armer une barque à Rhodes pour prévenir messer Carlo Zeno,

(Bibl. nat., ms. arabe 1601, fol. 205 v°, et 1603, fol. 201 v°.)

1. *Quelo*. Inc. fol. 143 в.

2. Ce récit des négociations des facteurs vénitiens de Beyrouth est exposé avec assez de détails dans le passage précité de Sanuto (col. 786-787).

3. *Legno*. Lin. Le « lin » a été défini à propos des « lins armés en fustes », signalés comme composant une partie de la flotte ottomane, lors des événements de 1396.

4. « Zerines », Cerines, — le Kerynia des désignations grecques, — sur la côte nord de l'île de Chypre.

5. Epifanio d'Acre, consul vénitien à Rhodes, que Sanuto transpose (col. 787) en Stefano d'Acre, et que les documents officiels vénitiens dénomment, comme la Chronique, « Pifanius de Acon ». (Décision du sénat du 10 juillet, *loc. cit.*)

Honde quelo de subito fexe armar una barcha[1] in Ruodo, signyfichando a miser Carlo Zem, chapetanio de l'armada dy Veniciany[2]. Ma quel dito miser Carlo, abudo luy si fata novela, de subito spaza una de le suo galie armada, e mandala a Veniexia, fazando luy asaver a la dogal Signoria. E vegnuda questa, a tuty parse una grandisima nuova, e spizialmente a chy (pur pluy la dita nuova) tochava el dano, e anchora a chy no tochava; per chaxon a tuty parse fose inprexa la vera da nuy con Zenovexi, e quela al tuto eser aparechiada[3]. Ma hè da saver che dal dy che i diti Zenovexi fexe questo dano, fo ady VIII d'avosto de M° CCCC° III°[4], e fo i dity coly v° de specie per la vaiuda de duchaty XXX^M d'oro[5].

1. *Barcha.* Barque. Genre précis de bâtiment assez malaisé à définir exactement ici, mais qui, en l'espèce, destiné à un trajet en haute mer tel que de Rhodes en Crète, doit certainement présenter une taille supérieure à celle d'une simple chaloupe ou embarcation annexe de navire.

2. Cet ordre successif de transmission de la nouvelle du pillage de Beyrouth au lieu de stationnement de Carlo Zeno, alors en Crète, devient très compréhensible dans le texte intégral de la Chronique, tel qu'il est édité ici. Le résumé tronqué et inexact de la narration correspondante de Sanuto (col. 787), le seul qu'on eût jusqu'alors en main, confond en effet, en cette affaire, les noms, les postes et les rôles respectifs de Bernardo Morosini, vice- « baile » vénitien en Chypre, et ceux d'Epifanio d'Acre, consul vénitien à Rhodes, méprises qui se trouvent répétées dans les historiens qui ont eu à se référer au récit de Sanuto.

3. L'amiral vénitien fait, en effet, partir immédiatement pour Venise une de ses galères, commandée par Andrea Molino, pour porter cette grave nouvelle à son gouvernement. (Décision du sénat du 25 septembre 1403, dans *La France en Orient*, Pièces just., n° 29, p. 119-122.) Cette galère semble avoir éga-

capitaine de la flotte des Vénitiens. Ledit messer Carlo, à cette nouvelle, détacha une de ses galères tout armée, et l'envoya à Venise pour prévenir la seigneurie ducale. A l'arrivée de cette galère, la nouvelle parut à tous très grave, spécialement à ceux qui étaient plus frappés par les pertes annoncées, mais aussi à ceux qui n'étaient pas frappés, parce qu'il semblait à tous que ce fût le commencement d'une guerre entre nous et les Génois, guerre déjà toute préparée. Or, sachez que le jour où les Génois firent ce dommage fut le 8 août 1403 et que lesdites 500 balles d'épices représentaient la valeur de 30,000 ducats d'or.

lement apporté la copie de la lettre de Bernardo Morosini au gouvernement de Crète, en date du 21 août, lettre utilisée si souvent dans ce commentaire. En tout cas, d'après la date de réception indiquée dans ce dernier document (*Sanuto*, col. 800), l'événement était nécessairement connu à Venise le 19 septembre. — Où se tenait Carlo Zeno à ce moment? Il a été établi que, parti de Rhodes, il était le 14 juin à Astypalæa. La Chronique, quoiqu'elle l'ait montré naguères, par erreur à ce qu'il semble, naviguant directement de Rhodes à Modon, va le signaler tout à l'heure en Crète, au port de Candie, puis gagnant cette fois Modon où sa présence est constatée le 6 octobre.

4. Erreur de deux jours, suivie par Sanuto dans sa narration correspondante (col. 790), ce qui a induit en erreur plusieurs historiens qui n'ont pas consulté la lettre de Bernardo Morosini, laquelle fixe cette date, comme il vient d'être établi.

5. Évaluation répétée par Sanuto (col. 790), et qui paraît exacte, un document officiel vénitien indiquant, pour le nombre des ballots pillés, le même chiffre de 500 : « v^c pondos specierum ». (Document cité dans *La France en Orient*, p. 447, note 2.) Quelque erreur matérielle fait dire, en un passage précédent : « 1,500 ballots valant 3,000 ducats d'or, » au lieu de : 500 valant 30,000. (*Ibid.*, p. 447.)

Abiando fato el predito miser Buzicaldo la predita robaxion da Baruto, quelo determena[1] de non andar a ferir in Alesandria; e questo, per che i dity dubita de non aver soa intincion, choma fermamente è da creder; e mandando luy una galia a far asaver a le suo choche, che le aspetava sul porto d'Alesandria, che le dovēse retornar a le parte de Ruodo, e cusì fexe. De le qual, chomo davanty è stado dito, la pluy parte dy chavaly suo iera stadi gitady in mar, e infermy per gran senestry quely homeny d'arme, che iera suxo, la pluy parte morty per senestry i aveva rezevudo sovra quele nave[2]. E per simel el dito miser Buzi-

1. La Chronique omet ici complètement la suite des opérations de Boucicaut sur la côte de Syrie, à savoir : — descente, le 12 août, à Saïda, — la Sidon de l'antiquité, la Sayette des dénominations chrétiennes, — puis, en ce point, changement de route commandé par l'état des vents régnants, et retour au Nord, en repassant devant toutes les places attaquées, jusqu'à Latakieh, — la Laodicée de l'antiquité, la ville de La Liche des dénominations chrétiennes; — là, simple démonstration, sans débarquement, antérieure au 21 août, date du retour de la flotte à Chypre. Ces événements (voir le récit de *La France en Orient*, p. 443-444) sont établis par le Livre des faicts (part. II, ch. xxii, xxiii), par la lettre de Bernardo Morosini (*Sanuto*, col. 801). Les historiens orientaux ne relèvent que l'attaque de Saïda. Makrizi joint la mention concernant Saïda à celle de Beyrouth, dont nouvelles, au cours du mois de Safer (20 août-18 septembre 1403) parviennent ensemble au Caire. (Bibl. nat., ms. arabe 1728, fol. 40 v°.) Ahmed Askalâni donne quelques renseignements plus intéressants. C'est toujours le gouverneur de Syrie qui, longeant la côte, atteint les Francs pendant le combat que leur livre la population de Saïda et les refoule sur la plage, où ils s'embarquent en faisant route vers le Nord. Entre Saïda et Tripoli, un nouveau combat à terre aurait eu lieu pour la conquête d'une aiguade que les Francs auraient empor-

Après avoir ainsi mis au pillage la place de Beyrouth, ledit messire Boucicaut décida de ne pas aller frapper à Alexandrie; cela parce que lui et les siens craignaient de ne pas réussir dans leur dessein, comme on peut le croire fermement, et il envoya une galère pour avertir ses coques, qui l'attendaient dans le port d'Alexandrie, qu'elles eussent à retourner vers Rhodes, et ainsi fut fait. De ces coques, comme il a été dit plus haut, la plupart des chevaux avaient été jetés à la mer; quant aux gens d'armes qui les montaient, ils étaient grandement affaiblis par la maladie et la plupart étaient morts des souffrances qu'ils avaient subies sur ces

tée de force. Puis ils rallient Famagouste, et le gouverneur de Syrie, de son côté, rentre à Damas après une absence de quinze jours. (Bibl. nat., ms. arabe 1601, fol. 205 v°, et 1603, fol. 201 v°.)

2. L'examen critique de l'ensemble de cette entreprise contre Alexandrie, en 1403, se trouvera dans l'annexe III. Il suffit d'indiquer ici, pour la clarté de ce commentaire, le sens dans lequel il faut prendre ce passage de la Chronique, exact et singulièrement précis quant au fond. En ce moment, Boucicaut se voit obligé de renoncer à l'attaque d'Alexandrie, but essentiel de son expédition. Les vents contraires, les échecs successifs subis lui interdisent de rallier sur la côte d'Égypte la division qu'il y avait naguères expédiée, vers la mi-juillet, en quittant l'Escandelour. C'est alors que, soit de Saïda, où on vient de le voir le 12 août, soit de Latakieh, soit de Chypre, où il va passer la fin d'août, ou bien encore de Rhodes, où il va rentrer en septembre, il expédie devant Alexandrie, non pas des renforts, devenus malheureusement inutiles, mais simplement une galère chargée de porter à cette division un ordre exprès de retour. Est-ce à l'arrivée de cette galère, peut-être escortée de quelques navires, que fait allusion Makrizi, relatant que, le 14 septembre, survient au Caire la nouvelle d'un rassemblement de navires francs devant Alexandrie? (Bibl. nat., ms. arabe 1728, fol. 40 v°.)

cardo chon tuto el so stuolo retorna a Ruodo chon intincion de retornar in Zenova[1].

Miser Charlo Zem, se[n]tando la nuova del chaxo fato a Baruto per la dita armada de Zenovexi ai Veniciany; examinando la so chomisiom, in la qual se chontegniva che, abiando fato i dity Zenovexi notabel dano a Veniciany, quely devese intrometer in aver e in persona, non se deschoverzando per pizola chosa; parandoly segondo el tenor de quela quelo non poder far chon mancho che intrometer quely, e atrovandoly[2]; ma pur atrovandose chon la soa armada in Chandia[3], fo al conseio[4] chom i retory de quel luogo,

1. En réalité, entre le départ de la côte de Syrie et la rentrée à Rhodes, pour préparer le retour général à Gênes, se place un nouveau séjour de Boucicaut à Chypre, que la Chronique passe ici sous silence. C'est à Famagouste qu'il aborde, s'y trouvant déjà (ou encore) le 21 août. (*Livre des faicts*, part. II, ch. xxiv, et lettre de Bernardo Morosini, dans Sanuto, col. 801.) C'est alors seulement qu'il regagne Rhodes, où il séjourne quelque temps, en septembre par conséquent. (*Livre des faicts*, ch. xxiv.) On ne constate plus ensuite avec certitude sa présence et son itinéraire que le 4 octobre, sur sa route de retour, sous la côte de Morée, dans les eaux du cap Malée. (Défi de Boucicaut à la république de Venise, cité ci-après.)

2. Ces instructions données à Zeno par le gouvernement de Venise, visées ici plus spécialement par la Chronique, sont celles formulées dans la décision du sénat en date du 4 avril 1403, expédiées à l'amiral vénitien en station à Modon, et qui contiennent exactement les prescriptions résumées ici par la Chronique. (Décision du sénat du 4 avril 1403, *loc. cit.*). — Depuis, Zeno en avait reçu de plus récentes, formulées dans la décision du sénat en date du 10 juillet, lui accusant réception de ses dépêches de Patmos, du 29 mai, et d'Astypalæa, du

nefs. De son côté, ledit messire Boucicaut retourna avec toute sa flotte à Rhodes dans le dessein de regagner Gênes.

Messer Carlo Zeno, en apprenant la nouvelle des malheurs infligés aux Vénitiens, à Beyrouth, par la flotte génoise, examina ses lettres de commission, où il était dit que, si lesdits Génois causaient aux Vénitiens quelque notable dommage, il devait les attaquer dans leurs personnes et leurs biens, sauf à ne pas se découvrir pour chose de peu d'importance, et il lui sembla que, selon la teneur de ces lettres, il ne pouvait faire autrement que de les attaquer s'il les rencontrait. Mais, comme il se trouvait encore avec sa flotte à Can-

---

14 juin, lui recommandant surtout la surveillance des mouvements de la flotte génoise, et n'atténuant ni ne restreignant les précédentes instructions. (Décision du sénat du 10 juillet, *loc. cit.*) — Les dernières, qu'on trouve formulées dans la décision du sénat en date du 25 septembre, lui accusant réception de la dépêche contenant le récit du sac de Beyrouth et lui recommandant de n'aventurer le combat qu'en cas de supériorité de forces nettement établie (décision du sénat du 25 septembre, *loc. cit.*), ne pouvaient encore lui être matériellement parvenues. La Chronique va, du reste, signaler qu'elles lui furent remises juste après le choc de Modon du 6 octobre.

3. La Chronique marque ici nettement que c'est en Crète, au port de Candie, que se trouve la flotte vénitienne lorsque Zeno reçoit la nouvelle du sac de Beyrouth, effectué le 10 août. Avis dont elle a déjà mentionné les conditions de réception (ci-dessus, p. 79, n. 3).

4. La Chronique, non plus que les documents officiels vénitiens, ne mentionne les négociations qui, d'après une source sujette à caution, la Vie de Carlo Zeno (*Vita Caroli Zeni*, col. 321-323; cf. *La France en Orient*, p. 447-450), auraient été alors engagées entre Boucicaut et l'amiral vénitien.

zio è chon el ducha e chapetanio e chonsyery suo[1], e per lo simel miser Lunardo Mozenigo[2] e con tuty i altry sovrachomity de le galie[3]. E omnes concordes[4] delyberadamente determena[5] che, atrovando da galic tre de Zenovexi in suxo[6], quele dover intrometer[7]. E partandose de Chandia, quelo dito miser Carlo se mese nobelysimamente in ponto de homeny da remo e de piè, e retorna verso Modom, tuty volentaroxi de atrovar la dita armada de Zenovexi, e a tuty pareva una hora cento, avanty ch'y fose a le mam[8].

Miser Buzichardo[9], el qual dubitava de quelo che ly ocorse, voiando luy retornar a Zenova, se mese molto

1. Le duc de Crète, titre du haut fonctionnaire vénitien chargé de l'administration de l'île, — le commandant de la place de Candie, — les membres des conseils qui, respectivement, leur étaient adjoints. L'île de Crète, attribuée à Boniface III, marquis de Montferrat, dans le dépècement de l'empire grec, en 1204, après l'élection, le 9 mai, de Baudouin Ier au trône impérial, a été achetée par Venise, par acte du 12 août suivant, pour la somme de 10,000 marcs d'argent.

2. Cette mention constate, à ce moment, la jonction, avec le gros de la flotte vénitienne, de la division de quatre galères naguères détachée vers Constantinople, pour escorter Manuel II, sous le commandement de Leonardo Mocenigo.

3. Soit, ainsi qu'il a été exposé en langage moderne, les capitaines de vaisseau commandant chaque galère de combat.

4. Ms. « E hones concordes ».

5. Un conseil de guerre, assemblé dans une forme aussi solennelle, avait été tenu dans les eaux de la Morée, trois mois environ auparavant, pour décider la quantité de galères à affecter à l'escorte de Manuel II. Il s'en tint un pareil la nuit du 6 au 7 octobre, quelques heures avant le choc de Modon.

6. *Suxo.* Inc. fol. 144 A.

die, il réunit en conseil les gouverneurs de ce lieu, c'est-à-dire le duc, le capitaine et leurs conseillers, ainsi que messer Leonardo Mocenigo et tous les autres « sovracomiti » des galères. Et tous, d'un commun accord, décidèrent, après mûre réflexion, que, si l'on rencontrait trois ou plus d'entre les galères des Génois, il fallait les attaquer. Et, quittant Candie, ledit messer Carlo se munit très noblement de rameurs et de soldats, puis fit route vers Modon avec les siens, qui désiraient tous rencontrer ladite flotte génoise et qui trouvaient qu'une heure en durait cent, tant ils brûlaient de livrer bataille.

Messire Boucicaut, qui craignait ce qui arriva et qui voulait retourner à Gênes, se mit en bon ordre à

---

7. Le sens précis de cette décision paraît laisser à désirer : Boucicaut, faisant route de Rhodes vers Gênes, compte onze galères, tout juste autant que Zeno, revenu de Candie à Modon.

8. Toute la flotte vénitienne, partie du port de Candie, est dans la baie de Modon avant le 6 octobre, jour où Boucicaut, y pénétrant à la tombée du jour, l'y trouve présente et prête au combat.

9. Ici commence le récit des préliminaires du choc de Modon, puis du combat du 7 octobre. Les indications données à ce propos par la Chronique sont parfaitement exactes et conformes aux relations de l'événement, qu'on peut trouver dans les sources suivantes : lettre de Carlo Zeno au gouvernement vénitien, en date de Modon, le 9 octobre 1403, contenue plus loin dans le corps de ce récit; lettre de la république de Venise au roi de France Charles VI, en date du 30 octobre 1403, publiée dans *La France en Orient*, Pièces just., n° 30, p. 123-126; défi du maréchal Boucicaut à la république de Venise à l'occasion de cette lettre, en date de Gênes, le 6 juin 1404, contenu dans le corps du Livre des faicts (part. II, ch. xxxi), publié, d'après le ms. fr. 11432 de la Bibl. nat., dans *La France en Orient*, Pièces just., n° 35, p. 157-166.

ben in ordene a Ruodo chon galie VIIII°, fazando montar suxo tuty i avantezady homeny Franzeschi, armady de ponto in ponto, holtra i balestriery e altry homeny de piè che in prima i aveva; e apreso tolse in soa chonpagnia la galia de Chio e una del gran maistro de Ruodo[1], per so segurtade, per chaxion che bem se dubitava che, trovando quelo l'armada dy Veniciany, de dever eser a le man chon loro[2]. E partido da Ruodo, navega[3] in verso Modom[4], e intra dentro dal

1. Ce chiffre total de onze galères paraît exact. (Défi de Boucicaut, *loc. cit.; Giorgio Stella*, col. 1200.) Mais la flotte génoise, à ce moment, ne conservait pas de galère de Chio, elles venaient d'être licenciées toutes les deux avec toutes les autres provenant des établissements génois de l'Archipel. (Défi de Boucicaut, *loc. cit.*) Par contre, la flotte génoise comprenait alors certainement plus d'une galère de Rhodes. Une petite chronique vénitienne, qui n'a pas eu encore l'occasion d'être citée, le dit expressément, les mentionnant après la bataille. (*Cronachetta Veneziana*, éd. Joppi, dans *Archivio Veneto*, t. XVII, p. 305.)

2. Assertion qui ne se vérifie pas. Boucicaut, en effet, comptait si peu attaquer la flotte vénitienne à Modon, que, outre le renvoi de toutes les galères et galiotes de l'Archipel (cinq galères et trois galiotes), le 5 octobre, avant-veille du combat, se trouvant dans les eaux du cap Malée, il refusait péremptoirement le renfort de deux coques de transport, laissées en arrière, et qui le rejoignaient en ces parages, l'une d'elles portant 800 hommes. En outre, ce même jour et dans ces mêmes parages, avec une *générosité* peut-être excessive, il renvoyait un grip vénitien de Candie, porteur de dépêches pour Zeno, qui était venu maladroitement se fourvoyer au milieu de ses galères, les prenant pour la flotte vénitienne. (Défi de Boucicaut, *loc. cit.*)

3. Boucicaut, ayant séjourné à Rhodes en septembre, se retrouve de façon précise, le 4 octobre, sous le cap Malée, où il passe la nuit du 4 au 5. Le 5, il fait route du cap Malée jusqu'à Portokalion (le Port-des-Cailles du *Livre des faicts*, le

Rhodes avec neuf galères, où il fit monter tous les hommes d'élite français, armés de pied en cap, et en outre les arbalétriers et autres gens de pied qu'il avait emmenés avec lui ; de plus, il prit en sa compagnie la galère de Chio et une galère du grand-maître de Rhodes pour sa sûreté, parce qu'il soupçonnait bien que, s'il rencontrait la flotte des Vénitiens, il lui faudrait en venir aux mains avec eux. Parti de Rhodes, il fit route vers Modon et entra dans le port de Sapienza

Porto Quaglio des désignations italiennes, le Portus Achilleus de l'antiquité), mouillage s'ouvrant à l'est du cap Matapan. Le 6, il lève l'ancre de ce mouillage, se dirigeant vers les parages de Modon, où on va le voir parvenir à la nuit. Cet itinéraire se déduit nettement de l'examen du Défi de Boucicaut (*loc. cit.*).

4. Une brève description des lieux est ici nécessaire. La péninsule de Morée, le Péloponnèse, se termine, comme on sait, par une triple pointe embrassant les deux golfes de Laconie et de Messénie, et dont les promontoires extrêmes, en partant de l'est, sont les caps Malée (Saint-Ange des désignations médiévales, Maléas des désignations grecques), Matapan (Tainaron des désignations grecques) et Gallo (Acritas des désignations grecques). Modon (Methônè des désignations grecques) est à l'occident du cap Gallo, s'ouvrant, vers la mer Ionienne, sur une baie fermée par deux îles, l'île de Cabrera (Schiza des désignations grecques) et l'île de Sapienza : entre les deux, de nombreux îlots et rochers, parmi lesquels, peut-être, un point qui sera désigné plus loin sous le nom de « schoio de Sen Nicholo ». — Entre Cabrera et la terre de Morée court une passe qui paraît alors désignée sous le nom de passe de « Grixo », en raison du terme de « Grixo », point marqué sur plusieurs cartes du xive au xvie siècle et qui semble encore indiquer, sous le nom reconnaissable de « Grizi », une localité actuelle voisine de la mer. — L'île de Sapienza, sur sa côte orientale, présente un havre fortement échancré, que les cartes modernes désignent sous le nom de Porto Longona : le Porto Lungo de la Chronique et de la lettre de Zeno, le Portelong

porto de Sapiencia[1] ady vi° d'otubrio[2], circha a hore xxii[3]; e là stete quela note[4], non fazando algun moto[5], nè a chastelan de Modon[6], nè etiamdio a miser Charlo, el qual se trova eser a Porto Longo[7], abiando abudo sentimento de la dita armada de Zenovexi[8], perche iera ben solizito a far far bona varda che la

du Livre des faicts; l'île peut en outre offrir d'autres mouillages, dont Boucicaut, par ce qui suit, paraît avoir occupé l'un.
— En remontant la côte de Morée vers le nord, après avoir dépassé la baie de Modon, s'ouvre la rade historique, devenue classique sous le nom transitoire de Navarin (Pylos des désignations grecques), bordée par la longue île de Sphactéria, et au fond de laquelle, vers le cours d'eau qui s'y jette, paraît avoir existé le havre de « Zionchio », relevé sur plusieurs cartes du xive au xvie siècle : le « port de Jon » du Livre des faicts, ayant pour débouché vers la haute mer, de l'un ou de l'autre côté de l'île, la passe appelée « bocha del Zionchio » par la lettre de Carlo Zeno. C'est vers ce lieu que Boucicaut se dirigera, le lendemain, pour y trouver une aiguade. — Pour les sources, voir les notes jointes à la lettre de Carlo Zeno, ci-après.

1. « Dentro dal porto de Sapiencia. » Dans l'île de Sapienza, il ne paraît pas avoir existé d'autre port classé que celui de Porto Lungo, où l'on va voir Carlo Zeno s'engager. Le lieu où Boucicaut jette l'ancre est simplement désigné par lui-même (*Livre des faicts*, part. II, ch. xxv) en ces termes : « Si vint gésir devant la ville de Modon, de coste une isle qui est appellée l'isle de Sapience. Quant il fu là, il fist getter le fer et ancrer celle part. » (Bibl. nat., ms. fr. 11432, fol. 66 r°, col. 2.)

2. Date absolument exacte, concordant avec toutes les sources classées.

3. C'est-à-dire à dix heures du soir, à trois heures de nuit close, par conséquent, en cette saison. La Chronique paraît seule à indiquer cette heure, qui a toutes chances d'être exacte. En effet, Carlo Zeno, dans sa lettre du 9 octobre, dit nettement que les feux de route des onze galères étaient allumés avant leur mouillage à Sapienza; il faisait donc nuit close avant cette heure.

le 6 octobre, vers la vingt-deuxième heure ; il y passa la nuit, sans donner signe de vie au châtelain de Modon, non plus qu'à messer Carlo, qui se trouvait être à Porto Lungo ; celui-ci avait été averti que la flotte génoise était en vue, car il était très attentif à prendre bien garde que ladite flotte ne passât outre. Aussitôt

4. Toute cette nuit du samedi 6 au dimanche 7, la flotte franco-génoise la passe en effet au mouillage de Sapienza, d'après toutes les sources connues. Boucicaut y jetait « le fer », suivant la terminologie marine de la Méditerranée, « cuidans », dit-il, « estre en lieu d'amis ». (Défi de Boucicaut, *loc. cit.*) Il venait, en outre, peu avant de prendre le mouillage, de héler pacifiquement et de laisser aller une chaloupe vénitienne qui lui avait révélé la situation exacte de la flotte de Zeno dans ces parages, à cette heure, au mouillage de Porto Lungo. (Ibid., *id.*) Enfin, Carlo Zeno, dans sa lettre du 9 octobre, dit sans hésitation que les galères de Gênes conservèrent toute la nuit leurs feux de mouillage allumés. Toutes dispositions qui ne peuvent précisément passer pour trahir des velléités d'offensive et un clandestin branle-bas de combat.

5. Silence que Boucicaut interprète comme preuve de ses intentions pacifiques (Défi de Boucicaut, *loc. cit.*), et Carlo Zeno comme témoignage d'insulte préméditée. (Lettre de Carlo Zeno, ci-après.)

6. Le « châtelain » de Modon, titre du fonctionnaire vénitien chargé de l'administration de la place et de son territoire. La place voisine de Coron, de l'autre côté de la presqu'île de Messénie, était régie de même.

7. « Porto Lungo », hâvre de l'île de Sapienza, dont la situation vient d'être précisée.

8. Cette nuit du 6 au 7, ce n'est pas à Porto Lungo exactement que Carlo Zeno la passe, mais à un autre poste voisin, gagné en quittant Porto Lungo. On va voir comment et pendant quel délai précis Zeno se trouva présent à ce mouillage, au cours de toutes ses manœuvres de la soirée du 6, de la nuit du 6 au 7 et du matin du 7.

dita armada non pasase holtra[1]. Ma de subito sapudo de la dita armada de Zenovexi[2], e sapiando del numero de le galie de Zenovexi, le qual iera galie xi e veziandose luy con altre galie xi, perho che quelo dè aveva mandado una a Veniexia per far asaver de la robaxion de Baruto[3], se inmagina, per eser (pluy) plu posente, de tuor do galie grose[4], le qual deveva andar a mar-

1. Cet aveu et les dispositions de combat qui suivent ne laissent guère de doute sur les intentions offensives de la flotte vénitienne.

2. Voici, en combinant les récits si pittoresques et si sincères, tant de Boucicaut (*Livre des faicts*, part. II, ch. xxvi-xxviii, et Défi, *loc. cit.*) que de Carlo Zeno (lettre, ci-après), comment on peut dégager les mouvements convergents des deux flottes pendant l'après-midi du samedi 6 et pendant la nuit du 6 au 7. — Carlo Zeno, au mouillage dans le fond de la baie de Modon, est avisé prématurément, le samedi 6 vers midi, par ses vigies de Sapienza, que la flotte génoise est en vue. Il quitte aussitôt, avec toutes ses galères, le fond de baie, apprend en cours de route que les navires aperçus n'étaient que des bâtiments de commerce quelconques, et, sur ce renseignement, gagne alors le mouillage de Porto Lungo, bon poste d'observation, où il parvient vers le coucher du soleil. — Mais il ne s'y tient que très peu d'heures. Avisé, exactement cette fois, que les onze galères de Boucicaut sont en vue, il se décide, ne se trouvant pas en sûreté suffisante à Porto Lungo, à changer encore une fois de mouillage, et, en pleine nuit, gagne un ancrage situé au point dit « schoio de Sen Nicholo », au « Roc Saint-Nicolas », près de Cabrera. Il y tient un conseil de guerre, semblable aux deux précédents, convoqués naguères en Morée et en Crète, pour arrêter le plan de la journée du lendemain. C'est à ce moment que la flotte de Boucicaut, ayant doublé le cap Gallo, s'approchant de terre par la passe de « Grixo », ses feux de route allumés, et croyant, d'après un renseignement pris en chemin, Zeno encore posté à Porto Lungo, vient prendre son ancrage de nuit le long de l'île de Sapienza, en un lieu où le maréchal ne pouvait se rendre compte des mou-

qu'il connut l'arrivée de la flotte des Génois, ainsi que le nombre de leurs galères, qui étaient onze, n'ayant lui-même que onze galères, parce que, ce jour même, il en avait dépêché une à Venise afin d'aviser la Seigneurie du pillage de Beyrouth, il décida, pour augmenter ses forces, de prendre deux grosses galères qui devaient aller faire le voyage de marchandise à la

vements de Zeno. — Zeno, instruit du fait, se décide alors à passer la nuit au Roc Saint-Nicolas, ce qu'il exécute, en disposant tout pour la rencontre prévue du lendemain. — Boucicaut, non informé du changement de mouillage de la flotte vénitienne, et n'ayant aperçu Zeno que le lendemain matin à l'aube, l'ancre levée et déjà en route, fait voir dans son récit qu'il croyait et continuait à croire, à tort, que la flotte vénitienne s'était tenue toute la nuit à Porto Lungo même. Quant à lui, il passe toute la nuit le long de l'île de Sapienza, ses feux d'ancre non masqués, et sans apprêts de combat. — Cette reconstitution a paru mériter d'être tentée. — L'examen minutieux de ces divers mouvements a seul permis de hasarder cet essai. Éclaircis et compris, ils se dégagent l'un de l'autre avec un réel intérêt. Ces dures et délicates manœuvres de jour et de nuit, exécutées avec un ensemble et une sûreté remarquables par Carlo Zeno, font toucher du doigt la science profonde, la prévoyance et l'audace, le calcul et la résolution du grand homme de mer vénitien, que sa patrie devait un jour si odieusement récompenser de tant d'incomparables services.

3. Cet effectif réciproque de onze galères de combat concorde avec celui qu'indiquent toutes les sources classées. Zeno, comme on l'a vu, avait détaché naguères de sa flotte, à Candie, la galère d'Andrea Molino pour porter à Venise la nouvelle du sac de Beyrouth. Sanuto, résumant mal, dans sa narration correspondante, le sens de ce passage, dit que Zeno, par suite de l'éloignement d'une de ses galères, n'en comptait plus alors que dix. (Col. 790.)

4. *Galie grose*. « Grosses galères », « galères de marchandise », navires de la marine vénitienne. La « galia grosa », type de bâtiment large et puissant à destination mixte de commerce

chado a la Tana[1], le qual per lo dito capetanio quele nonn iera lasade andar suxo, ma lasale andar a Negroponte[2], e vegnudo a Modon, e là aveva levado specie, le qual iera chapitade a Modon de le parte d'Alesandria, e iera le dite galie charge e in ponto per vegnir a Veniexia[3], e chapetanio de le dite iera miser Almorò Lonbardo[4]. De che el predito miser Charlo Zem manda a dir al dito miser Almorò ch'el se dovese meter ben in ponto chon le suo do galie in so chonpagnia, e de andar a trovar le galie de Zenovexi, le qual iera intro el porto de Sapiencia[5], e per simel quelo fexe al chastelam de Modon asaver ch'el dovese far meter in hordene i bately de quele nave, che iera intro el porto de Modon[6], e dar sovencion de homeny de piè

et de guerre, s'opposait, par sa destination, à la « galia sotil », navire exclusivement réservé au combat, et dont la définition sera donnée lors de la première mention qu'en fera la Chronique. Sur les « grosses galères », voir le Traité du gouvernement de Venise, ch. xcv, partie publiée dans Michel Perret, *Hist. des relat. de la France et de Venise*, t. II, app. I, p. 239-304, et comparer avec le chapitre : « Des gallées grosses qui sont envoyées à la guerre... », ch. civ, Bibl. nat., ms. fr. 5599, fol. 167 v°-169 r°.

1. C'est-à-dire les « grosses galères » ou « galères de marchandise » qui se trouvaient composer, cette année, la caravane maritime régulière à destination de Romanie et de la Tana, le grand entrepôt oriental connu sous ce nom pendant tout le moyen âge, dont l'Azov moderne occupe aujourd'hui approximativement l'emplacement. Cette caravane constituait l'une des plus importantes entreprises de transport organisées avec des soins si méticuleux par le gouvernement vénitien, sur laquelle l'Introduction renferme les renseignements nécessaires.

2. Négrepont, désignation transitoire de la principale ville de l'île d'Eubée, sur le détroit qui sépare l'île de la terre ferme,

[1403] D'ANTONIO MOROSINI. 85

Tana ; au lieu de leur laisser continuer leur chemin, il les avait dirigées sur Négrepont, et, arrivées à Modon, elles y avaient chargé des épices venues à Modon des parties d'Alexandrie, et lesdites galères étaient chargées et prêtes à faire route vers Venise ; elles avaient pour capitaine messer Almorò Lombardo. Alors, le susdit messer Carlo Zeno envoya dire à messer Almorò qu'il devait se disposer à l'accompagner avec ses deux galères pour aller à la rencontre des galères génoises, qui étaient mouillées dans le port de Sapienza, et, en même temps, il avisa le châtelain de Modon qu'il eût à armer les chaloupes de ces nefs, qui étaient dans le port de Modon, et fournir un renfort de gens

nom que remplace actuellement la désignation grecque de Chalcis.

3. Ces mouvements, et le renfort offert par d'aussi puissantes unités de combat que les deux grosses galères de la Tana, avaient également préoccupé le gouvernement vénitien, lequel, dans ses instructions en date du 25 septembre, prescrit à Zeno diverses mesures concernant ces bâtiments. (Décision du sénat du 25 septembre, *loc. cit.*)

4. Almorò Lombardo, « capitaine » de cette caravane maritime, désigné pour ce commandement dans les conditions habituelles signalées dans l'Introduction, homme de mer qu'on retrouvera bientôt chargé d'un commandement plus élevé.

5. Les deux grosses galères de la Tana, pendant les mouvements de la flotte vénitienne, étaient restées au-devant de Modon, où elles stationnaient. C'est pendant le conseil de guerre tenu au Roc Saint-Nicolas, dans la nuit du 6 au 7, que leur « capitaine », Almorò Lombardo, mandé et présent, reçut ordre de se tenir prêt à se joindre, le lendemain dès le jour, au gros de la flotte de Zeno, qui devait venir, du reste, elle-même au-devant de ces deux navires pour se porter ensemble à la rencontre de la flotte génoise.

6. Il s'agit évidemment, en ce passage, de l'armement des

a quele dite do galie grose[1]. E chusy el dito chastelan e simel el capetanio de le do galie fexe al chomandamento de miser Carlo Zen, aconzandose e metandose tuta quela note in ponto al meio ch'y pote[2].

Vegnudo l'altro ziorno a l'alba[3], el bom miser Charlo Zem, chapetanio zeneral, volentaroxo chon tuty quely de l'armada de azionzerse chon le galie de Zenovexi, se leva e vene a Modom, e tolse apreso con luy le do galie grosse chadauna[4] de le suo poste hordenadamente, e mesese tuty in ponto per tuor la bataia[5].

chaloupes, canots et embarcations variées des navires de commerce quelconques en relâche dans le port de Modon. Ces bâtiments, ces « nave » de la Chronique, représentent sans doute ces « plusieurs autres navires, grans et petis..., qui, pour lors, estoient à Modon, » dont parle Boucicaut, impropres eux-mêmes à la lutte, mais ayant fourni gens et matériel aux navires de combat. (Défi de Boucicaut, *loc. cit.*) Par contre, ces embarcations armées, ces « bateli » de la Chronique, représentent évidemment ces « vii ou viii brigantins ou palescarmes (ms. palestarmes) de naves, fort chargées de gens d'armes et d'arbalestiers, » que Boucicaut, le lendemain matin, au moment du choc, signale comme escortant les deux grosses galères. (Ibid., *loc. cit.*) Ces petits bâtiments pouvaient, au besoin, jouer un rôle des plus importants. La lettre de Carlo Zeno dit nettement qu'un seul d'entre eux, le lendemain, au fort du combat, s'il s'était trouvé en travers de sa route, aurait pu suffire à saisir et amariner la galère de Boucicaut, désemparée, qui ne dut son salut qu'à l'absence d'un aussi infime adversaire. (Lettre de Carlo Zeno, ci-après.) — L'expression de « nave », appliquée ici à des bâtiments vénitiens, est évidemment prise par la Chronique dans le sens générique de navire à voile équivalant à la « coque »; celle de « bateli », dans le sens d'embarcation annexe, de chaloupe. En identifiant ces « bateli » avec les « brigantins ou palescarmes » qu'il vit le lendemain à l'œuvre, Boucicaut montre jusqu'où pouvaient s'étendre les dimensions de

de pied aux deux grosses galères susdites. Ledit châtelain, ainsi que le capitaine des deux galères, obéissant aux ordres de messer Carlo Zeno, passèrent toute cette nuit-là à s'apprêter et à s'équiper du mieux qu'ils purent.

Le jour suivant, à l'aube, le bon messer Carlo Zeno, capitaine général, animé, ainsi que tous les gens de la flotte, du désir de joindre les galères génoises, leva l'ancre et fit route vers Modon ; il prit à sa suite les deux grosses galères, mit chacune des siennes en bon ordre, et tous se disposèrent à engager la bataille.

ces embarcations. Le « brigantin », qu'il faut se garder de confondre avec le navire aujourd'hui désigné sous ce nom (brick de petite taille), est alors un petit navire du type des galères, venant après la galiote. (Jal, *Gloss. naut.*, et *Arch. nav.*, mém. 4.) Le « palescarme » (palestarme paraît une copie fautive due au copiste du texte du ms. du Livre des faicts) se trouve, par le texte de Boucicaut, assimilé ici au « brigantin ». Ce vocable s'est noté de toutes les manières (paliscalmo, paliscarmo, palischermo, parescalmo, etc.; voir Jal, *Gloss. naut.*). Le Diario de Morosini, quand il se trouve avoir à employer ce terme, le note presque toujours sous la forme « pareschelmo ». Ces chaloupes armées en guerre, assimilables à des brigantins, offraient donc une valeur de combat qui n'était nullement négligeable.

1. La Chronique ne mentionne pas ici les troupes à pied et à cheval massées par le châtelain de Modon le long de la côte, pour repousser de terre les Génois, troupes que Boucicaut vit le lendemain se mouvoir sur la plage, « selon la marine ». (Défi de Boucicaut, *loc. cit.*)

2. La précision et la concordance de toutes ces dispositions témoignent de l'esprit de prévoyance et de méthode du grand Carlo Zeno.

3. Le lendemain, dimanche 7 octobre 1403.

4. *Cha-dauno* (sic). Des. fol. 144 A ; inc. fol. 144 B.

5. Ces mouvements de la flotte vénitienne, dans cette matinée du 7, sont ici exactement décrits. Mais c'est du Roc Saint-

E abiando sentimento che le galie de Zenovexy iera levade de porto de Sapiencia, virilmente quelo se mese a seguir quele, e zià le dite iera largade de Modom per mia x ho circha[1]. Ma pur el dito miser Charlo seguiva quele, e veziando miser Buzichaldo che le galie dy Veniciany el seguiva, non volse fuzir, ma ardidamente stete forte, metando le so prode verso le galie dy Veneciany e aspetando quele[2]. E le galie dy Veneciany verilmente vegniva verso de loro; de che in puocho d'ora quele astracha, e siando puocho

Nicolas, et non, comme le dit la Chronique, de Porto Lungo, que Zeno lève l'ancre, à l'aube, pour aller au-devant des deux grosses galères qui avaient dû quitter en même temps le fond de baie de Modon pour venir le joindre lui-même. Il les trouve en marche, vire de bord, et, avec elles, comptant en tout onze galères de combat, deux grosses galères de charge et sept à huit grandes chaloupes armées en façon de brigantins, il se porte dans la direction de la flotte franco-génoise. Tous ces mouvements avaient été arrêtés, dans la nuit, au cours du conseil de guerre tenu au mouillage du Roc Saint-Nicolas. (Défi de Boucicaut, *loc. cit.*, et Lettre de Zeno, ci-après.)

1. Ce mouvement presque simultané de la flotte franco-génoise n'est ici que très sommairement décrit. Boucicaut, ayant levé l'ancre de son mouillage de Sapienza, fait route, non directement pour Gênes, au large et dans l'ouest, mais bien pour le port de Zionchio, dont on vient de déterminer la situation, au fond de la rade de Navarin, port où se trouvait une aiguade à laquelle Boucicaut comptait renouveler ses provisions d'eau : « en volonté de lever au port de Jon eaue dont mesdictes galères estoient mal fournies ». (Défi de Boucicaut, *loc. cit.*) La Chronique, en ce passage, fait avancer les Génois de dix milles dans cette direction : Sanuto, rectifiant ou copiant mal, dit sept (col. 790); la Lettre de Zeno dit huit (ci-après); le Livre des faicts, dans son récit, dit deux (part. II, ch. xxvii); le Défi de Boucicaut dit, en un passage, deux ou trois, et ailleurs, neuf (*loc. cit.*). Boucicaut, une fois en route, apercevait, à quelque

Ayant appris que les galères génoises avaient levé l'ancre et quitté le port de Sapienza, il se mit courageusement à leur poursuite. Elles s'étaient déjà élevées à dix milles au large de Modon ou environ. Il ne les en poursuivit pas moins; et messire Boucicaut, voyant que les galères des Vénitiens le poursuivaient, ne voulut pas fuir, mais s'arrêta hardiment, tourna ses proues vers les galères des Vénitiens et les attendit. Et les galères vénitiennes venaient courageusement vers eux; de sorte qu'en peu de temps

détour de côte, les onze galères de Zeno, également en marche, se dirigeant vers Modon; il les croyait, d'après ses informations incomplètes de la veille au soir, sorties de Porto Lungo, n'ayant pas eu connaissance de leur déplacement postérieur au Roc Saint-Nicolas. Il les voyait parfaitement faire route vers Modon, disparaître un instant dans le fond de baie, et reparaître avec les deux grosses galères et les brigantins, donnant chasse, cette fois, à la flotte franco-génoise, toujours en route pour Zionchio. C'est ce qui ressort très clairement de l'examen du Défi de Boucicaut. (Défi de Boucicaut, *loc. cit.*)

2. Ici Boucicaut donne ordre à tous ses bâtiments de virer de bord, cap pour cap, mouvement qui, dans les galères, exigeait toujours un certain délai d'exécution. C'est ce que, dans son Défi, Boucicaut appelle « tourner les proes », et Zeno, dans sa lettre, « vegnir inverso ». La Chronique reconnaît ici les intentions pacifiques de Boucicaut. Il est avéré que Zeno donnait chasse et que la volte-face de Boucicaut ne représentait qu'une mesure de préservation nécessaire, que l'infériorité de sa marche, avec des chiourmes en mauvaise condition, imposait impérieusement. La flotte vénitienne était en parfait apprêt de combat. Le maréchal, au contraire, avec ses galères fatiguées, ses équipages épuisés et réduits par une si dure campagne, n'avait fait aucun préparatif de bataille. Le branle-bas de combat le plus indispensable dut s'improviser, tel quel, pendant la chasse de Zeno et s'achever pendant la courte marche des deux escadres l'une contre l'autre.

lonzi una armada da l'altra, intranbe le do armade se investy l'una con l'altra, e chomenza la bataia molto fiera[1]. La qual bataia dura per spacio de hore IIII, per muodo che da una parte e d'altra ne iera che dar e tuor; ma pur a la fim, chomo piaxete a Dio e al Vanzelista Sam Marcho, le galie dy Veniciany otene vituoria, perche le galie de Zenovexi se leva da la bataia, lasando tre de le suo galie prexe. E miser Buzicardo se party con lo resto molto mal in hordene. E de vero ch'el fo algune de le galie da Veniexia che fexe tristo portamento, in perho che se tute avese fato el so dever, el nonde tornava alguna a Zenova, ma i non tegniva el chuor se non a robar le galie che iera prexe. E per la dita caxon la galia del dito miser Charlo Zem se può dir quela stete a manifesto pericholo, perho che quela siando inchadenada con quela de miser Buzicardo, abiando do altre di Zenovexi adoso, quelo miser Charlo fo molto sbaratado, e may non ave susydio de le altre, se non in l'ultima, da la galia de miser Lunardo Mozenigo, la qual acostandose a quelo per darly sovenciom al dito miser Charlo, de subito miser Buzicaldo se deschadena e partise, e per simel fexe tute le altre suo galie, salvo quele tre che romaxe da luy prexe, chomo de sovra ho dito[2]. E navegando

1. Ce qui suit est le récit de la bataille navale dite de Modon, ainsi livrée, entre Franco-Génois et Vénitiens, le dimanche 7 octobre 1403.

2. Ces détails sur la durée, la violence et les incidents du combat sont rigoureusement confirmés, entre autres, par le Défi de Boucicaut et la Lettre de Zeno, précieux document qu'on trouvera plus loin. Le récit de Giorgio Stella (col. 1200), qu'on pourrait croire intéressant, est d'une brièveté inutilisable. La relation même du Livre des faicts (part. II, ch. xxvi), ainsi que le

elles les fatiguèrent; et les flottes se trouvant à peu de distance l'une de l'autre, les deux flottes s'attaquèrent réciproquement, et une bataille acharnée commença. Cette bataille dura l'espace de quatre heures, de sorte que de côté et d'autre il y avait à prendre et à laisser; pourtant, à la fin, comme il plut à Dieu et à l'Évangéliste saint Marc, les galères des Vénitiens remportèrent la victoire; les galères des Génois quittèrent le combat, laissant trois de leurs galères prisonnières. Et messire Boucicaut partit avec le reste, très mal en point. Il est vrai aussi qu'il y eut quelques-unes des galères de Venise qui se conduisirent tristement; car, si toutes avaient fait leur devoir, il n'en serait pas retourné une des autres à Gênes; mais elles n'eurent à cœur que de piller les galères capturées. Et l'on peut dire qu'ainsi la galère dudit messer Carlo Zeno courut un manifeste danger; car, enchaînée qu'elle était sur celle de messire Boucicaut et attaquée par deux autres des Génois, messer Carlo, fort engagé, ne reçut aucun secours des autres, sauf au dernier moment, de celle de messer Lionardo Mocenigo, qui s'approcha pour venir au secours dudit messer Carlo; mais aussitôt messire Boucicaut se désenchaîna et s'éloigna, et de même firent toutes ses autres galères, sauf les trois

récit contenu dans la première narration de Sanuto (col. 788-789), sont à suivre de très près, surtout ce dernier, qui donne des renseignements originaux sur plusieurs phases du combat. Au nombre des peintures représentant des épisodes de l'histoire vénitienne, et décorant la salle du grand conseil au palais des Doges, la célèbre description de Venise de Francesco Sansovino, augmentée par ses continuateurs, signale une œuvre d'Antonio Vassilachi, connue sous le nom d'Antonio Aliense (1556-1629), l'un des élèves de Véronèse, retraçant une des phases du

quely inverso Zenova chon molta gran fuga, e questo per caxion che a queli pareva de hora inn ora aver i suo nemixi[1] a le spale[2]. E de vero che la dita armada de Zenovexi, per chaxion che a quely manchava molty homeny, zioè a quele galie che fuzì, a quely chovene dexarmar una de le altre suo galie per meter in hordene le altre[3]; e quando che quely fo in luogo che i parse d'eser segury da le galie dy Veniciany, el [di]-zionzeva la galia da Chio[4] e quela da Ruodo[5], le qual quely aveva tolto in so conpagnia, e lo resto che romaxe, galie v, navega a Zenova chon puocha alegreza; per lo zionzer de le qual fo fato in Zenova de gran lamenty e pianty, per chaxion che là elo nonde retorna de le do l'una[6], che de là se party, digo chonputando quely che romaxe prexi sovra le tre galie e quely che fo de morty[7].

combat et une manœuvre employée par Carlo Zeno au cours de la bataille. (*Venetia descritta*, liv. VIII, p. 358.)

1. Cette assertion est démentie par le Défi de Boucicaut, qui semble prouver que la flotte vénitienne, elle-même très éprouvée, donna la première le signal de la retraite vers Modon, ayant recouvré une de ses galères un instant capturée par les Génois, et convoyant les trois galères génoises qu'elle venait d'enlever; la flotte génoise, elle, n'aurait viré de bord et fait route vers Gênes qu'après avoir constaté l'abandon du lieu du combat et l'impossibilité de poursuivre l'ennemi vers le fond de la baie. (Défi de Boucicaut, *loc. cit.*)

2. *Spale*. Le terme d' « espale », couramment usité dans le vocabulaire français de la marine à rames, signifiait la partie du pont de la galère comprise entre la poupe proprement dite et la première rame de dextre et de senestre. Les rameurs qui les maniaient, chefs de vogue de la galère, — c'est-à-dire ayant charge de régler les mouvements des autres rameurs tournés vers eux, — recevaient pour cette raison le nom d' « espaliers ». (Jal, *Gloss. naut.*, et *Arch. nav.*, mém. 4.) — Mais il s'agit ici,

qui avaient été capturées, comme je l'ai dit plus haut. Et les Génois naviguèrent à toutes voiles vers Gênes, parce qu'il leur semblait d'heure en heure avoir les ennemis à leurs trousses. Et voire ladite flotte des Génois, qui avait perdu beaucoup d'hommes, j'entends celles de leurs galères qui avaient pris la fuite, fut obligée de désarmer une de ses galères pour compléter l'équipage des autres ; et quand ils furent arrivés en un lieu où il leur parut être à l'abri des galères vénitiennes, ils donnèrent congé à la galère de Chio et à celle de Rhodes qu'ils avaient prises en leur compagnie ; et ce qui leur restait — cinq galères — fit voile vers Gênes avec peu d'allégresse. A leur arrivée, Gênes fut remplie de grandes lamentations et larmes, parce qu'il n'y revenait pas une sur deux des galères qui en étaient parties, si l'on faisait le compte de ceux

non de cette expression maritime spéciale, mais de la locution courante italienne, bien connue : « aver alle spalle ».

3. La Chronique paraît seule à donner cette indication.

4. On a vu que les galères de Chio avaient été licenciées avant Modon. (Défi de Boucicaut, *loc. cit.*)

5. Quant aux galères de Rhodes, il pouvait et devait même s'en trouver, à ce moment encore, dans la flotte franco-génoise. C'est alors elles seules, en réalité, que Boucicaut dut congédier ainsi.

6. Parti de Gênes avec huit ou neuf galères de combat, Boucicaut n'en ramenait avec lui que cinq au port. Rien ne s'oppose à ce que la galère détachée vers Alexandrie revînt saine et sauve. Quant aux différents transports, les sept coques, la grosse galère et l'« huissier », on ne trouve trace effective, sur la route du retour, que des deux coques aperçues le 5 octobre au cap Malée, puis d'une autre, partie de Rhodes à part et perdue à la côte de Sicile. (*Livre des faicts*, ch. xxiv.)

7. Les débris de la flotte de Boucicaut, dans leur route vers

La felize armada di Veniciany, siando romaxi con la vituoria antydita[1], retorna a Modom, menando le tre galie prexe con tuty i prixioni, abiando abudy molty chavaliery franzeschy, li qual su quele iera; e tra i altry ne iera uno el qual se clamava Chastel Mora[n]te[2], el qual questo driedo la persona de miser Buzicardo iera el pluy notabel che fose sovra[3] la dita armada[4]. E zionti a Modom, fo de subito tuty incharzeradi e mandadi per miser Charlo Zem, el plù presto che quelo pote, a Veniexia per dar a saver le predite chose a la dogal Signoria[5]. E de vero che el dy seguente, dapuo de la dita bataia, el zionse a Modon la galia Molina, la qual iera vegnuda da Veniexia per far asaver la nuova de la robaxion de Baruto[6]; per

Gênes, se trouvaient le 11 octobre dans les eaux de la Sicile. (*Livre des faicts*, part. II, ch. xxvii; *Chronach. Ven.*, p. 305.) Ils rentraient à Gênes le 29. (*Giorgio Stella*, col. 1201.)

1. Assertion qui ne doit pas être prise absolument à la lettre. Boucicaut, en somme, continuait avec le principal de son armée navale sa route vers Gênes, à laquelle la flotte vénitienne avait voulu faire obstacle, sans y réussir pleinement. La suite du récit montre bien d'ailleurs que Carlo Zeno, habitué à d'autres triomphes, ne considéra pas sa victoire comme complète.

2. La Chronique mentionne ici, pour la première fois, le nom du dévoué lieutenant de Boucicaut, Jean de Châtelus, seigneur de Châteaumorand, des sires de Châtelus en Forez, né vers 1355, mort vers 1439, l'inspirateur de l'attachant récit classé sous le nom de la « Chronique du bon duc Loys de Bourbon », le bras droit du maréchal pendant toute cette expédition, « chevalier froid et attrempé en toutes manières, pourveu de sens et de langage », dont Froissart a ainsi gravé le por-

qui avaient été faits prisonniers sur les trois galères et de ceux qui avaient été tués.

L'heureuse flotte des Vénitiens, restée victorieuse, comme il a été dit, retourna à Modon, emmenant les trois galères prises avec tous les prisonniers, parmi lesquels il y avait beaucoup de chevaliers français qui y étaient embarqués ; et, entre autres, il y en avait un qui s'appelait Château-Morand, et qui, après la personne de messire Boucicaut, était le plus notable qui fût sur ladite flotte. Arrivés à Modon, tous furent aussitôt mis en prison et envoyés à Venise, le plus vite possible, par messer Carlo Zeno, pour annoncer les susdites choses à la Seigneurie ducale. Et voire le jour qui suivit ladite bataille, arriva à Modon la galère Molina, qui était venue de Venise pour annoncer la nouvelle du pillage de Beyrouth ; et cette galère appor-

trait. (Voir Chazaud, *La Chronique du bon duc Loys de Bourbon*, Introd., p. xii-xvi.)

3. *Sovra*. Inc. fol. 145 A.

4. C'est Châteaumorand qui avait commandé naguères la division détachée de quatre galères génoises, escorte de Manuel II, jusqu'à Constantinople, comme Leonardo Mocenigo la division des quatre galères génoises. (*Livre des faicts*, part. II, ch. xiii.)

5. C'est un brigantin expédié de Modon par Zeno qui apporte à Venise la nouvelle du combat livré le 7 à Modon, avec la lettre de Carlo Zeno en date du 9 octobre. (Lettre de Carlo Zeno, ci-après.) S'il faut, comme le fait Sanuto (col. 806), rattacher à la victoire vénitienne de Modon l'illumination du campanile de l'église de Saint-Marc, le 24 octobre, qui occasionna le prophétique incendie de cet édifice dont la Chronique va faire bientôt mention, il faudrait en conclure que l'avis de Zeno serait parvenu à destination avant cette date.

6. Le renseignement que donne ici la Chronique est intéres-

la qual galia fo fato per la Signoria chomandamento a miser Charlo Zem che, atrovandose l'armada de Zenovexi, quela non dovese intrometer, ma lasarla, e dovese andar al so viazo[1].

Honde miser Charlo, abiando abudo sy fato chomandamento, molto fo dolentre de quelo che iera seguido[2]. E anchora quelo ave in chomandamento che, abiando fato novitade alguna a la dita armada de Zenovexi, ch'el dovese mandar quela parte de le suo galie che ly parese, plù presto che quelo podese, in Romania, a segurtade de le tre choche de la Tana a proveder, fazando asaver a tuty Veniciany che se levase de le tere e luogi de Zenovexi[3]. De che el dito miser Charlo Zem fexe meter in ponto la soa armada, e desmese una de le galie de Chandia, che fo la Barbariga, la qual iera sta prexa in la bataia e puo fo rechovrada[4], e per caxon che quela iera mal in ponto;

sant. Cette galère, on s'en souvient, était partie pour Venise avec les nouvelles du sac de Beyrouth et était rendue à destination le 19 (ci-dessus, p. 70, n. 3). Elle repartait avec les instructions du 25 septembre, quelque peu différentes des précédentes, celles qu'on a vu adresser à Zeno le 10 juillet et le 4 avril, les seules qu'il eût encore entre les mains pour se gouverner, et qui lui recommandaient de ne risquer le choc avec les Génois qu'en cas de supériorité numérique accentuée. (Décision du sénat du 25 septembre, *loc. cit.*)

1. Instructions du 25 septembre (*loc. cit.*). Ce que la Chronique exprime là n'est pas absolument exact. Zeno recevait liberté d'attaquer, mais au cas seulement où il aurait compté en ligne un nombre de galères absolument supérieur. En ce passage et plus loin, la Chronique semble amèrement regretter la faiblesse du gouvernement vénitien et sa pusillanimité à décider une rapide offensive de destruction commerciale.

2. Ainsi, l'amiral vénitien, en dépit de son énergie déployée,

tait à messer Carlo Zeno, de la part de la Seigneurie, l'ordre que, s'il rencontrait la flotte des Génois, il ne devrait pas l'inquiéter, mais la laisser en paix, et continuer son voyage.

Lors messer Carlo, en recevant ledit ordre, fut bien dolent de ce qui était arrivé. Et on lui ordonnait encore que, s'il avait fait quelque dommage à ladite flotte des Génois, il devait envoyer en Romanie le nombre qui lui paraîtrait suffisant de ses galères, le plus promptement possible, afin de pourvoir à la sûreté des trois coques de la Tana, et prévenir tous les Vénitiens qu'ils quittassent les terres et lieux des Génois. Lors ledit messer Carlo Zeno fit mettre en état sa flotte et désarma une des galères de Crète, la Barbariga, qui avait été prise dans la bataille, et fut ensuite recouvrée, mais fort mal en point. Comme il lui restait onze galères, il ordonna à messer Lionardo

de sa fertilité de ressources et de sa valeur dans le combat, considérait comme douteux un succès relatif si chèrement acheté.

3. Instructions formulées dans la décision du sénat du 25 septembre : « Habere mentem et spiritum suum ad securitatem navigiorum nostrorum, tunc duarum cocharum Tane et galearum nostrarum Romanie, quam aliorum navigiorum nostrorum, ne dannum vel sinistrum possint incurrere ». (Décision du sénat du 25 septembre, *loc. cit.*)

4. La petite chronique vénitienne, à laquelle il a été déjà fait allusion, mentionne également et le nom de la galère prise un instant par les Franco-Génois pendant le combat de Modon et le fait de son renvoi en Crète. (*Cronach. Ven.*, p. 305.) Ces deux textes vénitiens confirment donc absolument, sur le point de la capture de ce bâtiment, la sincérité du récit de Boucicaut, longtemps seul à s'en porter garant. (Défi de Boucicaut, *loc. cit.*)

e romagnando quelo chon galie xi[1], hordena che miser Lunardo Mozenigo chon galie tre dovese navegar el pluy presto ch'el podese in le parte de Romania, notifichando a tuty i Veniciany che se dovese levar de tute le tere de Zenovexi, chometando a quelo che plù negum dano non dovese far a Zenovexi, ma mostrandose dolente del chaxo hocorso, metigando el fato al pluy ch'el podeva[2]; le qual chose fo la morte dy Veniciany[3].

E questo per chaxion abiando inchomenzado sy fato zuogo, doveva seguirlo veramente. E questo digo per la chaxion de molty e molty dany fo dapuo faty a Veniciany per i dity Zenovexi; e se'l fose stado fato el simele a loro, seria sta pagady; ma i Veniciany molte volte è sy timidy, che per la so timideza bem de porta la pena, e questo digo per lo comandamento che fo mandado a miser Carlo Zem per la dita galia Molina. Chon hogny reverencia de quel cholegio[4] che l'ave a far, fo uno senestro chomandamento, in pero che se i gavese dito che, abiandoly fato novitade a le dite galie de Zenovexi, ch'y devese seguir d'oltra

1. La Chronique confond ici le nombre total des galères de Zeno, qui vient d'être fixé à onze (ci-dessus, p. 83, n. 3), avec le nombre des galères qui lui demeuraient après le renvoi des navires venus de Crète.

2. Dans cette relation intégrale de la Chronique, le départ des trois galères de Leonardo Mocenigo, faisant à nouveau la même route qu'en mai pour escorter l'empereur, leur voyage et leurs incidents de route, deviennent parfaitement clairs. L'édition de Sanuto (col. 791-792), seule source connue jusqu'ici, en supprimant, dans les coupures du récit, tout ce qui correspond à ce paragraphe de la Chronique et au suivant, rend la compréhension de ces événements inintelligible. En fait, vivement inquiet

Mocenigo de cingler avec trois galères, le plus vite possible, vers les parties de Romanie, et de notifier à tous les Vénitiens d'évacuer toutes les terres des Génois, et il lui recommanda de ne plus causer aucun dommage aux Génois. Il se montrait affligé de l'incident survenu et atténuait l'affaire le plus qu'il pouvait; et ces choses furent la mort des Vénitiens.

Puisqu'on avait commencé à jouer ce jeu, vraiment il eût fallu continuer. Et je parle ainsi à cause de tant et tant de dommages qui furent infligés ensuite aux Vénitiens par lesdits Génois; si on les avait traités de la même façon, ils auraient su se faire payer; mais souvent les Vénitiens sont si timides, qu'ils portent bien la peine de leur timidité, et je parle ainsi à cause de l'ordre qui fut envoyé à messer Carlo Zeno par la galère Molina. Sauf toute la révérence due au collège qui le donna, ce fut un ordre désastreux. Car si on lui avait dit que, dans le cas où il aurait causé

de son audacieuse initiative, qu'il lui eût fallu un succès plus décidé pour excuser, Carlo Zeno, sentant que son gouvernement entend avant tout, par ses dernières instructions du 25 septembre, éviter une guerre ruineuse pour le commerce vénitien, s'efforce de réparer l'effet moral de la rencontre, autant que faire se peut à l'heure qu'il est.

3. Expression bien caractéristique de l'amertume de l'auteur, consterné du défaut d'offensive du gouvernement vénitien.

4. « Cholegio ». Le « collège », nom du conseil composant un des rouages les plus importants de la constitution vénitienne; ce terme sera éclairci plus tard, lorsqu'il se trouvera mentionné pour la première fois avec précision par la Chronique.

in daniziarly, el dito miser Charlo bem l'averia fato[1]. E per questa caxion de lizier averia seguido le galie che i fuzì, e quele averia prexe; ma el zintilomo nonn osa procieder pluy avanty, veziando el voler de quely da Veniexia; ma delybera con lo resto de le galie vegnir intro el Colfo[2], dubitandose che le galie de Zenovexi, che iera schanpade da la bataia, non se metese a vegnir dentro dal nostro Cholfo a danizar i Veniciany; la qual[3] chosa i non fe ponto, e questo per chaxion i non vete l'ora d'andar a Zenova, per che, chomo ho dito, a quely ly pareva aver le galie dy Veniciany a le spale.

Ed è da saver[4] che le dite v galie de Zenovexi romaxe de la bataia siando puocho largade, le trova prima una chocha de Veniciany, la qual vegniva de Romania, e quela i prexe, e mandala a Zenova. E anchora quely prexe una galia grosa dexarmada, la qual vegniva mandada a Modom, charga de remezo e de altri aparechiamenty de galie e bischoto, e per lo simel quela i manda a Zenova. E molto ly retorna utele la dita galia, per chaxion chon quele chose molto i acharga la soa armada, e quel bischoto molto ly vene destro[5]. E dapuo zionta a Zenova e per tuta la

1. Accentuation de plus vive en plus vive du sentiment qui paraît obséder l'auteur.
2. L'expression consacrée de « Golfe », de « notre Golfe », représente la désignation classique de l'Adriatique.
3. *Qual.* Inc. fol. 145 ʙ.
4. Le récit qui suit représente un retour de la Chronique sur la mention de la rentrée à Gênes de Boucicaut et de ses

quelque dommage auxdites galères des Génois, il dût poursuivre et continuer à leur porter dommage, ledit messer Carlo s'en fût parfaitement acquitté. Dans ce cas, il eût facilement poursuivi les galères qui lui échappèrent, et il les eût prises ; mais le gentilhomme n'osa pas s'avancer plus avant, lorsqu'il connut la volonté de ceux de Venise, et il décida d'entrer dans le Golfe avec le reste des galères ; car il craignait que les galères génoises qui s'étaient échappées de la bataille ne se missent à venir dans notre Golfe pour y faire tort aux Vénitiens. Ceux-ci n'en firent rien, parce qu'ils ne pensaient qu'à regagner Gênes au plus vite, et que, comme je l'ai dit, leur semblait avoir les galères des Vénitiens aux trousses.

Sachez que lesdites cinq galères restées aux Génois après la bataille, ayant quelque peu gagné le large, rencontrèrent d'abord une coque vénitienne, qui venait de Romanie ; ils s'en emparèrent et l'envoyèrent à Gênes. Ils capturèrent encore une grande galère désarmée qui se dirigeait vers Modon avec un chargement de rames, d'autres apparaux de galères et du biscuit ; ils l'envoyèrent également à Gênes. Et ladite galère leur fut très grandement utile ; ils chargèrent leur flotte de ces apparaux, et ce biscuit leur vint fort à propos. Ensuite, dès son arrivée à Gênes, messire

cinq galères, déjà sommairement indiquée, et la relation de divers faits de guerre de course intervenus depuis cette rentrée au port, le 29 octobre ; la Chronique reviendra encore sur ces événements, avec des renseignements plus circonstanciés, dans sa seconde reprise.

5. Faits exacts confirmés par les documents génois et vénitiens. (Delaville le Roulx, *La France en Orient*, p. 456.)

so Riviera, subito miser Buzicardo fexe far chomandamento a Zenova che tuty i Veniciany fose intromesy in aver e in persona, e de quely fosc fato chomo de chapital suo innemixi. E fexe uno chomandamento a tute suo choche che iera in Zenova, ch'y dovese intrometer tuti i navilii dy Veniciany in chadauno luogo là hò se trovase. De che vignando una nostra chocha da Valenza, charga de lane, quela fo prexa e menada a Zenova, deschargando quela e metando le lane in uno magazen[1]. E apreso trovandose una chocha, paron ser Nicholò Roso, entro el porto de Chades, la qual andava in Flandes, sovrazionzando do choche de Zenovexi, quela i prexe chon ingano, per chaxion non sapiando el dito ser Nicholò Roso de la dita novitade, siando la pluy parte dy suo homeni in tera, quela i prexe[2]. Anchora siando una chocha, paron ser Marcho da le Clodere, in le parte d'Alesandria, e per questo muodo atrovandose la plù parte dy suo homeni in tera, da una chocha de Zenovexi, la qual paronizava uno ser Polo Larcha, dal dito fo prexa, e quela iera vuoda, senza algun chargo[3]. Apreso quely dapuo abudo sentimento de la dita bataia, in pero che per la via da tera i ne iera sta faty avixady, retene molty marchadanty Veniciany, di qual, per non abondar in tropo parole, me voio pasar de saverly. Per i qual tuty dany a tuta la citade de Veniexia fo de grandisimo senestro, e molty citadiny de fo dexerty[4].

1. Même remarque. (Delaville le Roulx, *La France en Orient*, p. 467.)

2. Même remarque. (*Ibid.*, p. 467.) C'est ici la première mention, relevée dans un passage compris dans cette édition, concernant un fait de navigation commerciale dans les mers de France et se rapportant aux trajets de Venise en Flandre, sur

Boucicaut fit donner l'ordre, à Gênes et par toute la rivière de Gênes, qu'on attaquât les Vénitiens dans leurs biens et dans leurs personnes, et qu'on les traitât en ennemis mortels. Et il donna l'ordre à toutes les coques qui étaient à Gênes de se saisir de tous les navires vénitiens, en quelque lieu qu'ils se trouvassent ; de sorte qu'une coque vénitienne, qui venait de Valence avec un chargement de laines, fut prise, emmenée à Gênes, déchargée, les laines mises en magasin. Une autre coque, patron ser Niccolò Rosso, se trouvait dans le port de Cadix, allant en Flandre ; deux coques génoises survinrent et la prirent par trahison : ledit ser Niccolò Rosso ne savait rien de ces nouvelles, et la plupart de ses hommes étaient à terre. Encore une autre coque, patron ser Marco dalle Chiodere, qui se trouvait dans les eaux d'Alexandrie et dont la plus grande part de l'équipage était également à terre, fut prise par une coque génoise, dont était patron un certain ser Paolo Larca ; celle-là était vide, sans aucun chargement. Ensuite, ceux-ci, ayant appris ladite bataille (car on les en avait avisés par voie de terre), arrêtèrent beaucoup de marchands vénitiens dont (pour ne pas trop abonder en paroles) je veux omettre de connaître les noms. Tous ces dommages furent un très grand désastre pour la cité de Venise, et beaucoup de citoyens y trouvèrent leur ruine.

lesquels l'Introduction s'étend suffisamment. Le navire, ainsi attaqué au cours de sa relâche à Cadix, est, comme on le voit, un voilier, objet d'un armement particulier, et non une des galères classiques de l'État vénitien.

3. Même remarque. (*Ibid.*, p. 482.)

4. On sent ici combien, en somme, le commerce vénitien eut

Hora tornemo[1] a miser Lunardo Mozenigo, el qual chon galie tre navega in le parte de Romania, atrovando in la via soa molty navilii de Zenovexi, per i qual tuti nonde fexe a quely alguna novitade; e apreso, quelo trova la galia da Chio, la qual iera stada a la bataia[2], la qual el dito retene, non i fazando a quela alguna lixiom de quely iera sovra quela, ma a tuty fexe honor e chortexia, digando al paron de quela ch'el dovese navegar in conpagnia chon luy infina a Pera, per testyfichar a quely de Pera de la cortexia che da luy i aveva rezevudo[3]. De[4] che el dito patron de la dita galia da Chio se oferse e promesely de vegnirde. Dapuo sovravignando la note, quelo se lutana chon la soa galia, schanpando inverso Chio. Hora veziando miser Lunardo che la dita galia sy iera fuzida, se mese inn anemo de seguirla, e quela luy azionse, e schuxiandose el patron de quela, prometandoy de segu[i]rlo anchora, e' stete a la soa fede, non ly fazando pur alguna lixiom; e anchora la segonda volta quela se mese a fuzir, per muodo che plù elo non la pote seguitar per i tenpi fortunaly se mese, e la dita se de ande a Chio. Ma quel dito miser Lunardo de ave uno grando despiaxer, e navega infina a Constantinopoly, e zionto a quelo luogo, sape del distignimento che iera fato in Pera a tuty i Veniciany, e avene

à souffrir de cette guerre, déboires et pertes qui, pour l'auteur, semblent composer et au delà le succès de Modon.

1. Le récit qui suit représente un retour de la Chronique sur la mention de la nouvelle croisière en Orient de Leonardo Mocenigo et de ses trois galères, déjà sommairement indiquée; la Chronique reviendra encore sur la suite de ces événements dans un des passages immédiatement suivants, puis sur l'ensemble dans sa seconde reprise.

Revenons maintenant à messer Lionardo Mocenigo, qui, naviguant avec trois galères dans les parties de Romanie et rencontrant sur sa route de nombreux navires génois, ne les inquiéta pas le moins du monde. Il rencontra ensuite la galère de Chio, qui avait assisté au combat : il la saisit, mais sans faire aucun dommage à ceux qui la montaient, il les traita tous avec honneur et courtoisie, en disant au patron qu'il eût à naviguer de conserve avec lui jusqu'à Péra, pour attester aux gens de Péra le courtois accueil qu'il avait reçu de lui. Le patron de cette galère se déclara tout prêt à le suivre et lui en fit promesse. Mais, à la venue de la nuit, il prit le large avec sa galère et se sauva dans la direction de Chio. Alors messer Lionardo, voyant que cette galère s'était enfuie, se mit en tête de la poursuivre et la rejoignit. Et, comme le patron s'excusait en lui promettant de nouveau de le suivre, il s'en tint à la parole donnée et ne lui fit aucun mal; mais, une seconde fois, ce patron prit la fuite : il fut impossible de poursuivre, à cause du temps qui la favorisa, cette galère qui s'en alla à Chio. Ledit messer Lionardo, qui en eut grand déplaisir, continua sa route jusqu'à Constantinople, et, arrivé là, il apprit l'emprisonnement qui avait été fait à

2. En réalité, cette galère de Chio paraît avoir été congédiée par Boucicaut, non pas après la bataille de Modon, mais en cours de route, entre Rhodes et le cap Malée. (Défi de Boucicaut, *loc. cit.*)

3. L'établissement génois de Péra-Galata, auprès de Constantinople, de l'autre côté de la Corne d'Or, florissant depuis la restauration de l'empire grec, avec la dynastie des Paléologues, en 1261.

4. *De.* Inc. fol. 146 A.

gran despiaxer ; de che el dito manda a dir al chapetanio de Pera[1] se lo i piaxeva eser a parlamento chon luy.

E abudo da quelo uno salvochonduto, sene anda a Pera, e chon el dito chapetanio fexe eschuxacion al meio ch'el pote del chaxo ochorso, e che l'intencion dy Veniciany iera bona verso Zenovexi, ma che la fortuna aveva promoso (che in) el chaxo ocorso, alegando che la intincion dy Veniciany nonn iera a tuor bataia chon le galie di Zenovexi, ma voleva domandar a miser Buzicardo el dano che lu ly aveva fato a Baruto, e chon el dito se avese hoferto de restituir al dito dano, non ly averia fato altro ch'a so honor e cortexia, ma chomo constrety aveva chonvegnudo tuor la bataia, per chaxion che le galie de Zenovexi ly vene con le suo prode incontra a investirly, e che asay ly recresieva del chaxo ly iera ocorso, chon altre suo bone parole, chomo luy volse dirly. De che in concluxion el dito miser Lunardo Mozenigo chon il dito chapetanio de Pera fexe trieva per quatro mexi, zioè che novitade alguna quelo non faria a Veniciany, prometandoly el dito miser Lunardo Mozenigo con lo dito chapetanio de Pera per lo simel de non far algun dano a Zenovexi, fazando lasar tuty i marchadanty de Veniexia retegnudy in Pera, dagandoly plezaria che in quanto guera fose da Venyciany a Zenovexi, de dover retornar in prixiom in la forza de Zenovexi[2].

1. Le gouverneur, le « podestà » génois de l'établissement de Péra-Galata. En novembre 1404, c'était Giovanni Sauli. (Mas Latrie, *Notes sur un voyage archéologique en Orient*, dans *Bibl. Éc. des chartes*, t. VII, 2ᵉ série, t. II, p. 495.)

2. La Chronique paraît seule à donner, en récit original, tout

Péra de tous les Vénitiens; il en fut grandement marri et envoya demander au capitaine de Péra s'il lui plaisait d'être à parlement avec lui.

Il en reçut un sauf-conduit et s'en alla à Péra, où il s'excusa, du mieux possible, de l'incident survenu, alléguant la bienveillance des sentiments des Vénitiens pour les Génois : le hasard seul était coupable de l'incident survenu; les Vénitiens n'avaient nullement l'intention de livrer bataille aux galères génoises et voulaient simplement demander compte à messire Boucicaut des dommages qu'il avait faits à Beyrouth; s'il avait offert de réparer les dommages subis, il ne lui aurait été rien fait qu'honneur et courtoisie; mais ils avaient dû, bien malgré eux, en venir aux mains, parce que les Génois avaient tourné leurs proues vers eux pour les attaquer; enfin, ils regrettaient beaucoup ce qui était arrivé; et beaucoup d'autres bonnes paroles qu'il crut opportun de lui dire. Bref, messer Lionardo Mocenigo conclut avec le capitaine de Péra une trêve de quatre mois, sous les conditions suivantes : les Vénitiens ne seraient aucunement inquiétés par le capitaine; par contre, messer Lionardo Mocenigo lui promettait, de son côté, de ne faire aucun tort aux Génois; le capitaine mettrait en liberté tous les marchands vénitiens retenus à Péra, sous la parole que, si les Vénitiens déclaraient la guerre aux Génois, ils devraient revenir se livrer prisonniers aux Génois.

cet exposé de la mission de Leonardo Mocenigo vers Constantinople. On en a établi le motif réel : la sauvegarde du trafic vénitien dans ces parages et la protection des bâtiments de commerce particuliers naviguant sur les routes de l'Archipel ou de la mer Noire, graves intérêts que Carlo Zeno craignait

Miser Charlo Zem[1], chapetanio, partido da Modom chon lo resto de le so galie, in conpagnia de le do galie grose[2], chapetanio miser Almorò Lonbardo dito, navega inverso a Veniexia, persentando de luogo en[3] luogo de le galie de Zenovexi fuzide da la bataia, de le qual i ave fermo sentimento quele eser tirade inverso Zenova. E ly zionzando le do galie grose, quele vene prima a Veniexia, su le qual vene i prixiony franzeschy[4], zoè miser Chastelmorante e i altry chavaliery, i qual fo mesy in prixiom sovra del palazo andando in Torexela, e là stete domentre che fo fata la paxe[5]. Ma lo resto dy prixionery, che fo i Zenovexi, fo mandady a Veniexia chon le nave da Modom da le vendeme; e de questy fo mesy in le prixion de Tera nuova[6]. E dapuo per alguny ziorny azionse miser

d'avoir compromis par son initiative à Modon, où il pouvait supposer, aux termes des instructions du 25 septembre, parvenues après le combat, avoir outrepassé les intentions actuelles de son gouvernement.

1. Ce qui suit est la mention du retour à Venise de Zeno, qui n'a pas encore été signalé par la Chronique. L'ordre de retour est du 8 novembre. (Décision du sénat du 8 novembre, dans *La France en Orient*, p. 460, n. 1.)

2. Renseignement intéressant. En raison de ce retour à Venise des deux grosses galères de la Tana, réquisitionnées naguères par Zeno et arrêtées dans leur traversée d'aller, il ne semble donc pas s'être effectué, en cette année 1403, de « voyage de marchandise » officiel réellement accompli en Romànie et à la Tana.

3. *En*. Inc. fol. 146 B.

4. La mention de ce double lieu d'emprisonnement des prisonniers français et génois de Modon se retrouve dans Sanuto, mais dans sa première narration, indépendante, comme on l'a vu, des deux reprises de la Chronique (col. 789).

5. Une partie des anciennes prisons du palais des Doges por-

Messer Carlo Zeno, capitaine, parti de Modon avec le reste de ses galères, en compagnie des deux grosses galères qui avaient pour capitaine messer Almorò Lombardo, fit route vers Venise; et s'informant, de lieu en lieu, des galères génoises qui s'étaient enfuies lors du combat, il fut bientôt fermement convaincu qu'elles s'étaient dirigées vers Gênes. Les deux grosses galères arrivèrent les premières à Venise, amenant les prisonniers français, c'est-à-dire messire de Château-Morand et les autres chevaliers, qui furent mis en prison sous les toits du Palais, du côté de la « Torexela », où ils restèrent jusqu'à la conclusion de la paix. Quant aux autres prisonniers, c'est-à-dire les Génois, ils furent envoyés à Venise sur les navires de Modon avec les vendanges (?) ; on les mit dans les prisons de « Terra

tait le nom de « Torexele », d'après leur situation vers la partie supérieure de l'édifice, vers les quatre tourelles, « torricelle », qui le surmontaient alors. Modifiées plus tard, elles reçurent, d'après leur situation sous les combles du monument, le nom de « Piombi », les Plombs, sous lequel elles sont demeurées légendaires. Les « Prigioni nuove », seules subsistantes aujourd'hui, de l'autre côté du canal du palais, œuvre d'Antonio da Ponte, n'ont été commencées qu'en 1571. (Mutinelli, *Lessico Veneto*, art. Prigioni.) Il faut croire que la Chronique, en ce passage, fait allusion à celle de ces tourelles contenant plus spécialement, en 1403, les prisons du palais.

6. Les terrains situés le long de l'eau libre de la lagune, devant la place Saint-Marc, où se voient aujourd'hui les jardins bien connus du palais Royal de Venise, portaient anciennement, peut-être à cause d'un empiétement de la rive sur la lagune, le nom de « Terra-Nuova ». (Gallicioli, *Delle mem. ven.*, liv. I, n° 156.) Là paraît avoir été située la ménagerie célèbre d'animaux offerts à la république de Venise, dont plusieurs documents officiels (*Sanuto*, col. 594) notent les arrivages et les naissances. Il s'y trouvait aussi des édifices employés comme gre-

Charlo Zem in Veniexia con le galie sotil[1]; el qual da tuty fo rezevudo chon granda alegreza[2].

E dapuo questo[3] vene miser Lunardo Mozenigo chom lo resto de le galie; el qual da tuty quelo fo rezevudo chon despiaxer, per non aver prozedudo inchontra de Zenovexi chomo quely aveva fato incontra de nuy. Ma a la veritade, el defeto non fo so, per che luy fexe quelo che ly fo chomeso; ma el defeto fo de quely da Veniexia, che i manda sy fato chomandamento, e puo i non saveva del dano che aveva fato i Zenovexi a Veniciany. Ma tuto se può meter per lo meio, e questo per chaxion che tanto quanto le parte fose stade plù dagnyfichade, tanto seria stado pluy fadiga a farse l'achordo.

Ma a ziò ch'io non lasa niente de dir tuto quelo seguy in l'ano che fo la dita bataia da Veniziany a Zenovexi, iera andade tre choche in le parte de la Tana[4]; e de

niers publics (granai), qui avaient déjà servi, en 1380, à l'incarcération des prisonniers génois de la guerre de Chioggia. (Gallicioli, *Ibid.*, et *Venezia e le sue lagune*, t. I, part. II, p. 211.)

1. *Galie sotil.* Ici se rencontre, pour la première fois dans les extraits qui composent cette édition, cette expression classique de la marine vénitienne. Pour la comprendre dans toute sa portée, il faut se pénétrer du sens intentionnel du mot dont elle dérive, « subtilis », qui, en l'espèce, ne signifie pas autre chose qu'une idée de finesse par rapport à la longueur du navire, et, par suite, se trouve comporter un sens de rapide et de maniable. La « galia sotil » s'oppose à la « galia grosa », « galia de marchado », la grosse galère, galère de marchandise, employée toujours pour les caravanes maritimes de l'État vénitien, et, au besoin, armée en guerre, navire beaucoup plus large de bau, plus assis sur l'eau et plus pesant d'allures. Le terme de « galia sotil », galère légère, véritable et unique type de la *galère de combat*, est couramment traduit en français, dans la

nuova ». Quelques jours après, messer Carlo Zeno arriva à Venise avec les galères subtiles, et il fut accueilli par tous avec grande allégresse.

Ensuite arriva messer Lionardo Mocenigo avec le reste des galères. Il fut accueilli par tous avec déplaisir, pour n'avoir pas usé contre les Génois du même procédé qu'ils avaient fait envers nous. Mais, à la vérité, ce n'était pas sa faute; il n'avait fait qu'exécuter les ordres à lui donnés; la faute en était à ceux de Venise, qui lui avaient envoyé un pareil ordre; et, d'ailleurs, il ignorait le dommage causé par les Génois aux Vénitiens. Mais on peut dire qu'en somme tout fut pour le mieux, parce que plus les deux parties auraient reçu de dommages, plus on aurait eu de peine à se mettre ensuite d'accord.

Mais, pour ne rien omettre de tout ce qui arriva dans l'année où eut lieu cette bataille entre Vénitiens et Génois, trois coques étaient allées dans les parties

terminologie maritime, par l'expression de « galère subtile », que la désuétude où sont tombés la plupart des vocables de l'ancienne marine à rames empêcherait aujourd'hui de comprendre, à défaut d'explication préalable. Sur cette catégorie de navires, voir le chapitre du Traité du gouvernement de Venise : « Comment les gallées subtilles se arment ». (Bibl. nat., ms. fr. 5599, ch. xcix, fol. 162-164 v°.)

2. La Chronique indique ici nettement le mode de retour de la flotte vénitienne de Modon à Venise en deux divisions, la première arrivée, comprenant les grosses galères de la Tana avec les prisonniers français, la seconde, les galères subtiles sous le commandement de Carlo Zeno.

3. Ce qui suit représente la continuation du récit de la croisière de Leonardo Mocenigo à Constantinople, dont le début vient d'être relaté.

4. Des « coques » de commerce, armées par des particuliers, qu'il ne faut pas confondre avec les « grosses galères » des

subito sapudy quely de Pera de la dita schonfita, i arma in Pera do de le mazior choche che i avese, e mese cc balestriery per chadauna e mandale a la bocha del Mar Mazior[1] per prender le dite III coche. De che sentido de questo i nostry marchadanty da Constantinopoly, arma de subito una galiota, e mandala dentro dal Mar Mazior per dar asaver a le dite nostre choche da Veniexia le predite chose, e chusy fo fato. Honde sapudo le nostre tre choche tal novela, de subito retorna indriedo e anda a uno luogo che se clama Suxopoly[2], e mese tute le marchadantie in tera, mandando quele per tera a Constantinopoly, e charga tute le suo marchadantie, e a Veniexia vene con salvamento, ma abiando fato granda induxia del navegar per la dita chaxion. Ma veramente de quele do choche che arma Zenovexi in Pera per atrovarse de dever prender le nostre tre, una de quele se ronpe a la bocha del Mar Mazior per andarly inchontra, ma chusy premese Dio, non d'abiando loro la chaxion.

La[3] chomunitade de Zenova[4] abiando rezevudo tanta vergonza de la soa armada, e siandoly a quely fata chomandamento da le parte de Franza, ch'y devese al tuto tegnir muodo de far lasar hy suo Franzeschy che iera in le prixiom de Veniexia, delyberado fo per i Zenovexi de mandar uno so sindicho e anba-

---

« voyages de marchandise » réguliers de l'État vénitien, qui ne parurent pas cette année dans la mer Noire, comme on s'en est rendu compte.

1. L'expression consacrée de mer Majeure représente la désignation classique de la mer Noire.

de la Tana ; dès que les gens de Péra apprirent cette défaite, ils armèrent à Péra deux des plus grandes coques qu'ils possédassent, embarquèrent 200 arbalétriers sur chacune d'elles et les envoyèrent à la sortie de la mer Majeure pour s'emparer de ces trois coques. A cette nouvelle, nos marchands de Constantinople armèrent sans tarder une galiote et l'envoyèrent dans la mer Majeure pour en prévenir nos coques vénitiennes ; et ainsi fut fait. Dès que nos trois coques furent informées de ce fait, elles retournèrent aussitôt en arrière et allèrent dans un lieu nommé Sisopoli, y débarquèrent toutes les marchandises, qui furent envoyées par la voie de terre à Constantinople, où elles refirent tout leur chargement, et elles arrivèrent à Venise saines et sauves, mais après avoir dû faire une très lente navigation. Quant aux deux coques que les Génois armèrent à Péra pour essayer de s'emparer de nos trois coques, l'une se brisa à la sortie de la mer Majeure en allant à leur rencontre ; et ce fut par la permission divine, et elles n'eurent pas l'occasion [d'en venir à leur fin].

La république de Gênes, qui avait été si humiliée dans sa flotte, reçut de France l'ordre de faire en sorte d'obtenir la mise en liberté des Français qui étaient dans les prisons de Venise, et les Génois déci-

2. Sisopoli, le Sozopolis de l'antiquité, port de la mer Noire, à la pointe méridionale de la baie de Bourgas.

3. *La.* Inc. fol. 147 a.

4. Ce qui suit est le récit des négociations engagées entre Boucicaut et Venise, négociations qui vont aboutir à la convention provisoire du 22 mars 1404. La Chronique reviendra sur ces faits dans sa seconde reprise.

sador in Veniexia, el qual fo miser Chatanio Zigala, Zenovexe, chostuy homo savio e begnigno e de belo aspeto[1], el qual molto saviamente e prudentemente trata chon la dogal signoria de Veniexia per nome de quela chomunitade de Zenova e de miser lo governador miser Buzicardo da una parte, e l'egregio doxe miser Michiel Stem e chomun de Veniexia da l'altra parte[2].

I paty[3] veramente de la paxie soa fo in questo muodo, ch'el dano che aveva seguido Zenovexi de le suo galie tre che fo prexe a la bataia, fose remoso, restituandoly molty coly de specie trovade su quele, le qual iera in le parte de Modon, e a lor fose restituido tuty i suo prixiony, Franzeschi e Zenovexi, veramente prometando i dity Franzeschi, e anchor zurando per sagramento, de non se lamentar may in Franza de algum dano che a quely fose stado fato per Veniciany, e apreso de nonn eser caxion de far alguna novitade a i Veniciany in Franza; le qual chose de questo non hotene ponto el so sagramento, anzi feno l'opoxito, chomo per adriedo se traterà. E veramente dy dany faty per Zenovexi a i Veniciany, primamente del dano de Baruto, quely non volse res[ti]tuir se non algune puoche specie, le qual quele iera sta per loro portade a Famagosta, le qual iera per valor de duchaty II^M d'oro

1. Cattaneo Cicala, Génois de marque, dont le nom figure au bas de maints actes relatifs à l'établissement de la domination française à Gênes. (Eug. Jarry, *Orig. de la dom. franç. à Gênes*, Pièces just., n°s 28, 29.) La Chronique en trace ici un attachant portrait.
2. Cattaneo Cicala est envoyé en ambassade à Venise, par Boucicaut, dès sa rentrée à Gênes, pour demander raison de l'attaque de Modon. Il arrive à Venise le 30 novembre 1403,

dèrent d'envoyer un syndic et ambassadeur à Venise. Ce fut messire Cattaneo Cicala, Génois, sage et bénigne personne et de belle figure, qui négocia très sagement et prudemment avec la seigneurie ducale de Venise un traité entre la république de Gênes et messire le gouverneur Boucicaut, d'une part, et le noble doge messer Michele Steno et la république de Venise, d'autre part.

Quant aux articles de la paix, ils furent arrêtés de la manière suivante. Le dommage subi par les Génois dans leurs trois galères prises lors du combat serait réparé par la restitution des nombreuses balles d'épices qu'on avait trouvées sur elles et qui se trouvaient dans les parties de Modon; on leur remettrait tous leurs prisonniers, Français et Génois, sauf promesse, de la part des Français, et même sous la foi du serment, de ne se jamais plaindre en France que les Vénitiens leur eussent fait le moindre tort, et de ne se faire l'occasion d'aucune représaille de la France contre les Vénitiens; ce qui ne fut point du tout observé, en dépit du serment; bien au contraire, comme on le verra par la suite. Pour les dommages causés aux Vénitiens par les Génois, pour ce qui concerne d'abord le pillage de Beyrouth, les Génois ne voulurent rien

commence à y négocier le 6 décembre, et y conclut, le 22 janvier 1404, un premier accord préalable. Au milieu de février, arrivée d'un second envoyé génois, Domenico Imperiali. Signature d'une convention provisoire à Venise, plusieurs questions demeurant à régler finalement, le 22 mars 1404. (Delaville le Roulx, *La France en Orient*, p. 461-468.)

3. Texte de la convention du 22 mars, dans Predelli, *I libri commemoriali della republica di Venezia*, l. IX, n° 275, et dans *La France en Orient*, Pièces just., n° 34, p. 142-156.

ho circha[1]. Dy i altry dany faty se ubliga de restituir con intriega satisfacion, ho veramentre le nostre nave ho marchadanty[e] hover la vaiuda de quele. Le qual chose fo mal hotegnude per loro, chomo senpre hè la soa huxanza. Ma pur la dita paxie fo chonfermada e cridada in Veniexia in l'ano de M° CCCC IIII° a dy tre d'avril[2], e questo fo in lo dy de la rexuracion del nostro Signor Jexu Christo[3].

Dapuo descharzerady tuti i prixiony suo, e fato fo per miser lo doxie e la Signoria a i Franzeschy grandisimo honor, prometando i dity lyberamente de non se blaxemar may dy Veniciany in le suo parte[4].

E[5] puocho de tenpo driedo[6], vene nuove in Veniexia chomo i nostri marchadanty, i qual se trovava a Monpuslier[7], iera stady retegnudy e mesy in prixiom, e

1. Cette estimation est tronquée dans la narration correspondante de Sanuto (col. 793).

2. L'année vénitienne commençant le 1er mars et les faits dont il s'agit datant du mois d'avril, il s'agit donc bien en réalité du mois d'avril 1404.

3. Proclamation de la paix à Venise, d'après cette version, le 3 avril 1404. Sanuto, dans sa narration correspondante (la seconde), dit le 4 (col. 793). — La Chronique, dans sa seconde reprise, dit le 29 mars. Sanuto, dans sa narration correspondante (la troisième), place en cette date du 29 mars, non la proclamation, mais la conclusion du traité, et quant à la proclamation, appliquant alors à Venise ce que la Chronique dit en cet endroit de Gênes seulement, il la place au 3 avril (col. 806). — En 1404, le jour de Pâques tombe, non pas le 3 avril, comme le dit ici à tort la Chronique, mais le 30 mars. La Chronique confond probablement, en ce passage, le jour qu'elle assigne ici à la proclamation de la paix avec le jour qu'elle fixe plus loin à ce même événement, le 29 mars, jour du samedi saint, assimilé au jour de Pâques.

restituer que quelque peu d'épices qu'ils avaient transportées à Famagouste et dont la valeur était de 2,000 ducats d'or ou environ. Quant aux autres dommages causés, ils s'obligèrent à une satisfaction complète, c'est-à-dire à rendre nos navires et les marchand[ise]s ou leur valeur. Mais ils tinrent mal leurs promesses, selon leur habitude. Cette paix fut ratifiée et publiée à Venise en l'an 1404, le 3 avril, le jour même de la résurrection de Notre Seigneur Jésus-Christ.

On mit ensuite en liberté tous les prisonniers, et messer le doge et la Seigneurie firent très grand honneur aux Français, qui promirent librement de ne se jamais plaindre des Vénitiens dans leur pays.

Mais, peu de temps après, vinrent nouvelles à Venise que nos marchands qui se trouvaient à Montpellier avaient été arrêtés et mis en prison, et toutes

4. Ici se termine la partie de la narration correspondante de Sanuto (la seconde), qui, une simple interruption à part, peut être signalée comme d'un seul tenant (col. 793), et dont la fin est constituée par la mention annexe dont l'identification va suivre.

5. Cet alinéa de la Chronique et le suivant, qui terminent la seconde reprise de la Chronique, se retrouvent dans Sanuto, mais dans un passage déplacé, au milieu des fragments qui composent sa troisième narration (col. 805). C'est là la mention annexe qui peut être considérée comme terminant la seconde narration de Sanuto.

6. Ce qui suit, fin de la seconde reprise de la Chronique, représente le récit des difficultés surgies, concurremment avec les négociations de la convention du 22 mars, entre Venise et les places commerciales de Montpellier et de Bruges, en représailles des suites de Modon.

7. Sur les relations commerciales de Venise et de Montpellier, voir Mas Latrie, *Commerce et expéditions militaires de la France et de Venise au moyen âge*, dans le tome III des Mélanges

tute le suo marchadantie retegnude[1], e questo fato iera per chomandamento del ducha de Bery, signor de quel luogo[2], e[3] avesemo questo fo fato a instancia dy Franzeschi che iera stadi in le prixiom de Veniexia, per y qual fexe ly suo dany grandisimy, tuto per contrario de quelo che i dity aveva zurado e promeso a la dogal signoria de Veniexia. E anchora le predite chose fo fate a instancia de miser Buzichaldo, el qual iera malysimamente desposto chontra dy Veniciany, e questo per chaxon quelo non podeva padir la vergonza ch'elo aveva rezevudo da y Veni[ci]any in la bataia. E certamente el dito miser Buzicardo feva quel ch'el podeva che vera fose tra Zenovexi e Veniciany, per far le so vendete[4]. Ma la chomunitade de Zenova, che chognoseva la posanza dy Veniciany, che iera a quel tenpo grandisima, e i Zenovexi chognoseva la soa che

historiques, n°s VIII, XIV, XVI; *Coll. des doc. inéd. sur l'Hist. de France*, et Germain, *Histoire du commerce de Montpellier*, t. I, p. 157-165 et 174-175. — En 1401 durait encore, de prolongement en prolongement, entre Venise et la cité française, l'interminable affaire des dommages et lettres de marque de Raymond Serallier, de Narbonne, marchand de Montpellier, pendante depuis 1356. (Mas Latrie, *Commerce de la France et de Venise*, doc., n°s 14, 16; Michel Perret, *Hist. des relations de la France avec Venise*, t. I, p. 31-78.)

1. La façon dont la Chronique présente ici l'époque de ces incidents est absolument inexacte. Ce n'est pas, en effet, en violation de la paix, après la convention du 22 mars 1404, qu'eut lieu cette saisie. La nouvelle en parvint à Venise au milieu des négociations de Cicala, au risque de tout compliquer, avant le 29 décembre 1403, avant même l'accord préalable du 22 janvier 1404. (Delaville le Roulx, *La France en Orient*, p. 466, 467.)

2. Jean, comte de Poitou, duc de Berry, second frère de

leurs marchandises confisquées ; et cela fut fait sur l'ordre du duc de Berry, seigneur de ce lieu, et, comme nous le sûmes, à l'instigation des Français qui avaient été dans les prisons de Venise, qui causèrent ensuite aux nôtres de très grands dommages, tout au contraire de ce qu'ils avaient promis, sous la foi du serment, à la seigneurie ducale de Venise. Cela fut fait aussi à l'instigation de messire Boucicaut, qui était très mal disposé à l'encontre des Vénitiens, impatient qu'il était de la honte qu'il en avait reçue dans la bataille. Très certainement ledit messire Boucicaut poussait de toutes ses forces à une guerre entre Génois et Vénitiens, afin de pouvoir se venger. Mais la république de Gênes, qui connaissait la puissance des Vénitiens, très grande en ce temps-là, et qui se savait

Charles V, roi de France, né en 1340, mort en 1416. Ce n'est pas en qualité de seigneur apanagé de Montpellier, comme l'avance ici la Chronique, mais en qualité de gouverneur royal du Languedoc, qu'il se trouvait agir ainsi à Montpellier. Il exerçait ce gouvernement depuis 1381, et le garde jusqu'à sa mort, avec des intermittences, selon l'état des partis régnants en France. En particulier, il occupait le gouvernement du Languedoc depuis le mois de mai 1401 et devait le conserver jusqu'en 1411.

3. *E*. Inc. fol. 147 b.

4. La véritable version de cet incident est la suivante : avant l'ouverture de toute négociation, ordre de saisir les négociants vénitiens de Montpellier est donné par le duc de Berry, en représailles des traitements subis par les prisonniers français de Modon, au début de leur détention à Venise, dans les « Torexele » et à « Teranuova ». On vient de voir, en effet, que la nouvelle de la saisie de Montpellier est, en effet, connue à Venise dès avant le 29 décembre 1403, et les négociations de Cicala n'avaient commencé que le 6.

iera debelysima, veziando el gran pericholo, chondesexe a far la dita paxie chontra el voler de quel dito miser Buzicardo. E bench'el dito fose menzonado in quela dita paxie, dise dapuo aver fato paxie chomo governador de Zenova e non chomo la soa persona de luy proprio. Per la qual chosa el dito non hoserva la dita paxie, anzi pretexe a far dany a i Veniciany per hogny muodo ch'el podeva e saveva, chomo per adriedo se traterà[1].

Ed è da saver ch'el sovradito dano fato a Monpolier, fo per valor de duchaty xxxii in xxxiii^M d'oro de Veniciany, i qual fo tuty persy, in pero che le dite marchadantie che fo retegnude, fo tute vendude. E i marchadanti siando stady uno gran tempo de là in prixiom, se convene rechatar per taia, e fo dexerti; e molty citadiny de Veniexia che aveva de le dite marchadantie in quelo luogo, rezevete de gran stracholy[2]. De che molty dubitava ch'el non fose fato el simel a Broza[3], ma el non mancha per loro, zoè per questo miser Buzicaldo, mal homo; ma non ly vene fata per

1. La Chronique fait ici allusion au défi personnel porté par Boucicaut au doge Michele Steno et à Carlo Zeno, en effet, après la conclusion du traité du 22 mars 1404, par lettre privée du maréchal en date du 6 juin suivant, libellée en son nom particulier de Jean Le Meingre, et non en qualité de gouverneur royal de Gênes, en réponse à la lettre du doge à Charles VI, en date du 30 octobre 1403, relatant à sa façon la rencontre de Modon. (Texte du Défi de Boucicaut, *loc. cit.*, dans *La France en Orient*, Pièces just., n° 35, p. 157-166.)

2. Les négociants vénitiens arrêtés à Montpellier ne furent, en effet, relâchés ni après la convention provisoire du 22 mars 1404 et la mise en liberté des captifs de Modon, qui la suivit de près, ni même après les traités définitifs de 1406 et 1408. En janvier 1409, Venise négociait encore avec le duc de Berry la

très faible, vit que le péril était grand et consentit à conclure ladite paix contre la volonté de messire Boucicaut. Et celui-ci, bien qu'il fût nommé dans ce traité, déclara ensuite qu'il avait conclu la paix comme gouverneur de Gênes, mais non pas personnellement. Il s'en suivit qu'il n'observa pas le traité de paix, mais, au contraire, s'efforça de nuire aux Vénitiens par tous les moyens possibles et imaginables, comme on le verra plus loin.

Or, sachez que les dommages causés aux nôtres à Montpellier montaient à 32 ou 33,000 ducats d'or vénitiens, qui furent absolument perdus, parce que les marchandises confisquées furent toutes vendues. Quant aux marchands, retenus très longtemps en prison, force leur fut de se racheter par rançon, et ce fut leur ruine; et beaucoup de citoyens de Venise, qui possédaient des marchandises dans cette ville, éprouvèrent de grandes pertes. En outre, on craignait fort qu'on en fît autant à Bruges; et ce ne fut pas faute de messire Boucicaut, mauvais homme; mais rien n'arriva là, parce que les Brugeois ne consentirent

question de leur élargissement et offrait 18,000 ducats à cet effet. Négociation dont on ne voit pas la suite. (Mas Latrie, *Comm. de la France et de Venise*, doc. n° 22; Delaville le Roulx, *La France en Orient*, p. 480-481; Michel Perret, *Hist. des rel. de la France avec Venise*, t. I, p. 97.)

3. Voici comment Sanuto, dans la fraction indiquée de sa narration correspondante, défigure tout ce passage (col. 806) : « E volendo fare questo istesso Buccicaldo in *Abruzzo*, gli *Abruzzesi* non vollero che fosse fatto danno alla nostra nagione ». Cette confusion entre *Bruges* et les *Abruzzes* pourrait induire en recherches sans issue les historiens de Boucicaut ou de l'occupation française à Gênes. Il convient de la réduire à sa valeur et d'en déblayer une fois pour toutes l'étude de la question.

caxon hi Brozexi may de là, quely non volse ronper le suo franchixie[1], le qual nuy avevemo chon loro[2].

In[3] lo dito tenpo del sovradito miser lo doxe miser Michiel Stem[4], chorando l'ano de M° CCCC III, ady VIIII d'otubrio, farò mencion el tenor de la letera mandada per lo nobel homo miser Carlo Zem, precholator[5] e chapetanio zeneral de mar[6] de XV galie, de le qual lo insy de Veniexia chom x galie molto ben in ponto e galie V armade in Chandia[7]. La qual letera per luy mandada per uno bregantin[8] armado in Modom, e fata ady VIII° d'otubrio, la qual dise aponto in questa forma da verbo a verbo[9] :

1. Le duc de Bourgogne, comte de Flandre (Philippe le Hardi, 1384-27 avril 1404, troisième frère de Charles V), avait de trop graves intérêts commerciaux engagés avec Venise pour risquer de faire mettre ses ports en interdit et de leur faire retirer le fructueux « voyage de marchandise » annuel des galères vénitiennes. On ne voit pas trace de la discussion de cette question dans les documents analysés dans l'*Inventaire des archives de la ville de Bruges*. (Section I, Inventaire des chartes, par Gilliodts-Van Severen, n⁰ˢ 891 et 892.)

2. Ici se termine la première reprise de la Chronique, ainsi que la mention annexe qui marque la fin de la narration correspondante de Sanuto, la seconde (col. 805).

3. Ici commence la seconde reprise de la Chronique, également suivie par Sanuto dans sa narration correspondante, c'est-à-dire dans la lettre de Zeno et dans les fragments enchevêtrés qui composent sa troisième relation (col. 801-805 et 805-806).

4. Ce qui suit représente la lettre écrite par Carlo Zeno, le 9 octobre 1403, surlendemain du combat de Modon, au gouvernement vénitien et apportée à Venise, comme on l'a vu, avant le 24 octobre, par la voie indiquée dans ce passage de la Chronique.

5. « Percholator ». Procurateur [de Saint-Marc]. Terme dont

jamais à rompre les franchises que nous avions avec eux.

Au temps du susdit doge messer Michele Steno, en l'année 1403, le 9 octobre, je ferai mention de la teneur de la lettre envoyée par le noble homme messer Carlo Zeno, procurateur et capitaine général de mer de quinze galères, dont dix bien équipées, avec lesquelles il avait quitté Venise, et cinq galères armées en Crète. Dans cette lettre, qu'il envoya par un brigantin armé à Modon, et datée du 9 octobre, il s'exprimait textuellement en ces termes :

on trouvera le commentaire lors de la première mention exacte qui en sera faite.

6. Ce n'est pas « capitaine général de mer », mais bien « capitaine du Golfe », qu'était exactement Carlo Zeno, en cette campagne de 1403.

7. Contradiction, sans chercher d'autre point de comparaison, entre ce chiffre de quinze galères, cité dans ce préambule de la Chronique, et le chiffre cité dans la lettre même de Zeno, où l'amiral vénitien s'en attribue seulement onze, nombre établi par toutes les sources classées.

8. *Bregantin*. Brigantin. Navire de petite taille, dont la définition a déjà été donnée à l'occasion des embarcations armées à l'improviste dans le port de Modon, la veille du combat du 7 octobre. Sanuto, dans son passage correspondant (col. 802), dit que la lettre de Zeno fut portée « per un grippo armato in Modone ». La définition du « grip » a été donnée à l'occasion du bâtiment chargé d'espions vénitiens saisi par Boucicaut en vue de Beyrouth.

9. Le texte de cette précieuse lettre de Carlo Zeno, rapport technique et circonstancié du combat, se retrouve dans Sanuto (col. 801-804). Mais avec combien de défigurations, de remaniements, de rajeunissements arbitraires, sans parler de la regrettable abolition des formes spéciales, si attachantes, de l'idiome vénitien ! L'édition de ce document, qui est ici donnée, s'essaye à lui rendre son aspect primitif. Ce document

« Serenysimo principo[1], a la dogal Signoria vostra ve fazo asaver chomo, siandomy qua con galie xi[2] e do vostre de Romania[3], ady vi de questo[4], circha mezody[5], de v galie de fo fato signaly per la guarda de Sapiencia[6]; honde de là de subyto io me levie, andando inverso loro[7] e[8] trovie tre navilii[9] : uno vegnyva da la Chania[10], ly altry do verso da Chorom[11].

s'ajoute, avec un intérêt qui n'a pas besoin d'être défini, au curieux texte, presque de même date, les *Ordeni e Comandamenti* de Pietro Mocenigo, capitaine général de mer à Venise en 1420, publiés déjà par Jal dans son *Archéologie navale.* (Mém. 5, p. 107-133.) Ce remarquable témoignage d'histoire maritime sera ainsi présenté dans le dialecte même et la forme où il fut au moins transcrit par un contemporain. On possédera ainsi, dans toute sa saveur originale et son exacte sincérité, cette œuvre du grand homme de mer vénitien, qui porte si visiblement, d'un bout à l'autre, la marque de la vigoureuse personnalité de son auteur.

1. Les événements dont Zeno va faire le récit, prenant au milieu de la journée du samedi 6 octobre, ayant déjà été relatés, en thèse générale, dans la Chronique, et éclaircis à cette occasion, ne seront naturellement pas commentés ici à nouveau. Les identifications de lieux, de noms ou de termes techniques, et quelques rares passages dont le commentaire pourrait s'imposer prêteront seulement à certaines indications nécessaires.

2. Ce passage de la lettre de Zeno représente la source vénitienne fixant en dernier ressort le nombre des galères de combat de la flotte de Venise, au jour du combat de Modon, conforme au chiffre indiqué par Boucicaut. (*Livre des faicts*, part. II, ch. xxvi, et Défi de Boucicaut, *loc. cit.*)

3. Les deux « grosses galères » de Romanie et de la Tana, dont la présence a été suffisamment expliquée.

4. Le samedi 6 octobre, veille du combat, date qui a été suffisamment vérifiée.

5. Indication exacte d'heure intéressante à signaler, qui a été utilisée, d'après cette source, dans le commentaire des faits déjà donné à l'occasion du premier récit de la Chronique.

[1403]   D'ANTONIO MOROSINI.   125

« Très sérénissime Prince, je fais assavoir à votre Seigneurie ducale comment, me trouvant à la tête de onze galères et deux de vos galères de Romanie, le 6 de ce mois, vers midi, la vigie de Sapienza me signala cinq galères; aussitôt je levai l'ancre en me dirigeant vers elles, et trouvai trois navires de com-

6. « La guarda de Sapienza ». La vigie de Sapienza. Un curieux passage du Victorial, l'incomparable récit de la vie d'aventures du Castillan Pedro Nino, comte de Buelna, qui contient de si captivants tableaux de la vie maritime d'alors, décrit ainsi, en cette même année 1403, les signaux de vigie installés à poste fixe, en vue du port de Marseille, sur l'île bien connue de Pomègue. « En avant du port se trouvent des îles dont l'une se nomme Pomègue, où il y a toujours une vigie avec un mât dressé qui a deux voiles basses, l'une de nef et l'autre de galère. La voile de nef est large et carrée; celle de galère est large et triangulaire. La vigie fait le guet, et à chaque navire qu'elle aperçoit venir de la pleine mer elle baisse une des deux voiles, suivant l'espèce des navires ». (*Le Victorial, chronique de don Pedro Nino, comte de Buelna,* par Gutierre Diaz de Gamez, son Alferez (1379-1449), traduit de l'espagnol par le comte Albert de Circourt et le comte de Puymaigre, liv. II, ch. III, p. 155.)

7. Le ms. ajoute : « Dirò da stralto (*sic*) lady, volze. » — (Je dirai de l'autre côté [du feuillet]; tournez.)

8. *E.* Inc. fol. 148 A.

9. *Navilii.* Expression paraissant prise ici dans le sens général de bâtiment de commerce, sans spécification précise. C'est, du moins, dans cette portée que l'emploient couramment les *Ordeni* de Pietro Mocenigo.

10. La Canée, le grand port de la côte nord de l'île de Crète, le plus rapproché de l'extrémité de la Morée et en particulier de Modon.

11. Coron, Korônè des désignations grecques, possession vénitienne comme Modon, port situé sur le versant opposé de la presqu'île de Messénie et s'ouvrant sur le golfe du même nom, de l'autre côté du cap Gallo.

E domandandoly se quely aveva vezudo alguny fusty[1] armady, e per quely me fo resposto de no. Honde io me redusy a Porto Longo[2], che zià iera fra dy; ma puocho apreso, vene la Loredana, la qual io aveva mandada a Modom, circha sol a monte, e diseme chomo l'aveva vezudo vIIII° galie[3] aver pasado Chavo de Galo[4], e vegnir inverso per lo Ziaglo[5]; le qual fo XI suo galie[6]. E inchontenente io me levie de porto, per che non me parse chosa segura a lasarse trovar in porto, e viny al Schoio de Sen Nicholò[7] apreso le Chavrere[8]. E là fixi clamar miser lo chapeta-

1. *Fusty*. Expression paraissant également prise ici dans un sens général, celui de bâtiment de guerre, plutôt que dans le sens spécial de fuste, navire dont la définition a été donnée à propos des lins armés en fuste de la flotte ottomane, lors de la campagne de 1396. C'est également dans cette portée générale que l'emploient habituellement les *Ordeni* de Pietro Mocenigo.

2. « Porto Longo ». Porto Lungo, le hâvre échancré sur la côte est de l'île de Sapienza, dont la situation a été décrite, et que les cartes modernes permettent de retrouver exactement dans la désignation de Porto Longona. (Carte de Grèce, de l'état-major français, en 1852.)

3. Il est à remarquer que c'est en faisant route de Modon à Porto Lungo que la galère « Loredana », ainsi détachée par Zeno, peu avant, et rejoignant alors l'amiral, aperçoit la flotte de Boucicaut. Les galères génoises, évaluées à tort par le commandant vénitien à neuf au lieu de onze, se trouvaient donc alors, nécessairement, dans l'ouverture de la passe que la « Loredana » traversait elle-même dans son trajet.

4. « Chavo de Galo ». Le cap Gallo, le cap Acritas des désignations grecques, la plus occidentale des trois pointes terminales de la Morée.

5. « Lo Ziaglo ». Terme qu'il a été impossible d'identifier. Marque marine, nom de passe ou de point à terre situé dans les parages du cap Gallo.

6. On voit que Zeno rectifie ici l'erreur d'appréciation du

merce : l'un venait de la Canée, les deux autres de vers Coron. Je leur demandai s'ils avaient vu des bâtiments de guerre, et ils me répondirent que non. Alors je me rendis à Porto Lungo, qu'il était déjà tard ; peu après, vers le coucher du soleil, arriva la Loredana, que j'avais envoyée à Modon : elle m'avertit qu'elle avait vu neuf galères doubler le cap Gallo et se diriger vers le « Ziaglo » ; en vérité, elles étaient onze galères. Aussitôt je levai l'ancre, parce qu'il ne me paraissait pas prudent de me laisser trouver au port, et je m'en fus au « Roc Saint-Nicolas », près les îles de Cabrera.

commandant de la « Loredana » et rétablit l'effectif exact de la flotte franco-génoise, à savoir onze galères.

7. « Schoio de Sen Nicholo ». Lieu qu'il a été impossible d'identifier rigoureusement, mais qu'on peut placer avec certitude en l'un des îlots situés entre les îles de Sapienza et de Cabrera. Le terme de « Roc Saint-Nicolas » semble la traduction la plus acceptable. Ce vocable de Saint-Nicolas semble assez répandu sur cette côte, car les cartes modernes, entre Modon et Navarin, marquent un ermitage et un sommet désignés sous ce nom, mais dont l'identification avec le point douteux ici en question ne saurait même être discutée. (Carte de l'état-major français en 1852.)

8. « Le Chavrere ». Désignation que le texte de la lettre éditée dans Sanuto transpose en celle de « le Caurere » (col. 802). Il s'agit évidemment ici de l'île de Cabrera et des îlots voisins. — Les cartes conservées, du xive au xvie siècle, marquent cette île sous ce nom de Cabrera ou bien sous un nom approchant. (Mappemonde des frères Pizziganni, de 1367, dans Jomard, *Les Monuments de la géographie*, pl. IX, n° 2 ; carte catalane, de 1375, dans vicomte de Santarem, *Atlas composé de mappemondes et de cartes depuis le XIe jusqu'au XVIIe siècle*, pl. XXX, et dans *Choix de documents géographiques conservés à la Bibliothèque nationale*, feuille 4 ; portulans italiens du xvie siècle, Bibl. nat., Cartes et Plans, n°s 207, 223, 231, 233, 262, 264, vol. in-fol., rés., 5.) — Les cartes occidentales modernes con-

nio de Romania[1] e tuty i parony[2], domandandoy quelo i pareva devesemo far, chonziò sia chosa che zià le galie iera in mezo el Grixo[3] e vegniva a tera[4] e ierano XI chon el so fano inpiado[5], e vene a Sapien-

tinuent à la désigner sous la même appellation. (Carte de l'état-major français en 1852.) — C'est l'île de Schiza des désignations grecques.

1. *Chapetanio de Romania.* La flotte marchande organisée chaque année pour la Romanie et la Tana ou pour d'autres destinations, sous le contrôle de l'État vénitien, est commandée en chef par un chef d'escadre, qui porte, comme dans les flottes ou divisions navales de guerre, le nom de capitaine. (Voir l'*Introduction.*) Il s'agit ici du chef d'escadre de la flotte marchande de Romanie et de la Tana, qui était, en 1403, Almoro Lombardo, à la personne et aux grosses galères duquel il a déjà été fait allusion.

2. *Parony.* En ce passage de sa lettre, Zeno, par ce terme, pourrait vouloir désigner seulement les « paroni », armateurs, ou plutôt adjudicataires de chaque grosse galère destinée à ces sortes de voyage, et qui étaient astreints, avec certaines responsabilités, à faire le voyage à bord même du navire. (Voir l'*Introduction.*) Le passage s'entendrait alors en ce sens, qu'il fit convoquer, au conseil ainsi tenu, le chef d'escadre de la flotte marchande de Romanie, avec les *deux* « paroni » des grosses galères de cette flotte. — Mais l'expression « tuty i parony » semble exclure cette interprétation, qui ne s'appliquerait en ce cas qu'à deux personnes seulement. Si l'on observe ce fait, que nulle part Zeno, dans sa lettre, n'emploie le terme de « sovra comiti », en joignant cette remarque à la précédente, on pourra penser que cette expression de « paroni », ici employée, est équivalente, dans l'esprit de Zeno, à celle de « sovracomiti », le terme de « paroni » s'employant peut-être à Venise, en langage courant, dans cette acception plausible. Le passage s'entendrait alors en ce sens, qu'il fit convoquer le chef d'escadre de la flotte marchande de Romanie et *tous* les commandants des galères de combat du gros de la flotte vénitienne, sens beaucoup plus admissible. — Il faut se garder de con-

Là, je fis appeler messire le capitaine de Romanie et tous les patrons, et leur demandai ce qu'ils croyaient que nous dussions faire, les galères étant déjà à la hauteur de Grizi, venant à terre, au nombre de onze,

fondre cette acception du mot « paron » : d'abord avec celle du *paron* armateur de galère de commerce, qui vient d'être définie; puis avec celle du *paron* commandant d'une coque de guerre vénitienne, que la Chronique va mentionner dans un prochain passage; ou avec celle du *paron* commandant de galère génoise, que la lettre de Zeno va signaler tout à l'heure; ou bien encore avec celle du *paron* occupant à bord de la galère vénitienne, plus tard, un grade inférieur disjoint des fonctions générales du « comito » ou maître d'équipage. (Sur cette dernière charge, voir Traité du gouvernement de Venise, ch. xcv, dans Michel Perret, *loc. cit.*)

3. « El Grixo ». Désignation que le texte de la lettre éditée dans Sanuto transpose en celle (*sic*) de « El Guso » (col. 802). Il s'agit évidemment ici du point désigné sous le nom de « Grixo », ou d'un nom approchant, par les cartes conservées des xive et xve siècles. (Mappemonde des Pizzigani, dans Jomard, *Mon. de la géographie*, pl. IX, n° 2; portulans italiens de 1384 à 1434, dans Santarem, *Atlas*, pl. XL, n° 5.) Les cartes occidentales modernes, entre le cap Gallo et Modon, sur les pentes du mont Hagios Demetrios, tombant à la mer, portent une localité du nom de « Grizi », qui semble bien équivalente à « El Grixo ».

4. L'indication donnée ici par Zeno, à savoir que la flotte de Boucicaut, à ce moment, se trouvait par le travers du lieu d'El Grixo, ou bien à mi-chemin de la passe d'El Grixo, semble marquer que les galères franco-génoises faisaient route dans le chenal régnant entre Cabrera et la côte de Morée, en serrant la terre, et ne cherchaient pas à doubler Cabrera par sa pointe du large.

5. Cette phrase de Zeno semble marquer que chaque galère, en l'occurrence, portait son fanal. En principe, dans toutes les marines, à cette époque de l'histoire maritime, le port du fanal, en poupe, en temps de navigation normale, semble avoir été

cia[1], e là mese fero[2] e stete tuta la note[3]. E per mie chapetanio e parony termenasemo star quela note là, e metesemo ben a ponto, e hordeniemo de fornirme de piere[4], e la maitina vegnir a Modom e schuoder le do galie grose, e puo andar a le dite galie de Zenovexi; e chusy fesemo. Le galie de Zenovexi stete tuta quela note a Sapiencia con el so fano inpiado, e fo tanta soperbia in quely, che nesuna noticia non me sope far del so eser là (my avy[5]), (per[6]) la qual chosa sopy per una barcha[7] che me manda miser Almorò Lonbardo là hò

---

l'attribut du commandement supérieur. Le texte du Victorial contient à ce sujet, exactement pour la même époque, le curieux passage suivant, se rapportant à l'an 1405 et à la jonction des galères françaises de Charles de Savoisy avec les galères espagnoles de Pedro Nino dans les eaux de la Rochelle. « Quant à messire Charles, il était si courtois chevalier qu'il consentit à reconnaître Pedro Nino pour capitaine et lui dit de faire allumer le fanal de poupe sur sa galère, suivant la coutume du chef d'escadre, l'assurant qu'il obéirait à ses signaux aussi exactement que ses propres galères ». (*Le Victorial*, liv. II, ch. xxix, p. 271.) Seule, selon cette règle, la galère capitane eût porté un fanal. Mais il semble acquis également qu'en certains cas, notamment quand le chef d'escadre tenait à conserver tous ses bâtiments dans sa main, chaque galère devait aussi porter un fanal de poupe. C'est une disposition de cet ordre que Zeno semble indiquer. — Quant à l'expression de « fano impiado », qu'emploie ici la Chronique, elle représente l'expression technique vénitienne d'alors. Sur ces questions, voir les articles 8 à 11 des *Ordeni* de Pier Mocenigo. (Jal, *Arch. nav.*, mém. 5, p. 119-121.)

1. « Devant la ville de Modon, de coste une isle qui est appellée l'isle de Sapience ». (*Livre des faicts*, part. II, ch. xxv; Bibl. nat., ms. fr. 11432, fol. 66 r°, col. 2.) Ce mouillage de Boucicaut devait donc être situé plus vers la terre ferme que vers le large.

2. *Mese fero*. Expression que traduit littéralement l'expression caractéristique, toujours en cours en Méditerranée, « jeter

avec leur fanal allumé ; elles coururent vers Sapienza, et là jetèrent le fer et se tinrent toute la nuit. Moi capitaine et les patrons nous décidâmes de nous tenir là cette nuit ; nous nous mîmes bien en point, et nous prîmes parti de nous fournir de pierres, et, au matin, d'aller à Modon, pour en emmener les deux grosses galères, puis d'aller ensuite à la rencontre des galères génoises ; et ainsi fîmes-nous. Les galères génoises restèrent toute cette nuit-là à Sapienza, leur fanal allu-

le fer », pour « jeter l'ancre ». — « Quant il fu là, il fist getter le fer et ancrer celle part », dit le Livre des faicts. (*Ibid.*, id.)

3. Les manœuvres simultanées des deux escadres ont été exposées lors du récit de ces faits donné par la Chronique même. Il est à bien remarquer que la connaissance du changement de mouillage opéré par Zeno, la nuit tombée, de Porto Lungo au Roc Saint-Nicolas, a complètement échappé à Boucicaut, qui, sans doute masqué par la côte de l'île de Sapienza, le long de laquelle on vient de le voir jeter l'ancre, croit son adversaire toujours à Porto Lungo, et qui, néanmoins, ne cherche pas à l'attaquer dans ce fond de port dont Zeno vient lui-même de reconnaître les dangers.

4. Un des articles des *Ordeni* de Pietro Mocenigo porte la prescription suivante, corroborée par d'autres règlements antérieurs : « Item tute le galie debia eser fornide di piere da man de soto e per coverta ». (Art. 15 et suiv.; Jal, *Arch. nav.*, mém. 5, p. 131.) Il semble bien qu'il s'agit là de pierres à main, galets ramassés sur la plage, destinées à être lancées à bras, plutôt que de boulets de pierre proprement dits. Zeno semble, d'après son dire, avoir fait cette provision à même le Roc Saint-Nicolas. Pour qu'il s'agît de boulets de pierre, il faudrait admettre qu'il en eût fait transporter de Modon par des bâtiments de charge, ce qu'il ne paraît pas exprimer.

5. *Sic in ms.*

6. *Sic in ms.*

7. *Barcha.* Expression prise ici dans le sens générique d'embarcation annexe de grand bâtiment.

che io iera¹, mi ny² chastelany³. Per lo simel la maitina se levasemo del dito schoio, vygnando verso Modom per trovar le do galie grose segondo l'ordene dado, e vignando deschovrisemo quele galie che iera puocho avanty partide senza aver fato noticia del vegnir a my⁴. A tuty parse uno signal de mal anemo e de mal voler che ly avese inchontra la vostra Signoria, per respeto el dano e la robaria che quely de aveva fato a Baruto, esiando vegnudy in chaxa nostra; ma se quely avese abudo bon anemo, de deveria aver voiudo parlar chon my ho chon el chastelan⁵ per caxon de la dita robaria. Honde veziando my quely eser partidy, tulsy le do galie grose con my in conpagnia, segondo la delyberacion fata, e seguy i dity andando a remo. Le qual zià quele iera alongado per mia VIII⁶ sovra la bocha del Zionclo⁷, e veziando le

1. On voit que c'est Almorò Lombardo, chef d'escadre des galères de Romanie, revenu du Roc Saint-Nicolas à Modon, qui, au cours de ce dernier trajet, s'est rendu compte de la situation de la position de Boucicaut le long de l'île de Sapienza. La mention contenue dans la lettre de Zeno concorde absolument avec le récit du Livre des faicts. « Tantost que ce (le mouillage le long de la côte de Sapienza) fu fait, vint une espie des Veneciens en une barque où il avoit v ou vi hommes, lesquieulx pour savoir le couvine du mareschal et veoir s'il se doubtoit de riens et en quel arroy il estoit... » (Bibl. nat., ms. fr. 11432, ch. xxv, fol. 66 r°, col. 2.)

2. *Sic in ms.*

3. « Chastelany ». Faut-il entendre par là les deux châtelains de Modon et de Coron ? On a vu celui de Modon recevoir des ordres pour l'armement des petits bâtiments disponibles du port. De Coron étaient venus nombre de gens d'armes. (Défi de Boucicaut, *loc. cit.*)

4. A remarquer comment Zeno aperçoit alors la flotte franco-génoise. Tout ceci prouve bien que le lieu de l'ancrage de nuit

mé, et telle fut leur insolence qu'elles ne daignèrent aucunement m'aviser de leur présence, moi ni les châtelains : j'en fus informé par une barque que m'envoya messer Almorò Lombardo là où j'étais. Au matin, nous levâmes en même temps l'ancre dudit Roc, allant vers Modon pour y retrouver les deux grosses galères, selon l'ordre donné, et, en y allant, nous découvrîmes les galères génoises qui étaient parties peu de temps auparavant, sans m'avertir aucunement de leur venue; cela parut à tous un signe de leurs mauvais sentiments et de leur mauvais vouloir envers votre Seigneurie, à cause du dam et pillage qu'ils avaient fait à Beyrouth et de leur incursion sur notre territoire; s'ils avaient été animés de bons sentiments, ils auraient dû demander à parler soit à moi soit au châtelain, au sujet de ce pillage. Les voyant partis, je pris les deux grosses

de Boucicaut devait être situé le long de la partie de Sapienza la plus rapprochée de la terre ferme.

5. C'est du châtelain de Modon seul qu'il s'agit manifestement ici.

6. La Chronique, dans son récit antérieur, a dit dix milles; Sanuto, la rectifiant, sept (col. 790); Boucicaut, deux, trois ou neuf. (*Livre des faicts*, en son récit, part. II, ch. xxvii, et Défi de Boucicaut, *loc. cit.*)

7. « La Bocha del Zionclo ». Ici se rencontre, pour la première fois, la mention de ce point de Zionchio, dont la situation ne paraît pas avoir encore été déterminée dans les divers récits du combat de Modon. — Au nord de Modon, échancrant la côte de Morée, se voit, comme on l'a dit, la rade désignée sous le nom de Navarin, dénomination transitoire que tend à remplacer celle de Pylos, rade fermée par l'île de Sphactéria. Au fond de cette rade, toutes les cartes, du xive au xvie siècle, offrent un point désigné sous le nom de « Zionchio », de « Giongo », ou d'un nom approchant. (Carte génoise de Pier Visconti, de 1318, dans Jomard, *Mon. de la géographie*,

dite galie seguirse, subito cala e chomenza a vegnir inverso de mi[1]. Io certo m'imagignie, quando i dity chala, che miser Buzicaldo volese mandar una galia a mi segondo luy fexe una altra fiada ; la qual io amigevelmente io aveva rezevuda e aveva remandada una altra a luy, e puo se avesemo achostado, a fim che con tranquylitade e paxie s'avese trovado qualche bom muodo sovra el fato de quela robaria. E inchontenente levie l'ensegna [2] segondo l'ordene nostro [3] ; ma so arogancia (fo), ho de quely suo consyery [4], fo tanta, che quely bem in ponto e in hordene vene inverso de my chon gran vigoria. Nuy veziando chusy che altro non se podeva far, verilmente andesemo inchontra de loro, e chusy se investisemo insenbre, loro e nuy, e nuy e loro chon grandisimo ardir. De che chomenza

pl. IX, n° 6, et dans Santarem, *Atlas*, pl. XXIX, n°s 2 et 4 ; carte marine Pisane, du xive siècle, dans Jomard, *loc. cit.*, pl. XI, et dans *Choix de doc. géographiques*, feuille 2 ; carte catalane de 1375, dans Santarem, *Atlas*, pl. XXX, et dans *Choix de doc. géographiques*, feuille 4 ; portulans italiens de 1384 à 1434, dans Santarem, *Atlas*, pl. XL, n° 5 ; portulans italiens du xvie siècle, Bibl. nat., Cartes et Plans, n°s 207, 233, 262, 264.) C'est le « port de Jon », dont parle à deux reprises Boucicaut dans son Défi. (Défi de Boucicaut, *loc. cit.*) — En parlant ici de la « Bocha del Zionclo », — forme vénitienne équivalente à Zionchio, — Zeno semble préciser la passe par laquelle la rade de Navarin débouche vers la haute mer, au sud ou au nord de l'île Sphactéria, qui en barre l'entrée. — Boucicaut, en l'espèce, ne semblait donc pas faire la route directe de Gênes, mais plutôt celle de l'entrée de l'Adriatique, autrement inquiétante pour les Vénitiens. Ce point est important à dégager.

1. Défi de Boucicaut (*loc. cit.*) : « Fis torner les proes de mesdictes galées envers vous ». Zeno paraît aussi, comme Boucicaut, avoir marché quelque temps à la voile et n'avoir amené

galères en ma compagnie, selon qu'il avait été décidé, et je les suivis à la rame. Ils s'étaient déjà éloignés de huit milles au large vers la bouche de Zionchio ; voyant que les galères les suivaient, ils amenèrent aussitôt les voiles et commencèrent à venir à ma rencontre. Je m'imaginais, certes, quand je les vis s'arrêter, que messire Boucicaut voulait m'envoyer une galère (comme il avait déjà fait une fois, où j'avais amicalement accueilli cette galère et lui en avais renvoyé une autre), et que nous nous serions accostés, afin de trouver, tranquillement et pacifiquement, quelque bon arrangement sur le fait de ce pillage. Aussitôt je levai l'enseigne, selon notre règlement ; mais telle fut son arrogance, ou celle de ses hommes de conseil, qu'ils s'avancèrent vers moi, en bon point et en ordre, avec

qu'à la fin de la chasse, pour préparer son branle-bas de combat, pour « faire armes sur couverte », selon la classique expression de ces mers.

2. *L'insegna.* Inc. fol. 148 B.

3. Les *Ordeni* de Pier Mocenigo contiennent à cet égard de curieuses prescriptions. Ce signal de combat paraît s'exécuter en hissant au-dessus du fanal de poupe le pavillon personnel du commandant, avis équivalent à l'ordre de faire immédiatement sur chaque galère « armes sur couverte ». (Art. 15 et suiv., dans Jal, *Arch. nav.*, mém. 5, p. 127-128.)

4. *Consiery.* Hommes de conseil. Dans toutes les marines d'alors, outre le commandant du navire, galère ou voilier, il semble établi qu'il se trouve toujours à bord, à ses côtés, un ou plusieurs « hommes de conseil », dont le nom indique suffisamment les fonctions. (Jal, *Gloss. naut.*) — A Venise, chaque galère, la capitane comme les autres, en comptait un. (*Traité du gouv. de Venise*, ch. xcv, dans Michel Perret, *loc. cit.*) — A Gênes, un règlement de 1341 en imposait quatre à bord de la capitane des « voyages de marchandise » génois. (Jal, *Gloss. naut.*)

la bataia aspra e forte tra una parte e l'altra; la qual dura preso IIII° hore, e per fermo may non fo vezudo sy dura bataia. A le parfim, amezando la gracia de miser Domenedio e del Vanzelista miser San Marcho, nuy schonfizesemo tre suo galie, e VIII de schanpa molto mal in hordene, e de feridy e morty asay; e se tuty i nostry avese fato el so dever, non de schanpava galia via. Honde i dity nostry, se Dio me manda a Veniexia con sanitade, io suplicerò a la Signoria voia far inquixicion per ly suo avogadory del comun[1], a fim ch'el sia punidy quely che sta chaxion de no me aver lasado conplir plena vituoria[2]. Quele galie schanpade io non puty seguir per moltysimi feridy de le galie che se azufa, chomo che al ziorno iera stanchy.

« De my chomo io l'abia fato, non churo de scriverlo, per chaxon de mi fato fesy palexe, che ognomo de vete palexemente che [andando] mi inverso la galia de miser Buzicardo, la qual su quela aveva plù de CC LXXX in CCC chonbatadory, inchadenieme chon quela; averiala sbaratada tuta, ma subito me vene do altre galie, una avanty l'altra, a investirme, una a

1. « Avogadori del comun ». Terme qu'on trouvera commenté ci-après, lors de la suite donnée à la plainte de Zeno.
2. Zeno va revenir dans un prochain passage de sa lettre

grande vigueur. Nous, voyant qu'il n'y avait rien autre à faire, nous allâmes courageusement au devant d'eux, et ainsi nous nous attaquâmes l'un l'autre, eux et nous et nous et eux, avec une très grande ardeur. Alors commença la bataille, âpre et forte, entre l'un et l'autre parti : elle dura près de quatre heures, et, de vrai, jamais ne fut vue si dure bataille. A la parfin, par le moyen de la grâce de messire Damedieu et de messire saint Marc l'Évangéliste, nous déconfîmes trois de leurs galères, et huit s'échappèrent en fort mauvais point, avec beaucoup de blessés et de tués ; et si tous les nôtres avaient fait leur devoir, pas une galère n'échappait. C'est pourquoi, pour ce qui concerne les nôtres, si Dieu me permet de rentrer sain et sauf à Venise, je ferai supplique à la Seigneurie qu'elle veuille faire faire une enquête par ses « avogadori del comun », afin que ceux-là soient punis, qui m'ont empêché de remporter pleine victoire. Je ne pus poursuivre les galères qui s'étaient échappées, à cause du très grand nombre d'hommes blessés sur les galères qui avaient pris part au combat, et aussi parce que, de ce jour, les nôtres étaient las.

« La façon dont je me suis conduit, je n'ai cure de l'écrire, parce que ce que j'ai fait, je l'ai fait manifestement, et tous ont manifestement vu que je me tournai contre la galère de messire Boucicaut, qui était montée par plus de 280 ou 300 combattants. Je m'enchaînai sur elle, et j'en serais entièrement venu à bout, s'il n'était arrivé tout de suite deux autres ga-

même sur cette conduite de certains de ses commandants de galère, à laquelle la Chronique a déjà fait allusion dans sa première reprise.

pruovo, l'altra sul quart[r]ier de pope da lady destro[1]; che tanto che durando la bataia per plù d'una hora con tre galie quely amonta su la mia galia e sbaratame infina al fogon[2], vignando el so tronbeta chon do bandiere. El piaxete a Dio e al bom anemo dy mie, tra i qual el mio armiraio[3] chomo uno lion e ly altry se reseno apreso el fogon, fo adeso taiado per peze el so tronbeta con v altry che iera montady, e dy i altry rebatudy a l'aqua romaxi libero. In quela burdega fo morty tuty i mie prodiery[4], e tanto fo la chalcha ch'io avy, ch'el se ronpe la partegeta da lady senestro, e molty chazete in l'aqua[5]. E da rechavo inchomenza la bataia, e may non vene algum a sechorerme, salvo miser Lunardo Mozenigo, che me iera da lady, che aveva investido una galia e mal menada;

1. Expression qui se comprend d'elle-même. (Jal, *Gloss. naut.*, art. Quartier de poupe.) Une galère, dans le sens de sa longueur, est divisée en trois sections ou *quartiers*, le quartier de proue à l'avant, le quartier de mesaine (mezzania) au milieu, le quartier de poupe à l'arrière. (*Ibid.*, et *Arch. nav.*, mém. 4.)

2. *Fogon*. Le foyer, la cuisine du navire. Terme que le vocabulaire français désigne couramment par celui de « Fougon ». (Jal, *Gloss. naut.*, et *Arch. nav.*, mém. 4.) Dans les galères vénitiennes, au moins à la fin du xve siècle, le fougon paraît avoir été généralement situé vers le tiers de la longueur du bâtiment, vers l'arrière, par conséquent vers le point de jonction du quartier de mesaine et du quartier de poupe, et du côté de la bande de dextre. (*Fratris Felicis Fabri Evagatorium*, éd. Hassler, t. I, p. 119.) — Le Fougon était un des principaux points de repère du bâtiment. Ainsi, c'est du fougon que se faisaient plusieurs des signaux de nuit, à l'aide de fanaux superposés ou accolés. (Art. 10 des *Ordeni* de Pier Mocenigo, dans Jal, *Arch. nav.*, mém. 5, p. 121.) C'est encore le fougon qui marquait, sur la capitane, le point que nulle galère ne devait dépasser dans l'ordre de route. (*Ibid.*, art. 15 et suiv., p. 131.)

lères, l'une devant l'autre, pour m'attaquer, l'une à la proue, l'autre sur le quartier de poupe, du côté droit, de sorte que, durant la bataille, pendant plus d'une heure, les ennemis, avec trois galères, firent assaut à la mienne et me refoulèrent jusqu'au fougon, leur trompette s'avançant même avec deux bannières. Il plut à Dieu et au bon courage des miens (parmi lesquels mon amiral [qui se conduisit] comme un lion, et les autres qui se rallièrent près du fougon) que sur-le-champ fût taillé en pièces le trompette avec cinq autres hommes qui étaient montés à bord ; les autres furent jetés à l'eau, et je fus délivré. En cet abordage furent tués tous mes gens de proue, et tel fut l'assaut que je subis, que la parteguette se rompit du côté gauche, et que beaucoup de gens tombèrent à l'eau. Derechef

3. *Armiraio.* Peu de vocables ont varié de façon comparable à ce terme. A cette époque, dans la marine vénitienne, l' « amiral » est simplement l' « homme de conseil », le conseiller pratique de manœuvre et de route, embarqué à bord de la *galère capitane*, où il portait un nom différent de l' « homme de conseil » des autres galères. C'est ce qu'exprime très nettement le Traité du gouvernement de Venise : « Après, à la gallée du capitayne, il y est député ung des premiers mariniers qui soit trouvé à Venise, sous le nom d'admiral, et semblablement aux aultres gallées il y est député par chascune ung soubz nom de hommes de conseil ». (*Traité du gouv. de Venise*, ch. xcv, dans Michel Perret, *loc. cit.*)

4. *Prodiery.* Rameurs d'avant, hommes d'armes placés à la proue, officiers de manœuvre marine dont le poste était à l'avant. (Jal, *Gloss. naut.*, et *Arch. nav.*, mém. 4.) Dans cette dernière acception, le terme français de « prouiers » est d'emploi courant.

5. *Partegeta.* Parteguette. Pièce de bois léger (pertichetta), servant, sur les côtés d'une galère, à supporter les arbalètes et par conséquent employée comme garde-corps. (Jal, *Gloss. naut.*)

che lasando quela, vene chon la pope[1] per acostarse a una de le galie che me iera adoso. Honde miser Buzichardo se chomenza a retrarse, e se'l fose vegnudo uno brigantin, no che una galia, a investirlo, quando el se chomenza a retrarse, luy iera prexon, per chaxion, questo vete hognomo, quando elo se sbaratava da nuy, e' non vogava[2] da una banda holtra remy xx, e fexe che i balestrieri suo tolse el remo in man per andarsene, zioè in quelo ch'el se sbaratava da mie, perche plù el non podeva, abiando una altra galia, chomo ve scrivo, sul quartier destro[3], puty ase clamar alguny ch'io non mentovo[4], chy fose chy andese a investir miser Buzicardo. E per Dio vero, io stity su la galia a le man plù de do hore, e bem el demostra ch'io non sun xxx in galia che tuty non sia feridy, e morty xiiii in xv. Regracio Dio che me chonciede tanta gracia quanta fo! Se sbaratasemo da tanta chalga quanta io avy da tre galie, fixi grandisima defexa, e se quely fose stady soly Zenovexi, quely avesemo schonfity e roty al primo trato.

On conçoit facilement la gravité de la brusque rupture signalée ici par Zeno comme s'étant produite au fort de la presse du combat.

1. En voguant à reculons, en faisant « scier », selon l'expression propre, toujours partout en usage, de cette manœuvre d'avirons. Manœuvre de Leonardo Mocenigo qui se comprend d'elle-même.

commença la bataille, et personne ne vint à mon secours, sauf messer Lionardo Mocenigo, qui était sur mon flanc, et qui avait attaqué et malmené une galère; l'abandonnant, il vint par la poupe, afin d'aborder une des galères qui m'attaquaient. Alors messire Boucicaut commença la retraite; et, s'il était venu un brigantin, pas même une galère, pour l'attaquer, lorsqu'il commença sa retraite, il était pris. Car (tous l'ont vu), au moment où il se dégageait de nous, ne voguant que d'un bord, avec vingt rames au plus, et obligé de faire prendre à ses arbalétriers rames en main pour s'éloigner; au moment, dis-je, où il se dégageait de moi, parce qu'il n'en pouvait mais, comme j'avais une autre galère (ainsi que je vous l'écris) sur le quartier droit, je pus héler de toutes mes forces certains que je ne désigne pas, pour aller à l'attaque de messire Boucicaut. Voire Dieu, je fus sur ma galère pendant plus de deux heures aux prises avec l'ennemi, et bien le prouve que je n'ai pas trente hommes de ma galère qui ne soient blessés, et que de morts j'en ai quatorze ou quinze. Je remercie Dieu, qui m'a concédé si grande grâce comme il a fait! Nous nous dégageâmes de tel assaut que j'eus de trois galères; je fis très grand'défense, et s'il n'avait tenu qu'aux seuls Génois, nous les aurions déconfits et mis en déroute au premier choc.

2. *Vo-gava*. Des. fol. 148 b. Inc. fol. 149 a.

3. *Quartier*. Expression prise ici dans le sens général de bord, sans spécification de partage dans le sens de la longueur du bâtiment.

4. Le manuscrit portait d'abord : « Ch'io non *termeno* chy fose. »

« Apreso digo, Serenisimo principo, io ve ho manifestado a ponto la chosa chomo l'è stada a la Signoria vostra. Dy faty mie e dy i altry non ve scrivo, perchè puocho de poso dir, per chaxion io aveva tanto da far de mie faty, che puocho atendeva a i altruy[1]. E Dio perdona a chy d'abudo[2] la cholpa a nonn aver fato el so dever in chy iera questo fato! E io li o dito, in prexencia soa, che per certo a mia posa la Signoria vostra farà veder e chognoser de chy cholpa è sta questo fato[3].

« La chaxion a mie, che me mose a seguir quele galie, sum stade questa (sic) : prima, de hobedir el chomandamento de la vostra Signoria, la qual per adeso non replicho, perche a vuy e a tuty sum manifesto ; la segunda, per chonservar l'onor e la fama vostra, chonziò sia che abiando fato quele galie chotanto dano e robaria a y vostry e chon tanto regoio esiando quely vegnudy in chaxa vostra, e non ly abiando seguidy e lasady chusy andar, seria stado puocho honor de la Signoria vostra, per chaxion che a tuto el mondo è manifesto el dano avemo da loro rezevudo, e averia reputado grandisima viltade loro de tute le vostre galie, trovandose in pluy numero e pluy avantezade, a non aver seguido nuy quelo holtrazo, perche questo caxo serà grandisima chaxion a i Zenovexi

---

1. Zeno oublie, en effet, de parler d'une manœuvre exécutée sur ses ordres et dont la tradition vénitienne, au moins, paraît avoir conservé le souvenir. Il aurait fait abattre ses voiles sur la galère de Boucicaut, en encombrant ainsi son pont et en la mettant dans une gêne manifeste. C'est l'épisode que représentait la peinture d'Antonio Vassilachi, dit Antonio Aliense (1556-

« Or, dis-je, sérénissime Prince, que j'ai déclaré de point en point à votre Seigneurie l'affaire telle qu'elle s'est passée. De mes faits et de ceux des autres, je ne vous écris rien, parce que je n'en puis dire que peu de chose, ayant eu tant à faire pour ma part, que je ne pouvais guère être attentif à ceux des autres. Que Dieu pardonne à ceux qui se sont rendus coupables de ne pas faire leur devoir! Je leur ai dit en plein visage que certes, autant que je le pourrai, votre Seigneurie ferait voir et connaître qui avait été coupable en cette occasion.

« Quant aux raisons qui m'ont mû à poursuivre ces galères, les voici : je voulais tout d'abord obéir à l'ordre de votre Seigneurie; je n'y reviens pas ici, puisque c'est chose manifeste à vous et à tous ; ensuite sauver votre honneur et renommée, après le fait du dam et pillage que ces galères avaient infligé aux vôtres, avec une telle insolence, jusque sur votre propre territoire. Si, au lieu de les poursuivre, je les eusse laissés aller, c'eût été de peu d'honneur à votre Seigneurie; car tout le monde sait le dommage que nous avons reçu d'eux, et eux-mêmes auraient réputé à grand'vilenie à toutes vos galères, qui se trouvaient être plus nombreuses et mieux équipées, de ne pas avoir donné suite à cet outrage ; car cette affaire ensei-

---

1629), de l'école de Véronèse, décrite par Francesco Sansovino comme figurant dans la salle du grand conseil, à laquelle il a déjà été fait allusion. (*Venetia descritta*, liv. VIII, p. 358.)

2. « D'abudo ». Lire : « De ha abudo ».

3. La suite de la plainte effectivement déposée par Zeno au gouvernement vénitien va être exposée plus loin dans le récit même de la Chronique.

a non aver tanto regoio in robar in hogno luogo e desprixiando chomo i feva per ogno ziorno quely, e per forma abiando provado l'anemo e l'ardir nostro, se guarderà a no pretender vera alguna chusy lizieramente chontra de nuy, ma senpre serà contenty de star quiety a raxiom.

« Ly[1] prixiony che sum da far mencion a la vostra Signoria, prima e tre patrony[2], zioè miser Piero e miser Chosme de Grymaldo e miser Lunardo Saul[3] e miser Chaxan Doria, che questo andava chonsier in le parte de Levante[4], e altry pluxor de non far conto ; ma dy homeny da remo e de piè da cccc in suxo, de Franzeschy molty d'è prexi, ma notabely, e prima miser Zian Castelmorant[5], miser Alvixe de Normandia[6] e chon altry pluxor suo chavaliery. »

Partandose[7] molty schonfity e mal menady quely

1. *Ly.* Inc. fol. 149 B.
2. *Patrony.* Les commandants de galère génois commandant les trois galères de Gênes capturées par les Vénitiens. « Paron » est ici pris dans un nouveau sens, celui que signifiait peut-être ce terme, techniquement, dans la marine génoise.
3. La galère génoise commandée par Lionardo Sauli, l'une des trois prises vénitiennes, paraît avoir été fortement éprouvée dans son meurtrier abordage avec la « Pisana » de Venise, dont la première narration de Sanuto mentionne, au cours du combat, l'intelligente et audacieuse manœuvre (col. 788-789).
4. « Chonsier ». C'est-à-dire membre du conseil de gouvernement d'une des possessions génoises du Levant, rouage analogue aux conseils de gouvernement vénitiens qui ont été mentionnés.
5. Jean de Châteaumorand, le lieutenant de Boucicaut déjà mentionné par la Chronique.

gnera aux Génois à n'être pas si insolents que de piller en tout lieu et de nous mépriser comme ils faisaient journellement ; et maintenant que nous leur avons prouvé nos sentiments et notre vaillance, ils se garderont de rien prétendre aussi facilement contre nous et se résoudront à se tenir désormais tranquilles comme de raison.

« Les prisonniers que je dois mentionner à votre Seigneurie sont d'abord les trois patrons, messer Pietro et messer Cosimo Grimaldi, et messer Lionardo Sauli, puis messer Cassiano Doria, qui se rendait comme conseiller en Levant, et plusieurs autres de peu de compte. Quant aux rameurs et aux gens de pied, plus de quatre cents ; beaucoup de Français, dont les plus notables sont messire Jean de Châteaumorand, messire Louis de Normandie et plusieurs autres chevaliers. »

Les ennemis une fois partis, très déconfits et mal-

---

6. A prendre à la lettre cette mention de la lettre de Zeno, identique dans le texte de Sanuto (col. 804), on voit mal quel personnage pourrait répondre à cette désignation singulière. — De tous les notables compagnons français de Boucicaut dans cette expédition, un seul semble avoir porté le prénom indiqué ici par la lettre de l'amiral vénitien. Ce qui pourrait permettre de supposer, sous la défiguration de « miser *Alvixe* de Normandia », le personnage réel de *Louis* de Culant, d'une branche des sires de Culant en Berry, plus tard amiral de France au nom du roi Charles VII, comme successeur de Robert de Braquemont, vers 1422. (P. Anselme, *Hist. gén. de France*, t. VII, p. 810, 835.)

7. Cet exposé des suites du combat de Modon, en continuation immédiate de la lettre de Carlo Zeno, se retrouve dans Sanuto, également en continuité immédiate avec la lettre (col. 804-805).

chon quele VIII galie de Zenovexi[1], e abudo miser
Charlo Zem la vituoria, lo dito se ne vene el di sequente
a Modom, e fexe medegar tuta la zurma[2] de homeny
feridy e deschargar quele tre galie prexe, in le qual
fo trovado molto aver sotil de arzenty e denery, e
apreso da pondy L de tute raxom specie : prima fo
XI de pevere, XXVIII de zenzemy, V de garofaly,
VI de chanele[3]. E tute fo chonservade soto bona clave
in le man del predito chastelan e suo consiery[4], soto
bola de chomun hordenadamente. Tra i qual adevene
per i suo Zenovexi prixiony protestando al rezimento
de Modon, digando loro queste marchadantie prexe
eser stade dy i achaty faty per loro a Famagosta, e
non de robaxiom eser fato in Baruto ; ma a quely fo
ly resposto queste tute chose se salveria, domentre
tanto fose chognosuda questa eser la propia veritade[5].

1. Ces événements et les suivants, que la Chronique se plaît
à raconter ici pour la seconde fois, ayant déjà été commentés
dans la première reprise, aucune critique n'en sera de nouveau
faite ici. On se contentera d'indiquer les détails non portés
dans la première narration et d'inscrire le commentaire stric-
tement indispensable.

2. *Zurma.* La chiourme, en principe, est l'ensemble des
rameurs, et c'est seulement par une extension facile à saisir que
ce terme, à une époque relativement moderne, s'est trouvé
appliqué et exclusivement réservé à des condamnés. La
chiourme, au XVe siècle, à Venise au moins, est entièrement
composée d'hommes libres, généralement recrutés à la côte de
Dalmatie. Le Traité du gouvernement de Venise, parlant de la
chiourme des galères de marchandise, dit expressément qu'elle
est embauchée par le « paron » adjudicataire, au salaire moyen
de un écu par mois. (Ch. XCV, dans Michel Perret, *loc. cit.*) Les

menés, avec les huit galères génoises, messer Carlo Zeno, demeuré victorieux, s'en vint le jour suivant à Modon, fit donner des soins à tous les hommes blessés de la chiourme et décharger les trois galères capturées, où furent trouvés de menus objets d'argenterie et des espèces monnayées, et, en outre, environ cinquante ballots d'épices de toute sorte : d'abord, onze de poivre, puis cinq de clous de girofle et six de cannelle. Le tout fut remis, sous bonne clef, aux mains du châtelain et de ses conseillers, sous le sceau de la république, régulièrement. Entre temps advint que les prisonniers génois adressèrent une protestation au gouvernement de Modon, assurant que les marchandises saisies avaient été achetées par eux à Famagouste et ne provenaient pas du pillage de Beyrouth ; réponse leur fut faite que rien de tout cela ne serait perdu pour eux, si l'on venait à reconnaître que telle fût la propre vérité.

hommes de chiourme employés sur les galères de marchandise à destination de l'Angleterre formaient une confrérie qui avait son lieu de sépulture dans l'église de North-Stoneham, auprès de Southampton, où subsiste une inscription de 1491. (Rawdon Brown, *Calendar of State Papers relating to english affairs existing in the archives and collections of Venice* (1202-1580), t. I, Préface, p. LXIV, dans coll. des *Calendars of State Papers*.)

3. Énumération tronquée par Sanuto, qui en donne seulement le chiffre total, mais dont la Chronique recueille ici les éléments avec une minutieuse et caractéristique précision.

4. Le châtelain et le conseil de gouvernement de Modon, analogue au conseil de gouvernement de Crète, qu'on a vu adjoint au duc de Crète.

5. Les renseignements contenus dans cet alinéa ne figuraient pas dans la première reprise de la Chronique.

Dapuo¹ fo tanta la paura loro aveva, e per chontinio, a le spale, separandose galie tre da quele oto, le qual ande in Romania, e anchor v de miser Buzicaldo, chomo ho dito per avanty, andè a Zenova, che may quele non inpia el so fano per paura de miser Carlo, che lo dito non i fose a le spale². E chon vero non de seria schanpado hom de quele, che non fose stado prixon. Ma Christo perdony a chy chaxion fo de quely sovrachomity che non fery! Conziò sia che quele seria stade tute prexe, perche non de seria seguido tanto dano quanto dapuo per questa chaxion de avene.

A dy vii d'otubrio de M CCCC III° se party le sovrascrite v galie de Zenovexi molto mal in hordene per retornar a Zenova³; ma volse l'aventura i trova una nostra galia de le mexure grose, charga de remezo e monycion de bischoto, e avela a grando ingano, demostrandoly l'insegna de San Marco⁴, per tal muodo che questa acostandose, chomo avemo dito per avanty, quely l'ingana, toiando la municion e la panaticha, per lo gran senestro che quely aveva, che molto al vero ly aveva bexogno⁵.

Dapuo⁶ avesemo per nuove che i diti Zenovexi, veriziando chon tre suo choche spinarize in⁷ questo

1. Toute la partie de cette reprise du récit de la Chronique se trouve supprimée, jusqu'à indication contraire, dans la narration correspondante de Sanuto (col. 805).
2. Ce renseignement, curieux pour l'histoire de la tactique maritime, est à relever. Il n'en montre que mieux la confiance de Boucicaut, venant, comme on l'a vu, prendre son mouillage à Sapienza, sans masquer ses feux de route, et conservant toute la nuit ses feux de mouillage allumés.
3. Ce passage semble placer au jour même du combat la

Puis telle fut la crainte qu'ils avaient sans cesse d'être poursuivis, qu'ils se séparèrent : des huit galères, trois allèrent en Romanie; les cinq autres, avec messire Boucicaut, comme je l'ai dit plus haut, allèrent à Gênes, sans jamais allumer leur fanal, par crainte que messer Carlo ne fût à leurs trousses. Et voire, pas un homme n'eût dû s'échapper de là sans être fait prisonnier. Mais que Dieu pardonne à ceux qui en furent la cause, à ceux des « sovracomiti » qui n'entrèrent pas en bataille! Sans cela, les galères génoises eussent été capturées, et il ne s'en serait pas suivi tout le dommage qui advint de ces événements.

Le 7 octobre 1403, les cinq susdites galères génoises, très mal en point, firent route pour leur retour à Gênes; mais le hasard voulut qu'elles rencontrassent une de nos galères de gros tonnage, avec un chargement de rames et provision de biscuit; elles la prirent à grand'trahison en lui déployant l'enseigne de Saint Marc, si bien que celle-ci, trompée, s'approcha, comme nous l'avons dit plus haut, et les Génois lui enlevèrent rames et biscuit, dont, après la grande défaite subie, ils avaient certes un extrême besoin.

Nous eûmes ensuite la nouvelle que, les Génois croisant avec trois de leurs coques armées en pinasses

retraite volontaire de la flotte de Boucicaut.

4. Ruse de guerre, de loyauté discutable, qu'explique l'état d'esprit des équipages génois, à la suite du guet-apens de Modon.

5. Répétition, avec plus de détails, d'une partie des incidents qui marquent le trajet de retour de Boucicaut, depuis les eaux de Modon jusqu'à Gênes.

6. *Dapuo*. Inc. fol. 150 A.

7. *Choche spinarize*. Coques armées en pinasse. On ne voit

nostro Cholfo, sende trova eser do molto bem in ordene de balestre da torno[1] e de combatedory, e per i dity fo prexo una nostra chocha, patron ser Zian Obizo, vegniva charga de pelamy da Maiolicha, de vaiuda de duchaty xx in xxiii^M d'oro ; e prexa quela, menala a Zenova, inprixionando tuty i prixiony[2].

Anchor per puochi ziorni dapuo in Veniexia se ave per nuove una altra nostra chocha, paron ser Nicolò Marcoffo, vegniva de Romania e da la Tana con cera e chuory e con teste cento de sclave[3], quela i prexe, e mese dy suo homeny sovra, e remandala a Zenova per prixiony, de vaiuda de duchaty xii in xv^M d'oro[4].

Pur anchora in lo tenpo del sovradito miser Michiel Sten doxe, vene nuova a Veniexia che a vezo e a ingano i ave la chocha de ser Nicolò Roso vegniva hover andava in Fiandra, siando in lo porto de Cadis, e fo de note, siando con una altra nave de Zenovexi.

pas d'autre expression pour traduire ce terme, qui paraît rarement jusqu'ici relevé dans la terminologie maritime. La « coque », tant de commerce qu'armée en guerre, a été suffisamment définie. La « pinasse », bâtiment devenu fameux sur la côte Basque, où cette désignation est encore aujourd'hui courante, est un vaisseau étroit, fort et léger, marchant à la voile ou à la rame, très maniable sous toutes les allures. (Jal, *Gloss. naut.*, et *Arch. nav.*, mém. 4.) Ces éléments peuvent aider à comprendre ce que pouvait représenter une coque armée en pinasse.

1. *Balestre da torno*. Arbalètes à tour. Une des deux variétés d'arbalètes alors en usage, la plus puissante et la plus pesante, se bandant à l'aide d'un tour ou moufle, mécanisme composé de poulies et de deux manivelles contrariées. La mention de cette arme reviendra souvent dans le Diario. Elle s'opposait aux

dans notre Golfe, deux d'entre elles, très bien munies d'arbalètes à tour et de soldats, s'emparèrent d'une coque vénitienne, patron ser Giovanni Obizzo, qui revenait de Majorque avec un chargement de peaux, d'une valeur de 20 à 22,000 ducats d'or. L'ayant prise, ils l'emmenèrent à Gênes et emprisonnèrent tous les prisonniers.

Peu de jours après, on reçut encore à Venise la nouvelle qu'une autre de nos coques, patron ser Niccolò Marcoffo, venant de Romanie et de la Tana avec un chargement de cire, de cuirs et de cent têtes d'esclaves, fut prise par les Génois, qui y firent monter leurs gens et l'envoyèrent à Gênes avec les prisonniers ; ce qui représentait une somme de 12 à 15,000 ducats d'or.

Encore au temps que messer Michele Steno était doge, vint nouvelle à Venise qu'à tort et trahison la coque de ser Niccolò Rosso, qui venait de Flandre ou y allait, avait été prise, tandis qu'elle était dans le

balestre da lieva, arbalètes à levier, plus légères, se bandant à l'aide d'un levier ou pied-de-biche, que le Diario va aussi mentionner. (Viollet le Duc, *Dictionnaire raisonné du mobilier français, armes,* art. Arbalète. Cf. Jal, *Gloss. naut.,* art. « Balesta de torn, Balista a turno, Balista de turno ».)

2. Répétition plus circonstanciée du récit de la capture de la coque vénitienne venant des Baléares, présentée dans la première reprise de la Chronique comme venant d'Iviça, et, dans ce passage, comme venant de Majorque.

3. Renseignement à ajouter à tous ceux de même ordre concernant le trafic des esclaves embarqués à la Tana, le grand entrepôt, en ce temps, de ce commerce florissant.

4. Répétition plus détaillée du récit de la capture du second bâtiment vénitien, signalé déjà comme enlevé pendant la retraite de Boucicaut aux approches de la Sicile.

Aveva specie e zucary per la vaiuda de duchaty XL^M d'oro, e de gotony per la vaiuda de duchaty X^M d'oro. Adevene che, a XI° de fevrer, se abate una chocha de Zenovexi del mar de Fiandra, siando sta avixady quely de la descordia e de la prexa de le suo tre galie, de la rota ly dè miser Carlo Zem sovra Modom e preso el Zionclo[1]. I dity mese questa nostra chocha de mezo da queste do[2], e chombatela de note, dormando i omeny, e monta suxo e prexela; e dapuo quela fexe deschargar e alogar el botin soto bona varda e clave, domentre che altro acordo fose nuy con loro de veritade[3].

E holtra de questo[4], savesemo per lo zionzer de miser Lunardo Mozenigo, chapetanio de VI galie[5], mandado a Pera per miser Charlo Zem per seguranza de le do nostre choche[6] s'aspetava de la Tana molto riche de specie, e se dà per valor de duchaty LXXX in C^M d'oro, e chuory e altre chosete menude de zoie e perle, chon molte altre teste[7], e per una barcha[8] lo

1. La Chronique précise bien ici le lieu du combat, entre Modon et la passe de Zionchio, tel qu'il a été établi dans ce qui précède.
2. Si la Chronique, dans tout ce passage, semble distinguer la « nave » de la « coque », ce n'est que comme synonymes d'un même type de navire. Il semble qu'à Gênes ce dernier terme soit préféré à celui de « coque » pour désigner une même sorte de bâtiment.
3. Répétition beaucoup plus détaillée du récit de la capture d'un voilier génois dans le port de Cadix, sommairement indiquée dans la première reprise de la Chronique. La date, le 11 février 1404, en est à relever.
4. Tout ce qui va suivre, concernant la mission de Mocenigo

port de Cadix, la nuit, près d'une autre nef génoise. Elle avait un chargement d'épices et de sucres, d'une valeur de 40,000 ducats d'or, et de coton, d'une valeur de 10,000 ducats d'or. Il advint que, le 11 février, fondit là une coque génoise, venant de la mer de Flandre; ils avaient été avisés de la déroute et prise de leurs trois galères, de la défaite que leur avait infligée messer Carlo Zeno en vue de Modon et près de Zionchio[1]. Les Génois mirent notre coque entre les deux leurs et l'attaquèrent de nuit, pendant le sommeil des hommes, montèrent à bord et s'en emparèrent; puis ils la firent décharger et mirent le butin sous bonne clef et garde, en attendant qu'un accord fût de vrai intervenu entre eux et nous.

Outre cela, à l'arrivée de messer Lionardo Mocenigo, capitaine de six galères, qui avait été envoyé à Péra par messer Carlo Zeno pour sûreté de nos deux coques, qu'on attendait de la Tana, très richement chargées d'épices, de la valeur, disait-on, de 80 à 100,000 ducats d'or, de cuirs, et d'autres menues choses en joyaux et perles, avec beaucoup d'autres

à Constantinople et la protection du commerce vénitien dans la mer Noire, est la répétition, avec plus de détails et plusieurs assez notables différences, du récit déjà opéré de ces faits dans la première reprise de la Chronique.

5. Dans la première reprise, trois galères seulement sont désignées comme composant cette division.

6. Dans la première reprise, c'est trois coques vénitiennes qui se trouvent mentionnées.

7. Nouvelle mention d'un chargement d'esclaves embarqués à la Tana.

8. Encore mention d'une « barcha », comme celle expédiée de Rhodes dans les parages de Crète, pour aviser Carlo Zeno du pillage de Beyrouth.

dito chapetanio fexe armar per atrovar quele de farle avixade, e quely, abudo la novela, restete de vegnir, e descharga le sede e altro aver a Sinopi[1], e da Sinopi dapuo rechargade sovra le predite galie e redute a Modoñ per segurtade[2].

E veramente per lo dito chapetanio fo a parlamento chon miser l'inperador Chaloiany[3], e pur non se party may de là, ch'el dito miser lo inperador trata trieva da nuy a Zenovexi in M CCCC IIII°, e tanto pluy quanto fose[4] per XL ziorny che dapuo la nuova se podese mandar che paxie per questy do chomuny fose fata a insenbre, chonstituandose plezo miser l'inperador tra questo do chomunitade de perpery[5] XX^M d'oro, per qual de questy do i pati fose roty de pagar per loro[6].

Molto grando e notabel dano i s'averia posudo far chon tegnir in quel mar lo dito miser Lunardo Mozenigo, chapetanio, chomo e de navilii usa[7] de marchadantie che (per) i nostry averia sostegnudy e prexi, e per questo chapetanio i averia posudo intrometer in prima una sola galia de Gafa[8], con cera e seda asay

1. Sinope, sur la côte de Paphlagonie, au sud de la mer Noire.
2. La première reprise plaçait cette opération du déchargement des cargaisons, avec plus de vraisemblance, à Sisopoli, sur la côte occidentale de la mer Noire.
3. En réalité, comme on l'a vu, Manuel II, rentré à Constantinople depuis le mois de juin, et dont le neveu, Jean VII le Beau (Kalojohannès), n'est que co-empereur.
4. *Fose.* Inc. fol. 150 B.
5. « Perperi ». Cf. Du Cange, art. *Hyperperum.* Un texte cité par Gallicioli porte : « Il ducato d'oro Veneto valeva due iperperi, come pure due aspri. » (*Mem. ven.*, liv. I, ch. XII, n° 551.)

têtes [d'esclaves], nous sûmes que ledit capitaine avait armé une barque et l'avait envoyée à leur rencontre pour les aviser de ce qui se passait, et, qu'à cette nouvelle, les deux coques s'arrêtèrent dans leur route, déchargèrent leurs soies et autres denrées à Sinope, où elles furent ensuite rechargées sur lesdites galères et mises en sûreté à Modon.

Et voire ledit capitaine fut à parlement avec messire l'empereur Calojanni, et ne partit pas de là que messire l'Empereur n'eût conclu une trêve entre nous et les Génois, en 1404; et son séjour dura d'autant plus qu'il se passa quarante jours avant qu'on pût envoyer la nouvelle de la conclusion de la paix entre les deux républiques; paix dont messire l'Empereur se constituait plège entre les deux républiques pour 10,000 ducats d'or, à payer par celle des deux qui romprait les traités.

Très grand et notable dommage eût pu être infligé [aux Génois], — en maintenant dans cette mer ledit messer Lionardo Mocenigo, capitaine, — tant en navires qu'en marchandises, que les nôtres eussent pu saisir et prendre; et ce capitaine eût pu capturer une galère isolée de Caffa, chargée de cire et de beaucoup de soie et d'autres menues choses, d'une valeur de

6. Renseignements sur cette négociation qui ne figuraient pas dans la première reprise.

7. *Sic in ms.* Cette forme « usa » est peut-être ici pour « ossia », dont elle paraît avoir le sens.

8. Kaffa, l'ancienne et actuelle Théodosie, sur la côte de Crimée, à l'entrée de la mer d'Azov, dite alors mer de la Tana, commandant le détroit de Kertch, dit alors détroit de Kaffa. L'entrepôt génois de Kaffa rivalisait avec le comptoir vénitien de la Tana pour le débouché des denrées d'Orient et le commerce des esclaves.

e altre suo chose menude, de vaiuda de duchaty LXX in C^M d'oro; ma non volse, per respeto de non intrar in vera maor con loro. Ma loro non restando perho de ronper de i paty a nuy, prendando una nostra chocha de viny vegniva de Chandia a Constantinopoly, e altre griparie pluxor sotil[1]. Ma non demen niente per lo Chonseio[2] non i fo prozeso contra de luy, schuxiandose asay luy per la soa comision l'ave de qua da questa Signoria, eciamdio da miser Charlo, poderlo far[3].

Le dite nostre do choche de la Tana torna dapuo per quel streto de Pera e de Constantinopoly[4] senza dubio nisum, e desmonta in tera in Pera. E per quel chapetanio de Pera e altry Zenovexi ave tuto honor e cortexia senza dubitacion nisuna, e zionse puo a Veniexia con salvamento[5].

Anchora per spacio d'uno tenpo dapuo non zesando pur i nemixi, o voio dir Zenovexi, de acender el fuogo inverso de Veniciany, e anchora quely per poserse meio vendegarse del dano de le suo galie e prixiony prexy, intro el porto d'Alesandria prexe una nostra chocha, paron ser Marcho da le Clodere, al vero trovandose la nave[6] voda de cargo, ma pur aveva in dener contady per duchaty VIII^M d'oro, desygnando la chocha e i marinery suo, ma la pluy parte dy homeny

---

1. *Griparie... sotil.* Grips légers. On ne voit pas d'autre manière de traduire cette association de termes, qui ne paraît pas fréquente dans la terminologie maritime d'alors.

2. « Lo chonseio ». Par ce terme, la Chronique veut-elle désigner le « collège », ou bien le « grand conseil », termes sur lesquels la suite du récit va amener à s'étendre tout à l'heure?

3. Faits commerciaux dont le récit ne se retrouve pas dans

70 à 100,000 ducats d'or ; mais il ne le voulut point, afin de ne pas entrer en plus grande guerre avec eux. Mais eux ne laissèrent pas pour cela de rompre contre nous les traités et s'emparèrent d'une coque vénitienne, chargée de vins, qui venait de Crète à Constantinople, ainsi que de plusieurs autres grips légers. Néanmoins, le Conseil ne procéda pas contre lui [messer L. Mocenigo], qui s'excusait fort, alléguant les lettres de commission qu'il tenait de la Seigneurie ainsi que de messer Carlo.

Nos deux coques de la Tana passèrent ensuite par le détroit de Péra et de Constantinople sans être inquiétées, et débarquèrent à Péra. Le capitaine de Péra et d'autres Génois les reçurent en tout honneur et courtoisie, sans aucune hésitation, et elles arrivèrent ensuite à Venise à sauveté.

Pendant un certain espace de temps encore, les ennemis, c'est-à-dire les Génois, ne cessèrent d'attiser l'incendie contre les Vénitiens ; et, pour se mieux venger du dommage subi par la prise de leurs galères et de leurs hommes, ils s'emparèrent, dans le port d'Alexandrie, d'une de nos coques, patron ser Marco dalle Chiodere, qui, à la vérité, était vide de tout chargement, mais portait 8,000 ducats d'or en espèces ; c'était au moment où les matelots de la coque se trou-

la première reprise, non plus que le renseignement, contenu ici dans la Chronique, sur la fin de la mission de Mocenigo.

4. « Streto de Pera e de Constantinopoly ». Le Bosphore. Pour désigner les Dardanelles, la Chronique a employé précédemment l'expression de « destreto de Romania ».

5. Renseignement non contenu dans la première reprise.

6. On voit qu'ici « cocha », « nave », sont pris exactement pour désigner un même bâtiment.

iera in tera per i suo faty, si che algun de quely niente de pote aver[1].

Hora tornado el nobel homo miser Charlo Zem[2], chapetanio zeneral de la dita armada, a Veniexia chonmeso tuty i suo sovracomity de quela, per la soa quirimuonia fata luy a la dogal Signoria tra el choliegio de miser lo doxie e i suo consiery[3], esponando prudentisimamente hogny chaxion hocorsa in quely, li qual non fery in l'aversa parte di Zenovexi; per la qual holdido e axaminado tuto el[4] tenor de le suo parole, bem e sapientisimamente per la dogal Signoria fose chomeso e clamado i signor avogadory suo del comun de Veniexia[5], e fato a quely chomandamento de voler examinar e far inquixicion dy nobely nostry colpevely sovrachomity de le suo galie. E cir-

---

1. Répétition du récit de la capture d'un voilier génois dans le port d'Alexandrie, mentionné déjà dans la première reprise.

2. Ce qui suit est l'exposé du cours suivi par la plainte de Carlo Zeno contre ses commandants de galères, en raison de leur conduite au combat de Modon, plainte dont le dépôt était annoncé par l'amiral vénitien lui-même dans sa lettre du 9 octobre. Cet exposé est propre à cette seconde reprise de la Chronique et ne figurait pas dans la première.

3. « La dogal Signoria tra el choliegio de miser lo doxie e i suo consiery. » Ces termes, qui peuvent à première vue paraître obscurs ou surabondants, sont, au contraire, employés ici avec une précision singulière. La « dogal Signoria », la « sérénissime Seigneurie de Venise », est composée du doge et de ses six conseillers, représentant, en théorie, chacun un des six quartiers de Venise, et élus à intervalles restreints par le grand conseil, sur la proposition du sénat. La « dogal Signoria » représente ainsi la direction indivise du pouvoir exécutif. Le « collegio » est composé de ce premier groupement, auquel

vaient à déjeuner; la plupart des hommes étaient à terre pour leurs affaires, de sorte que nul d'eux ne put être pris.

Or le noble homme Carlo Zeno, capitaine général de la flotte, de retour à Venise avec tous ses « sovracomity », fit sa plainte à la Seigneurie ducale, dans le collège de messire le doge et de ses conseillers, exposant très sagement tout ce qui était advenu du fait de ceux qui n'avaient pas attaqué la partie adverse des Génois. Ouïe et examinée toute la teneur de ses paroles, bien et très sagement la Seigneurie ducale décida de convoquer ses seigneurs « avogadori del comun » de Venise, et leur fit commandement qu'ils voulussent faire examen et enquête de la culpabilité des nobles vénitiens, « sovracomiti » des galères. Pour quatre ou cinq d'entre eux, on multiplia les questions;

s'adjoignent les trois « chefs des Quaranties », c'est-à-dire les présidents temporaires des trois tribunaux de quarante juges, l'un des fondements de la constitution vénitienne, puis les seize « sages », répartis en trois classes, véritables ministres à spécialités définies, élus à intervalles restreints par le sénat. Le « collegio » représente ainsi le gouvernement, le conseil des ministres de nos mœurs politiques actuelles. C'est à la « Seigneurie » que Carlo Zeno adresse sa plainte motivée contre ses officiers coupables, et c'est devant le « collège » qu'elle est ainsi discutée.

4. *El.* Inc. fol. 151 A.

5. « I signor avogadory suo del comun de Veniexia. » Les « avogadori del comun », au nombre de trois, élus à intervalles restreints par le grand conseil sur la proposition du sénat, représentent dans la constitution vénitienne le ministère public moderne. C'est eux que le collège, après avoir pris en considération la plainte de Zeno, charge d'instruire l'affaire devant le grand conseil, juridiction compétente en l'espèce.

cha IIII° over v de quely, ly inpoxe molty chapitoly; examinady i testemonii suo e pledady fo, e menady per quely tre signor avogadory in el maor Chonseio[1]; e a quely dadoy la ponicion soa, chomo de raxion meritava. Fata quela setencia per lo mazior Conseio de la tera, e al qual de quely fo prozedudo d'eser bandizado perpetualmente, de nonn eser sovrachomito de galia, e qual de chapetanaria, e qual in pechunia de moneda, e qual de prixiom per spacio d'uno ano, e pluy e mancho, segundo el delito so; e devese render le robaxion tolte de sovra quele galie, e meterle in comun. E chusy per quelo Conseio fo meso fim a tuty cholpevely aveva contrafato chontra l'onor so e de la patria soa, aziò che la justicia avese so luogo, per bom esenpio de tuty. I nomy de quely per lo prexente non voio manifestar[2].

Ochorse[3] in lo tenpo de questo doxie miser Michiel

1. « El maor Chonseio ». Il s'agit ici du rouage primordial de la constitution vénitienne, du célèbre grand conseil. Depuis l'ensemble de réformes et de révolutions connues sous le nom de « Serrata del Consiglio » (1296-1319), le grand conseil représente l'assemblée primaire et souveraine de tous les Vénitiens jouissant de leurs droits politiques, c'est-à-dire de tous les Vénitiens inscrits au Livre d'or et âgés de vingt-cinq ans, dont le sénat, assemblée délibérante, n'est en principe que l'émanation et la représentation légiférante. — C'est lui qui représente ici la juridiction compétente, chargée seule du jugement en cause.

2. D'autres chroniqueurs ont été moins généreusement scrupuleux que le rédacteur de la Chronique. Ainsi, la « Cronachetta Veneziana », déjà quelquefois citée au cours de ce commentaire, signale comme les plus compromis les comman-

on examina leurs témoins, on plaida, et les trois seigneurs « avogadori » les menèrent devant le grand Conseil, où leur fut infligé le châtiment qu'ils méritaient de toute raison. Cette sentence fut prononcée par le grand Conseil de la république; tel d'entre eux fut frappé du bannissement perpétuel, de l'incapacité d'être jamais « sovracomito » de galère; tel autre, de l'interdiction d'être jamais capitaine; tel autre, d'une amende pécuniaire, et tels d'un emprisonnement d'un an, plus ou moins, selon la gravité de leur faute; ils furent en outre tous condamnés à rendre les marchandises qu'ils avaient pillées sur ces galères et à les remettre à la république. C'est ainsi que par le Conseil fut réglée l'affaire de tous les coupables qui avaient contrevenu à leur propre honneur et à celui de leur patrie, afin que la justice eût son cours, pour le bon exemple de tous. Les noms de ces coupables, je ne les veux déclarer pour l'instant.

Il arriva, au temps dudit doge messer Michele

---

dants des galères : « Pasqualiga », « Barbariga », « Mudaza », toutes trois galères vénitiennes de Crète. C'est la « Barbariga » qui, un instant, tomba même aux mains des Génois. (*Cronach. Ven.*, p. 305.) De la capitane de Carlo Zeno, de la galère de Leonardo Mocenigo, la lettre de l'amiral, avec son commentaire, rend suffisamment témoignage. La première narration de Sanuto cite avec éloges la conduite des deux puissantes « grosses galères », qui, dit-il, décidèrent du succès final. Elle mentionne encore, comme on l'a vu, la courageuse attitude du commandant de la « Pisana » (col. 788-789).

3. Ce qui suit est le récit de l'incendie du campanile de l'église Saint-Marc, attribué par la Chronique à la date du 24 octobre 1403. Ce passage est entièrement propre à la seconde reprise. Tous les historiens de Venise, en racontant cet événement, l'ont cité, avec quelques autres traits classiquement

Stem, chorando any M CCCC III° del mexe d'otubrio, salvo el vero, dy xxIIII°, a hore v de note, per alguna lumiera fata de luminaria solena in el campaniel de Sem Marcho meso suxo la piaza[1], in quelo intra fuogo per sy fata maniera che tuta la cima de quelo se arse e descholase el pionbo, per muodo sy fato che quelo se chonvene refar tuto de nuovo la parte bruxiada; e anchora vastase le champane tute per la gram chaliditade, inportando per una profecia per longo tenpo profetada che avanty che per la dogal Signoria s'aquystase Padoa, e apreso anchora el dominio tuto de quela, questo signal deveva aparer per memuoria de quela[2]; ma dapuo per lo dito miser lo doxie e chomum de Veniexia quelo se deveva refar plu solenamente, mior e plù belo, dorada la cima soa, chomo al prexente se vede manifestamente; ma dixese fose de l'ano del milieximo de M CCCC IIII°[3].

légendaires de l'histoire vénitienne, comme provenant de l'autorité de Sanuto, qui le relate, en effet, dans sa narration correspondante (col. 806). Il faut, comme pour ces autres traits des annales de Venise, en restituer la mention originale et la provenance première à un chroniqueur antérieur.

1. Il est à remarquer que la Chronique ne rattache pas directement le fait de l'illumination, cause de l'incendie relaté, à l'occasion de la nouvelle de la victoire de Modon. La corrélation des deux faits est sans doute plus que probable, et c'est pourquoi ce passage a été compris dans les Extraits qui composent cette édition : l'événement de l'incendie, placé au 24 octobre, coïncide parfaitement, en effet, avec le délai nécessaire pour la transmission à Venise, par le brigantin de Modon, des nouvelles de la rencontre du 7. Mais le rapport des deux faits n'est pas, il faut le dire, formellement exprimé ici. Les quelques mots qui, dans le texte de Sanuto, opèrent ce rattachement : « E per la vittoria avuta » (col. 806), paraissent dus

Steno, au cours de l'an 1403, au mois d'octobre, et, si je ne me trompe, le 24, à cinq heures de nuit, que plusieurs lumières d'une illumination solennelle faite dans le campanile de Saint-Marc, situé sur la place, mirent le feu de telle manière que toute la toiture du campanile brûla et que le plomb fondit, si bien qu'il fallut refaire à neuf la partie incendiée ; et toutes les cloches aussi furent gâtées par la grande chaleur du feu. Une prophétie, dès longtemps prophétisée, portait qu'avant que la Seigneurie ducale eût conquis Padoue et puis tout le territoire de cette ville, ce signe devait apparaître pour la lui remettre en mémoire ; mais ensuite, messire le doge et la république de Venise devaient reconstruire le campanile plus magnifiquement, plus solide et plus beau, avec le toit doré, comme il se voit aujourd'hui manifestement ; on dit que cela fut en l'an 1404.

à Sanuto seul, soit qu'il ait simplement tiré de son imagination ce rapprochement tout plausible, soit que quelqu'autre texte ou quelque tradition locale lui en ait fourni la source.

2. La conquête prochaine de la cité de Padoue et de tout l'État padouan par Venise, la destruction tragique de la maison de Carrare (1404-1406), allaient bientôt, en deux ans, vérifier cet oracle singulier.

3. Cette dernière indication relative à l'an 1404 doit s'entendre, semble-t-il, de la date des travaux de reconstruction qui viennent d'être mentionnés par la Chronique. La date de l'incendie, 24 octobre 1403, est textuellement reproduite, entre autres, dans la « Cronica Dolfina » (Gallicioli, *Mem. Ven.*, liv. I, ch. VIII, n° 288), dont l'*Introduction* démontre la date nettement postérieure au Diario de Morosini. Plusieurs annalistes postérieurs à Pier Delfino paraissent avoir confondu la date de réfection et celle de l'incendie même, et avoir corrigé de leur propre initiative le tout, en reportant l'incendie à quelqu'une des années

Chorando pur M CCCC III°, del mexe de zener in Veniexia[1].

Chomo per avanty ho tratado in prima[2], per lo rizimento da Zenova e del governador de quela, miser Buzicaldo, signor dy soldady e dy Franzeschy, fose mandado primieramente uno so anbasador e savio Zenovexe, el qual nomena miser Chatanio Cigala[3], con circha de quelo da xx Zenovexi in soa conpagnia; e fato salvo conduto a quelo per mexy do per[4] tratado de paxie, alegando molte domande e respondando a quely per miser lo doxe con la Signoria a resposta de quela bem a conplimento a hogny chapitolo a tute suo domande chom tuta intrigitade, e al vero per tanto tenpo quelo se stete a despartir per aver a desputar questy chusy longy faty, constrety pur loro a l'achordo de far paxie, e questo se crete per non aver loro algum circha vexim, che a quely ly abia atexo de far liga nisuna con loro, e apreso anchora non abiando queli chusy la moneda apareclada, e veziandose chonstrety per nezesitade a tratar bona e ferma paxie chom miser lo doxie e la Signoria e chomunitade de Veniexia ; ma per alguna declaracion per loro rescrita a Zenova, da posa zionty (sic) in Veniexia uno so altro

immédiatement précédentes ou suivantes. (Gallicioli, Mem. Ven., Storia del Campanile di S. Marco, au liv. I, ch. viii, § 13; liv. I, ch. viii, n° 288.) D'où une certaine confusion dans l'historique des remaniements de l'édifice, sur lesquels ce passage de la Chronique permettra peut-être d'apporter quelque lumière.

1. Premier exemple, présenté par les extraits qui composent cette édition, d'une mention de *mois* ainsi placée sous la formule consacrée *Chorando...* On rappelle ici que l'année, dans

Au cours de la même année 1403, au mois de janvier, à Venise.

Comme je l'ai déjà dit plus haut, le gouvernement de Gênes et le gouverneur de cette ville, messire Boucicaut, seigneur des soldats et des Français, envoyèrent d'abord un ambassadeur et sage conseiller de Gênes, nommé Cattaneo Cicala, avec une suite d'une vingtaine de Génois environ ; et un sauf-conduit d'une durée de deux mois lui avait été délivré pour traiter de la paix. Il mit en avant beaucoup de demandes, auxquelles messire le doge et la Seigneurie répondirent par réponses bonnes et plénières sur chaque article, en toute intégrité ; et de vrai cet ambassadeur mit beaucoup de temps à partir, parce qu'il avait à discuter ces articles si longs, et que les Génois, d'autre part, étaient contraints de tomber d'accord avec nous pour la paix ; et ce, à ce que l'on crut, d'abord parce qu'ils n'avaient aucun voisin qui eût intention de contracter aucune ligue avec eux, ensuite parce qu'ils n'avaient pas d'argent sonnant tout prêt. Ils se voyaient donc contraints, par la nécessité, à contracter une bonne et solide paix avec messire le doge et la Seigneurie et république de Venise. Sur une déclaration

le style vénitien, commence au 1ᵉʳ mars. Il s'agit donc en réalité du mois de janvier 1404.

2. Ce qui suit est la répétition, quelque peu différemment relatée, du récit des négociations et de la conclusion de la convention du 22 mars 1404, présenté déjà dans la première reprise.

3. Rappel de l'ambassade de Cattaneo Cicala, arrivé à Venise le 30 novembre, mission déjà mentionnée.

4. *Per*. Inc. fol. 151 B.

anbasador[1], miser Domenego Inperial, homo savio e prudentisimo[2], che senza plezaria nisuna se acorda in la maniera e forma per avanti in questo lybro tratada[3]; la qual fo con grando honor de Veniexia, e fata quela cridar su la plaza de Sem Marcho in MCCCCIIII°, ady xxvIII° de marzo[4]; e avesemo che a Zenova quela iera sta cridada a dy tre d'avril del dito milieximo[5].

Ma avanty io vada plu avanty[6], e questo per chaxion de certe parole bone, i fati dapuo mal se acorda, per la dogal Signoria fo prima provezudo de far uno chapetanio zeneral[7] de x[8] galie sotil, e circha IIII° choche chon altre IIII° galie grose[9]; per ase-

1. Mention, ne figurant pas dans la première reprise, de l'envoi à Venise d'une seconde ambassade, arrivée vers le milieu de février. (Delaville le Roulx, *La France en Orient*, p. 466.)
2. Domenico Imperiali, de la maison génoise de ce nom, déjà envoyé en ambassade en France par Boucicaut, au commencement de 1402, pour rendre compte au roi Charles VI des premiers actes de gouvernement du maréchal. (Eug. Jarry, *Orig. de la domin. franç. à Gênes*, p. 363.)
3. L'auteur de la Chronique se rend ici compte, comme on s'en aperçoit, des répétitions de son récit.
4. Date différente de celle indiquée dans la première reprise, à savoir le 3 avril. Sanuto, dans sa narration correspondante (la seconde), avait dit le 4 (col. 793). Cette fois, dans sa narration correspondante (la troisième), il rectifie, et place à cette date du 29, non la proclamation, mais la conclusion du traité (col. 806). Quant à la proclamation, appliquant à Venise ce que la Chronique, en cet endroit, va dire de Gênes seulement, il la place au 3 (ibid.). La conclusion du traité est en réalité, comme on l'a vu, du 22 mars.
5. On voit que c'est de la proclamation à Gênes seulement que parle ici la Chronique, en fixant ce fait au 3 avril. Sanuto a appliqué aux deux cités ce qui n'est ici spécifié que pour

écrite qu'ils avaient mandée à Gênes, arriva ensuite à Venise un autre ambassadeur génois, messer Domenico Imperiali, homme sage et très prudent, qui, sans plège aucun, traita en la manière et forme dite plus haut en ce présent livre. Ce traité fut au grand honneur de Venise, et on le fit crier sur la place de Saint-Marc en 1404, le 29 mars ; et nous sûmes qu'à Gênes il avait été crié le 3 avril dudit millésime.

Mais avant que je continue, de crainte qu'à l'occasion de certaines bonnes paroles les faits ensuite ne paraissent plus s'accorder, la Seigneurie ducale décida d'abord de nommer un capitaine général de dix galères subtiles et d'environ quatre coques, avec

une. Giorgio Stella place au 4 cette proclamation (col. 1202).

6. Ce qui suit ici représente l'exposé des mesures prises par le gouvernement vénitien, pendant le débat des négociations, pour préserver le commerce maritime de Venise et le mettre hors de toute atteinte. Cet exposé est entièrement propre à la seconde reprise de la Chronique, qui touche ici à son terme.

7. *Chapetanio zeneral [de mar]*. Capitaine général de mer. Fonction extraordinaire de l'État vénitien à laquelle il a déjà été fait allusion, pour la distinguer d'avec la fonction permanente de « capitaine du golfe ». Le capitaine général de mer est chargé, en cas de guerre ou d'opération spéciale, du commandement des forces navales de la République, pour la seule durée de cette guerre ou de cette opération. (Sur cette charge, voir le *Traité du gouv. de Venise*, ch. xcix; Bibl. nat., ms. fr. 5599, fol. 162-164 v°.)

8. Ms. : « xx ». Mais il faut évidemment lire : « x ». Quelques lignes plus bas, la Chronique va donner le nom des commandants des galères composant cette flotte, et en mentionnera dix. Cette erreur a été suivie par Sanuto (col. 806).

9. Galères subtiles ou galères de combat, coques de guerre, grosses galères ou galères de charge. Termes déjà suffisamment commentés.

gurar le nostre marchadantie dy viazi tuti iera fuora, e per poser ancor navegar de nuovo, e far tuty faty nostry; per miser lo doxie e consiery[1], con tuty quely de Pregady[2], in questo muodo :

De prexente fo fato de nuovo el nobel homo chapetanio zeneral miser Charlo Zem, percholator de San Marcho[3]; vadagnala da tuty per lo Conseio de Pregady[4], e posa ancora per lo mazior Chonseio[5]. El qual dito miser Charlo aceta de prexente e aliegramente quela dita chapetanaria.

Sovrachomity[6] suo de x° galie, e prima el nobel homo ser Marcho Zustignan quondan (*sic*) ser Horsato, ser Andrea Contariny de miser Zane, ser Vidal Miany, ser Lorenzo Loredam, apreso ser Marcho Memo, ser Vido da Chanal, ser Piero Marzelo, ser Franzescho Foschariny, ser Benedeto Dolfim e ser Jacomo Dandolo[7].

1. C'est-à-dire par le « collège », terme qui a été défini.
2. « Quely de Pregady ». C'est-à-dire les sénateurs, le célèbre sénat de Venise. Ce nom de « priés », de « conseil des priés », de conseil des convoqués, comme on dirait de nos jours, venait de ce fait, que cette assemblée, à l'origine, comprenait seulement certains membres du grand conseil, que le doge faisait convoquer, *prier* de se rendre à son appel pour l'expédition des affaires. Depuis longtemps, ses membres étaient élus, à intervalles restreints, par le grand conseil. Les « Pregadi » constituent la véritable assemblée délibérante de Venise, le corps législatif de la constitution vénitienne.
3. « Percholator de San-Marcho ». Les trois procurateurs de Saint-Marc, ou « de sopra », étaient chargés de l'administration des biens de l'église de Saint-Marc. Ils étaient nommés à vie par le grand conseil. Cette charge représentait un des titres honorifiques les plus ambitionnés à Venise.

quatre autres grosses galères, pour assurer le voyage de tous nos navires marchands qui étaient dehors, et pour pouvoir entreprendre aussi de nouvelles navigations et faire toutes nos affaires. Messire le doge et ses conseillers, avec tous ceux des « Pregadi », y pourvurent en cette manière :

Présentement fut nommé de nouveau capitaine général noble homme messer Carlo Zeno, procurateur de Saint-Marc, à l'unanimité du conseil des « Pregadi » et ensuite aussi par le grand Conseil. Messer Carlo accepta sur-le-champ et de bonne volonté ladite capitainerie.

Ses « sovracomiti » des dix galères furent d'abord le noble homme ser Marco Giustiniani, fils de feu ser Orsato, ser Andrea Contarini di messer Giovanni, ser Vitale Miani, ser Lorenzo Loredano; puis ser Marco Memmo, ser Guido Da Canale, ser Pietro Marcello, ser Francesco Foscarini, ser Benedetto Delfino et ser Giacomo Dandolo.

4. « Conseio de Pregady ». Terme équivalent à celui de « Pregady », qui vient d'être défini.

5. « Mazior chonseio ». Le grand conseil, terme qui a été défini.

6. Ces désignations d'officiers, commandant les trois sortes de navires ici mentionnés, ne figurent pas dans le résumé de ce passage contenu dans la narration correspondante de Sanuto (col. 806). L'indication des commandants des dix galères est à relever.

7. On remarquera que, pour dix galères subtiles, dix « sovracomiti » sont ici indiqués. Ce qui démontre que, sur la galère capitane comme à bord des autres galères, figurait un « sovracomito » chargé d'assurer les mouvements propres du navire, fonction dont le chef d'escadre, chargé de l'ordre général de manœuvre, n'avait pas la responsabilité.

Capetanio[1] de le IIII° galie grose da marchado fo fato miser Jachomo Surian chavalier, e sovrachomity[2] de quelo miser..., miser..., miser..., miser...[3].

Capetanio[4] de le IIII° choche prima el nobel homo miser Almorò Lonbardo; hi parony[5] suo prima miser..., miser..., miser..., miser..., e tuty aceta incontenente de prexente[6].

E dapuo de questo[7] fo meso IIII° galie de le mexure grose[8] a marchado[9], al viazo de Flandra. Chapeta-

1. *Capetanio de le galie grose da marchado.* Cette division de grosses galères de marchandise armées en guerre a pour chef un chef d'escadre ayant autorité spéciale et collective sur les navires la composant, mais soumis au capitaine général de mer. Sur cette charge, voir le chapitre du Traité du gouvernement de Venise : « Des gallées grosses qui sont envoyées à la guerre et des capitaynes, patrons et supracomytes d'icelles. » (Ch. CIV, Bibl. nat., ms. fr. 5599, fol. 167 v°-169 r°.)

2. Les commandants propres de chacune des grosses galères armées en guerre sont également, comme on le voit, des « sovracomiti ». Voir le chapitre cité du Traité du gouvernement de Venise. (Ibid., id.)

3. On remarquera également que, pour quatre grosses galères armées en guerre, quatre « sovracomiti » sont aussi indiqués, la capitane en comptant un comme les autres, tous gentilshommes, à bord des grosses galères armées en guerre comme des galères subtiles.

4. *Capetanio de le choche.* Cette division de coques de guerre a également pour chef un chef d'escadre, placé dans les mêmes conditions que les grosses galères armées en guerre. Sur cette charge, voir le chapitre du Traité du gouvernement de Venise : « Des nefz qui sont envoyées à la guerre et des capitaynes et patrons d'icelles. » (Ch. CV, Bibl. nat., ms. fr. 5599, fol. 169 r°-171 r°.)

5. *Parony.* Le commandant propre d'une coque de guerre vénitienne est ici, comme on le voit, expressément désigné par

Comme capitaine des quatre grosses galères de marchandise fut nommé messer Giacomo Suriano, chevalier, et ses « sovracomiti » furent messer..., messer..., messer..., et messer...

Le capitaine des quatre coques fut le noble homme messer Almorò Lombardo; ses « paroni » furent d'abord messer..., messer..., messer..., messer...; et tous acceptèrent incontinent et sur-le-champ.

Après cela on mit quatre grosses galères de marchandise au voyage de Flandre. Capitaine en fut fait

le terme de « paron », qui équivaut, sur une coque, à l'acception de « sovracomito » sur une galère. « Paron » est ici pris dans un nouveau sens encore. Voir le chapitre cité du Traité du gouvernement de Venise. (Ibid., id.)

6. On remarquera également que, pour les quatre coques, quatre « parony » sont aussi indiqués, la capitane en comptant un comme les autres, tous gentilshommes, à bord des voiliers comme des galères.

7. Première mention régulière, contenue en cette fin de la Chronique, du « viazo de Flandra », du « voyage de marchandise » de Flandre et d'Angleterre, l'un des voyages classiques du trafic vénitien, dont on a trace depuis 1317 : sur sa réglementation, son organisation, sur la seule allusion indirecte que lui consacre antérieurement la Chronique, sous la date de 1337, l'Introduction présente les éclaircissements nécessaires. L'indication annuelle et invariable de ces voyages va se succéder, sans interruption, depuis le début imminent du Diario de Morosini. La présence de cette notation de voyage, en ce passage, pour la première fois, dans les dernières pages de la Chronique, est un témoignage qui prouve la transition ménagée entre la Chronique et le Diario.

8. *Galic de le mexure grose.* Expression synonyme de « galie grose » ou de « galie de marchado », souvent employée pour désigner les grosses galères, les galères de marchandise.

9. *A marchado.* Il s'agit ici de la mise aux enchères de la licence d'affrètement de chacune des galères de marchandise, affectées aux voyages organisés par l'État vénitien pour la

nio¹ fo fato el nobel homo miser Fantin Michiel, fio fo de miser Mafio² da la Bugna, e aceta de prexente ; ma dapuo non pote seguir el viazo so, ma fo fato el nobel homo miser... Sovrachomity³ suo fo prima el nobel homo ser Vido da Chanal, ser Vidal Miany, ser Marim Contariny, ser Marcho Corer⁴. E quele chon molto aver ande a marchado⁵.

Apreso⁶ fo armado in plaza la galia Querina, mesa

Flandre ou à d'autres destinations. Mécanisme dont l'Introduction expose les notions essentielles.
   1. *Capetanio al viazo de Flandra*. La flotte marchande organisée chaque année pour la Flandre ou pour d'autres destinations, sous le contrôle de l'État vénitien, est commandée en chef par un chef d'escadre qui porte, comme dans les flottes ou divisions navales de guerre, le nom de « capitaine ». L'Introduction en expose les fonctions.
   2. *Ma-fio*. Des. fol. 151 ʙ. — Inc. fol. 152 ᴀ.
   3. Les commandants propres de chacune des grosses galères de commerce sont également, comme on le voit, des « sovracomiti », terme appliqué à tout commandant de tout type de galère.
   4. On remarquera également que, pour les quatre grosses galères de commerce, quatre « sovracomiti » sont aussi indiqués, la capitane en comptant un comme les autres, tous gentilshommes, à bord des grosses galères de commerce comme à bord des navires de guerre.
   5. Cette mention du voyage de Flandre en 1404 ne figure pas dans le résumé de ce passage par Sanuto (col. 806). Elle se trouve confirmée par les documents officiels vénitiens cités dans le recueil de Rawdon Brown : le sénat de Venise décide, le 24 mars 1404, l'envoi en Flandre et Angleterre de quatre galères, deux pour la Flandre, deux pour l'Angleterre, sous le commandement de Fantino Micheli, puis reçoit avis que, le 12 juillet, cette flotte marchande était parvenue à destination. (*Venetian Papers*, t. I, p. 42, nᵒˢ 146, 147, et Liste des capitaines, Préface, table 4, p. 132-134.) Les renseignements donnés ici par la

noble homme messer Fantino Michele, fils de feu messer Maffeo dalla Bugna, et il accepta sur-le-champ; puis il ne put donner suite à son voyage, et fut nommé à sa place le noble homme messer... Ses « sovracomiti » furent d'abord noble homme ser Guido Da Canale, ser Vitale Miani, ser Marino Contarini, ser Marco Correr. Et ces galères partirent avec grand avoir.

Ensuite fut armée en chantier la galère Quirina,

Chronique permettent de compléter ces données concernant le voyage de 1404. — L'an précédent, en 1403, exceptionnellement, — contrairement aux galères de Romanie qui, cette année, avaient au moins quitté Venise, comme on l'a vu, — il ne s'était pas rencontré d'adjudicataire pour la Flandre, sans doute en raison des prévisions menaçantes de la guerre génoise (*Venetian Papers*, t. I, p. 42, n° 145), tandis qu'en 1402 le voyage avait eu lieu comme les années précédentes (t. I, p. 41-42, n°s 142-144). — Il est à remarquer que c'est exactement en 1404 (en même temps que cette première des indications relatives aux « voyages de marchandise », continuées régulièrement, désormais, par le Diario) que débutent les notations d'un manuscrit bien connu dans les Annales de Venise. Ce manuscrit, provenant de la collection Farsetti, est connu sous le nom de manuscrit des « Reggimenti », et c'est d'après lui qu'ont été établies maintes listes de fonctionnaires vénitiens, notamment celle des Capitaines des voyages de Flandre, dressée par l'éditeur des *Venetian Papers*. (Liste des capitaines, Préface, table 4, p. 132-134, d'après le ms. dit des « Reggimenti », coll. Farsetti [auj. à la bibl. de Saint-Marc], ms. volg. 147.)

6. Ce dernier alinéa de ce long extrait d'un seul tenant, quoique n'ayant pas directement trait aux préparatifs mentionnés dans toutes ces dernières pages, a été compris néanmoins dans cette présente édition, à titre exceptionnel, comme terminant l'ensemble de ce passage de la Chronique, laquelle, immédiatement ensuite, passe au récit de faits de tout autre ordre. Les autres mentions du « viazo de Zafo », du « voyage

per lo viazo de Zafo con chavaliery L, pelegriny[1], e altre choche per navegar a molty viazi asay[2].

. . . .

Chorando[3] M CCCC III°[4], a dy XXVIII de marzo[5].

Per lo rizimento nostro de le parte de Crede[6] savesemo chomo miser Antuonio de Montaldo[7], retor de Famagosta, iera insido con do galiote e una galia grosa e pluxor altri legny verso le contrade de Tripoly[8],

de pelerins » des lieux saints par Jaffa, mentions dont le relevé régulier va aussi, à partir de cette année et de cette première indication, se succéder tout le long du Diario, ne figurent naturellement pas dans cette édition, où celle-ci seule trouve place, en raison des motifs spéciaux qui viennent d'être indiqués.

1. *Armado in plaza.* Expression qui sera éclaircie plus loin, au moment où elle se rencontrera dans un extrait se rapportant directement au principe de cette édition, dans l'armement des galères de Flandre pour le voyage de 1406.

2. Ici se terminent, et la seconde reprise de la Chronique, et le dernier des fragments enchevêtrés qui constituent la troisième narration de Sanuto (col. 806). Cette mention (janvier 1404) représente chronologiquement la dernière en date de la Chronique. Les faits de tout autre ordre que relate ensuite la Chronique, jusqu'à sa fin, remontent à une époque antérieure. Le Diario va bientôt s'ouvrir sur la date du 10 avril 1404.

3. Fol. 156 B.

4. Ce présent extrait constitue la fin même de la Chronique qui précède le Diario de Morosini. Immédiatement après va débuter le Diario. Les derniers feuillets de la Chronique, depuis la fin du long extrait précédent jusqu'à celui-ci, sont remplis par le récit de faits de tout autre ordre, antérieurs, comme il a été dit, à la date de janvier 1404, où est alors parvenue la Chronique. Le fragment qui suit, isolé et comme hors cadre, représente la mention postérieure qui a été signalée comme figurant à la suite de la seconde reprise de la Chronique. Ce

mise au voyage de Jaffa avec 50 chevaliers, des pèlerins et d'autres coques destinées à beaucoup d'autres navigations.

. . . .

Au cours de l'année 1403, le 28 mars.

Notre gouvernement des parties de Crète nous informa que messer Antonio de Montalto, recteur de Famagouste, était sorti avec deux galiotes, une grande

morceau, par sa forme et sa disposition, semble anticiper sur le mode de rédaction au jour le jour qui, immédiatement après, va caractériser le Diario de Morosini. Il ne paraît pas se retrouver, ainsi qu'il a été établi, dans aucune des trois narrations de Sanuto. Cette mention postérieure devrait chronologiquement se placer en tête du long extrait précédent, dont elle formerait la préface, en relatant des incidents se rattachant antérieurs à la campagne de Boucicaut en Levant.

5. Premier exemple, présenté par les extraits qui composent cette édition, d'une mention de *jour* ainsi placée sous la formule consacrée *Chorando*... L'année, en style vénitien, commençant le 1er mars, il s'agit bien ici, en réalité, du 28 mars 1403.

6. Ce qui suit est la relation de faits survenus à Chypre et en Orient, qui paraissent plutôt remonter à l'an précédent, en 1402, et à l'occasion desquels Gênes s'est trouvée, comme on l'a vu, en état de guerre avec l'empire égyptien et ses dépendances de Syrie. A la suite de l'invasion mongole qui avait traversé cette partie de l'Asie (1400-1401), la côte de Syrie fut vivement attaquée par Antonio Guarco, le « podestà » génois de Famagouste. (*Giorgio Stella*, col. 1191.) A la côte de Syrie, la Chronique ajoute ici la côte d'Égypte. De cet ensemble de faits résulte la guerre que Boucicaut alla porter en ces parages en 1403.

7. La Chronique, précédemment, dans sa première reprise, a désigné Antonio Guarco comme occupant ce poste de « podestà » génois de Famagouste.

8. Tripoli de Syrie, que Boucicaut devait attaquer en personne en août 1403, événement dont le récit a été exposé.

danizando Sarainy e derobando quely intro i porty del Soldam[1], per tal che molto sangue fo spanto de Sarainy e eciamdio de Zenovexi e Griexi e Cipriany. De che sapudo questo miser lo Soldam dal Caiero, de prexente chomanda che tuty Zenovexi per la Soria tuta e per Alesandria fose retegnudy in aver e in persona ; e cusy fo fato. E per questa caxion andando daniziando lo dito miser Antuonio Damiata[2] e altre parte, de qua procese puo la vera tra Zenovexi e Sarainy, como avemo predito per avanty, in lo principio, de l'armada de Zenovexi insida per lo governo de miser Buzicaldo franzescho, governador so de Zenova, capetanio si insteso de l'armada, i fexe al danizamento nostro de le marchadantie de Baruto robado con gran dano, chomo dito avemo per avanty[3] [e fo chonbatudo] per lo capetanio nostro miser Carlo Zen, e con gran dano de Sarainy e Zenovexi per intranbe le do parte[4].

. . . .

1. Le sultan d'Égypte, le « soudan du Caire » ou le « soudan de Babylone » des chroniques contemporaines. C'est, en 1402, le sultan Melik el Nasir Zein ed Din Feredj, âgé de treize ans à peine (1399-1412), de la dynastie circassienne des Bordjites, seconde dynastie de la milice des Mameluks, maîtres de l'Égypte depuis la chute du dernier des sultans Eyoubites, en 1249.

2. Damiette, l'un des plus tentants objectifs, avec Alexandrie, de toutes les surprises essayées par les expéditions chrétiennes en pays d'Islam.

3. L'auteur de la Chronique se rend ici compte, comme on voit, du déplacement de ce fragment, de l'insertion postérieure duquel il a pleinement conscience.

galère et plusieurs autres bateaux, faisant voile vers les contrées de Tripoli, attaquant les Sarrasins et les pillant dans les ports du Soudan, de sorte qu'il fut répandu beaucoup de sang de Sarrasins et aussi de Génois et de Grecs et de Chypriots. Messire le soudan du Caire, l'ayant appris, ordonna aussitôt que tous les Génois, par toute la Syrie et à Alexandrie, fussent saisis dans leur personne et leurs biens, et ainsi fut fait. Ledit messer Antonio ayant ainsi attaqué Damiette et d'autres lieux, il s'en suivit la guerre entre Génois et Sarrasins, et comme nous avons déjà dit plus haut, au commencement, la flotte génoise, sortie sur l'ordre de messire Boucicaut, gouverneur français de Gênes, qui était lui-même capitaine de la flotte, fit, à notre dam, le pillage de nos marchandises de Beyrouth, et, comme nous l'avons dit plus haut, [elle fut battue] par notre capitaine messer Carlo Zeno ; et tout ce, avec grand dommage des Sarrasins et des Génois, des deux parties ensemble.

. . . .

4. Ici, avec la dernière ligne du fol. 156 B, se termine la « Chronique » qui précède le Diario de Morosini, chronique dont l'Introduction de cette édition essaye de distinguer les caractères essentiels et les limites. — Cette dernière notation, avec sa date au jour le jour, — déplacée il est vrai, — semble déjà, comme forme, appartenir au « Diario », qui va commencer au verso de ce feuillet, avec la première ligne du fol. 157 A, sous la rubrique du 10 avril 1404, et dont les débuts, par l'hésitation de leur chronologie, par leur rédaction plus suivie, rappellent encore bon nombre de caractères de la Chronique.

In¹ questo tenpo², ady³ xvIIII del mexe de novenbrio de M°IIII°IIII°⁴ in Veniexia⁵, sovra azionse una mala nuova, che in le aque de Ly Mana⁶ (*sic*) da le parte de Romania, uno venere, ady x d'otubrio, vignando una nostra chocha, paron ser Baxeio Tirapele, de chonserva chon una chocha de Zenovexi, e sovra-

1. Fol. 166 B. — 19 novembre 1404.
2. Cet extrait et tous les suivants, jusqu'au dernier de ceux qui composent cette édition, font désormais partie du Diario d'Antonio Morosini. Les caractères généraux de cette seconde grande division de l'œuvre de l'historien vénitien, du Diario partant de 1404 et conservé jusqu'en 1433, sont définis dans l'Introduction. Le Diario, débutant sous la rubrique du 10 avril 1404, a commencé à courir immédiatement à la suite du dernier extrait qui précède, et, depuis le mois de septembre, présente presque tous ses caractères définitifs.
3. Tout cet extrait, relatif aux rapports de Venise avec Boucicaut à Gênes, se retrouve dans Sanuto, entre ces mots : « A 19 di novembre del 1404 giunse una cattiva nuova, » et ceux-ci : « Franzese governatore di Genova. » (Col. 813.)
4. Le passage qui suit représente un incident de la guerre de course, continuée sournoisement sur toutes les mers entre Franco-Génois et Vénitiens, en dépit de la convention du 22 mars officiellement conclue entre les deux gouvernements. Boucicaut, révolté par le récit oral des souffrances des prisonniers de Modon, rentrés à Gênes après la paix, ulcéré par la lettre de la république de Venise à Charles VI, relatant à sa façon le choc de Modon, lettre dont il n'avait eu également connaissance qu'après la paix, avait porté, le 6 juin 1404, un défi solennel (au contenu duquel il a déjà été fait plusieurs fois allusion), adressé au doge Michele Steno et au commandant de la flotte Carlo Zeno, les appelant chevaleresquement en combat singulier, seuls ou à tel nombre de leur choix. (Défi de Boucicaut, contenu dans le corps du *Livre des faicts*, part. II, ch. xxxi, publié, d'après le ms. fr. 11432 de la Bibl. nat., dans Delaville le Roulx, *La France en Orient*, Pièces just., n° 35, p. 157-166.)

En ce temps, le 19 du mois de novembre 1404, survint à Venise une mauvaise nouvelle : le vendredi 10 octobre, dans les eaux du Magne, vers les parties de Romanie, faisait voile une coque vénitienne, patron ser Basilio Tirapelle, de conserve avec une coque génoise. Survint alors une autre grande coque, génoise

5. Venise, la convention du 22 mars 1404 conclue avec Gênes, est depuis le mois d'avril en état de rupture, depuis le mois de juin en guerre déclarée avec François de Carrare, seigneur de Padoue, devenu maître éphémère de Vérone. Guerre que Venise va terminer, à la fin de 1405, par la conquête de Vérone et de Padoue, par l'anéantissement de l'État padouan, et, quelques semaines plus tard, au début de 1406, par la suppression tragique des princes de la maison de Carrare. — Gênes, de son côté, s'est trouvée, par la force des choses, engagée dans l'engrenage des révolutions de Lombardie, champ d'appétits déchaînés et de carnage sans trêve depuis la disparition du grand Visconti, le 3 septembre 1402, libre terrain de convoitises où la chancelante minorité de ses fils Gianmaria, duc de Milan, Filippo-Maria, comte de Pavie, sous la faible autorité de leur mère Caterina Visconti, laisse carrière ouverte à tous les coups de fortune. En rentrant d'Orient, à la fin d'octobre 1403, Boucicaut a trouvé les hostilités déjà établies, depuis l'été, entre les forces génoises et les chefs du parti gibelin milanais, maîtres du pouvoir depuis la révolution intérieure de juin 1403. État de guerre avouée qui persiste jusqu'au courant de l'an 1404-1405, où une trêve y met fin. (Voir ci-après, 5 juillet 1409.)

6. « Ly Mana ». Les documents officiels vénitiens traitant de cet incident permettent d'identifier ce terme avec celui de Maïna, ou, selon la désignation courante, du Magne, la presqu'île bien connue de la Morée, comprise entre les deux golfes de Laconie et de Messénie et terminée par le cap Matapan. Ligne de côtes si étrangement découpée, hérissée de caps, rongée de baies, trouée de havres, demeurée légendairement célèbre, jusqu'à une époque toute récente, dans les annales de la piraterie de ces mers.

vignandoly una altra gran chocha ancor de Zenovexi, armada a Zenova, paron uno ser Odoardo Grilo, homo chorser grando, de mal a far, de portada de bote[1] vii[c] in suxo, inberteschada perfina a mezo alboro[2], chon circha chonbatedory cc, e su quela aveva da balestre cl de lieva e da torno l[3]; la dita nostra chocha in bonaza fo prexa, e sovra quela de valor iera de tuta marchadantia per duchaty xl milia d'oro, e su quela iera tre nobely nostry zentilomeny. E apreso una altra, paron ser Ziorzi Monganero, fo prexa, andava charga de savoni e viny in Romania, per vaiuda de duchaty x[u] d'oro. E sapudo questo la

1. *Bote.* La « botte », expression couramment usitée dans l'ancien vocabulaire français de la Méditerranée, est une mesure de tonnage équivalente à un demi-tonneau, soit à mille livres ou dix quintaux. « Ung tonneau vault deux bottes, et doit poiser le tonneau de 19 à 20 quintaulx et la botte 9 à 10 quintaulx environ, » dit Antoine de Conflans dans ses *Faits de la marine* (1516-1522), cités dans Jal, *Gloss. naut.* — Il semble sujet à caution d'admettre, à côté de cette mesure (voir cependant Jal, *Gloss. naut.*), une « botte » purement italienne, d'une contenance double de celle qui vient d'être indiquée, et équivalente à un tonneau entier, soit à deux mille livres.

2. *Inberteschada.* Le terme de « bretèche », d'où le verbe « bretécher », si couramment employés tous deux dans l'ancien vocabulaire militaire français, paraît avoir eu deux acceptions. — L'une, spéciale et technique, s'appliquant aux ouvrages provisoires en bois, en saillie sur un front de défense, garnis de meurtrières et percés de mâchicoulis comme des ouvrages permanents en pierre, mais doués seulement d'un caractère improvisé ou temporaire : on « bretéchait » ainsi une fenêtre, un chemin de ronde, pour organiser la défensive plus spéciale d'une porte, d'un secteur de tour ou de courtine. — L'autre, générale et de sens courant, représente tout ouvrage de défense en charpente, soit muraille, soit château de bois quelconque garni de meurtrières et couvert : « bretèche » et « bretécher »,

aussi, armée à Gênes (patron certain ser Odoardo Grillo, grand corsaire et malfaisant homme), de la force de 700 bottes et plus, bretéchée jusqu'à mi-mât, montée par environ 200 combattants, environ 150 arbalètes à levier et 50 à tour; notredite coque prise par la bonace fut capturée; elle portait des marchandises d'une valeur totale de 40,000 ducats d'or, et avait à bord trois gentilshommes des nôtres. Ensuite une autre coque, patron ser Giorgio Monganero, fut prise à son tour; elle allait en Romanie avec un chargement de savon et de vin, d'une valeur de 10,000 du-

en ce cas, s'emploient dans le sens plus large de fortification et de fortifier. (Sur ces deux acceptions, voir Viollet le Duc, *Dictionnaire raisonné de l'architecture française*, art. Bretèche.) — C'est dans cette dernière portée que le terme d' « inberteschada », appliqué à la nef d'Odoardo Grillo, est évidemment employé ici.

3. *Balestre de lieva*, arbalètes à levier. Une des deux variétés d'arbalètes alors en usage, la plus légère, se bandant à l'aide d'un levier ou pied-de-biche. (Viollet le Duc, *Dictionnaire du mobilier, Armes*, art. Arbalète; Jal, *Gloss. naut.*, art. Balista a lieva.) — *Balestre da torno*, arbalètes à tour, qu'on a déjà eu occasion de décrire, la seconde variété d'arbalètes alors en usage, se bandant à l'aide d'un tour à manivelles. (Viollet le Duc, *loc. cit.;* Jal, *Gloss. naut.*, art. Balesta de torn, Balista a turno, Balista de turno.) — La juxtaposition formelle, en ce passage de Morosini, des termes « de lieva » et « da torno », est de nature à éclaircir le doute émis par Jal (*Gloss. naut.*, art. Balista a lieva) sur le sens inexpliqué de la « balista de lena », mentionnée par Du Cange. (*Gloss. naut.*, art. Balista.) Le document indiqué par Du Cange portait (*loc. cit.*) : « Balista de torno vel de lena. » Le passage de Morosini, objet de ce commentaire, portant : « Balestre... de lieva e da torno, » il paraît indiqué d'assimiler l'inexplicable « balista de *lena* » de Du Cange à la « balista de *lieva* », à l'arbalète à levier ici mentionnée.

dogal Signoria, che tanta traitoria de iera fata, per la paxie che de brieve loro chon nuy aveva afermada e choncluxa in chaxa nostra, de porta tuta la tera fadiga asay; ma respetando questo dano avevemo rezevudo per lo innemigo nostro signor de Padoa, intendandose senpre de danyficarde chon miser Buzichaldo, franzescho governador de Zenova, mandada questa a danyficharde per tuty pasy da marchado per tute le parte de Levante posybel sia a danyzarde[1].

. . . .

E[2] azió ch'io non lasa de dir anchora tuto[3], in questo medemo dy[4] sope miser lo doxe con la Signoria, e avesemo per nuova da le parte de Londra[5], chomo tre choche de Zenovexi intra in el porto de la Scluxa[6], abiando deschargado la marchadantia soa

1. Il s'agit ici de divers actes de course du célèbre Niccolò de Moneglia, — Moneglia, port de l'État de Gênes, sur la rivière du Levant, entre Gênes et la Spezia, — actes que relèvent plusieurs actes officiels vénitiens et génois. Il était porteur de lettres de marque délivrées par le gouvernement français de Gênes, dont les documents génois font foi; mais, assurent des textes vénitiens que ce passage de Morosini vient appuyer, naviguait sous les insignes du seigneur de Padoue, alors en guerre avec Venise. Niccolò de Moneglia, comme Morosini va du reste le signaler dans l'extrait suivant, est le propre commandant de la coque génoise qui a livré le combat du 10 octobre le long de la côte du Magne. Ses lettres de marque sont du 30 août, et, dès le 6 octobre, au su d'actes de course antérieurs, le gouvernement vénitien avait donné ordre de le poursuivre. (Documents cités dans Delaville le Roulx, *La France en Orient*, p. 479-483.)

cats d'or. La Seigneurie ducale ayant appris que si grande trahison lui était faite, alors que la paix avait été arrêtée et conclue avec eux chez nous-mêmes, toute notre terre en porta grande peine ; et ce dommage, nous l'avions subi par la faute de notre ennemi le seigneur de Padoue, qui cherchait toujours à nous faire tort, de connivence avec messire Boucicaut, gouverneur français de Gênes, qui avait envoyé cette coque pour nous porter dommage par toutes routes de marchandise, par toutes les parties de Levant où dommage pourrait nous être porté.

. . . .

Et afin de ne rien omettre du tout, ce même jour, messire le doge et la Seigneurie apprirent (et nous en eûmes la nouvelle de Londres) que trois coques génoises, étant entrées dans le port de l'Écluse et y ayant déchargé leurs marchandises, d'une grande

2. Fol. 175 A. — 1er juillet 1405.
3. Cet extrait, comprenant les deux alinéas qui suivent, relatifs aux événements maritimes survenus à l'Écluse, ne paraît pas se retrouver dans Sanuto.
4. Le 1er juillet 1405.
5. Première mention de courriers reçus de Londres, dont on trouvera, dans les extraits qui suivent, de nombreux indices, et sur lesquels l'Introduction contient les renseignements nécessaires.
6. L'Écluse, en Flandre, dans la partie du comté de Flandre passée depuis aux Provinces-Unies et dépendant aujourd'hui du royaume des Pays-Bas, port classique d'autrefois, aujourd'hui ville terrienne à près de deux lieues dans l'intérieur. Situés alors au bord du golfe maritime du Zwyn, à l'endroit où venait y tomber le bras le plus méridional de l'Escaut, existant jadis et actuellement asséché, les puissants ouvrages de l'Écluse

per gran valor, tra le qual de fo una, paron ser Nicholoxo Monoy Zenovexe, el qual asalta e prexe la chocha nostra de ser Baxeio Tirapele, e quela mena via chon molto nostro aver in le parte de Romania[1], per tal avesemo quelo per molto dexonesto parlar lo dito paron fexe fo taiado per peze e derobado, e dapuo per i Ingelexy[2] bruxiada la chocha[3] e una altra soa de Zenovexi, che iera in quel dito porto[4].

commandaient le chenal de la rivière de Bruges, la Reye, qui, après s'être longtemps ouvert dans le Zwyn à Damme, entre l'Écluse et Bruges, n'y débouchait plus déjà que sous les remparts mêmes de l'Écluse, et doit chercher actuellement, par diverses voies, sa route vers la mer plus lointaine. — Entre ce bras méridional de l'Escaut, courant d'Ysendyke à l'Écluse, aujourd'hui comblé, et son profond bras central, le Hond, venant directement d'Anvers, toujours maintenu comme débouché principal du fleuve, se groupaient alors plusieurs îles, entre autres Cadsand, Wulpen, Biervliet et leurs annexes, aujourd'hui soudées l'une à l'autre et liées à la terre ferme. — L'Écluse, son port et ses ouvrages, bâtis sur le continent, au fond même que présente alors le Zwyn, à l'angle formé par le bras d'Escaut et le chenal de Bruges, constituait le grand port de guerre de Flandre, en même temps que le port maritime de Bruges, où les navires de fort tirant d'eau tendaient de moins en moins à risquer la remonte. (Voir *Atlas des villes de la Belgique au XVIe siècle*, plans de Jacques de Deventer, publié par l'Institut national de géographie de Belgique, 10e livr., Bruges, 2e livr., Damme; Gilliodts van Severen, *Bruges ancienne et moderne*, p. 51, 52 et plans, *Bruges port de mer*, ch. I et plans.)

1. On retrouve donc en ce passage, dans le Diario même, mention de cette coque génoise signalée dans l'extrait précédent comme ayant livré, quelques mois plus tôt, en octobre 1404, le combat de la côte du Magne. Sous l'appellation de « Nicolosso Monoy », désigné ici même comme commandant de ce navire, il est permis de reconnaître le corsaire Niccolò de

valeur, l'une d'elles, patron ser Niccolò de Moneglia, Génois, qui avait attaqué et capturé dans les parties de Romanie la coque vénitienne de ser Basilio Tirapelle et l'avait emmenée avec beaucoup de notre avoir ; nous apprîmes, dis-je, que ledit patron, pour avoir parlé de manière fort déshonnête, fut taillé en pièces et pillé, et qu'ensuite les Anglais brûlèrent cette coque et une autre coque génoise qui était dans ledit port.

Moneglia, personnage dont l'identité et le rôle en Levant, à cette époque, viennent d'être suffisamment établis. — Ce passage du Diario de Morosini renseigne curieusement sur la suite de la carrière aventureuse de l'audacieux coureur de mer.

2. Ms. : « Franzeschy ». Tout ce qui précède et ce qui suit démontre ici l'évidence du *lapsus*, qui se passe de démonstration.

3. Cette « coque » de Niccolò de Moneglia, dont le Diario a donné tout à l'heure la curieuse description en mentionnant son rôle dans le combat du Magne, avec ses 200 hommes d'armes et ses bretèches montant jusqu'à mi-mât, est désignée, par les chroniques diverses qui relatent sa participation à ce combat de l'Écluse, sous le nom de « carraque ». (Ci-après, p. 188, n. 3.) — Ce passage de Morosini présente donc un texte indiscutable permettant de définir le type de navire dit « carraque génoise », si souvent cité au cours des récits de la guerre de Cent ans, et sur lequel, pour cette époque, on possède si peu de renseignements précis. (Sur ce défaut de notions, voir Jal, *Gloss. naut.*, art. Carraque, et *Arch. nav.*, mém. 6.)

4. Cette mention, ainsi présentée, du combat soutenu par trois coques génoises dans les parages de l'Écluse, puis de la destruction finale de deux d'entre elles, se rattache visiblement aux événements politiques et maritimes relevés dans l'alinéa qui suit. — On remarquera la façon dont l'événement d'intérêt général est ici relié et annexé par Morosini à l'événement particulier, intéressant seulement les représailles du commerce vénitien.

Anchora¹ savesemo la nuova aveva abuda el re de
Franza² de³ la so gran rota ly aveva dado el re de
Ingeltera⁴ e⁵ quely Franzeschi aveva malmenady e

1. Le précédent alinéa est directement inscrit, comme il a été dit, sous la date du 1ᵉʳ juillet. — Après ce présent alinéa, la première date consignée dans le Diario est celle du 6 juillet.
2. Cette nouvelle semble arriver à Venise par une autre voie que la précédente, ouvertement enregistrée comme provenant de Londres. Celle-ci paraît apportée par une voie plutôt française.
3. Première mention d'un événement relatif à la lutte de la France et de l'Angleterre, sur les incidents successifs de laquelle les extraits qui suivent vont se multiplier. — L'état de guerre entre les deux États est demeuré légalement interrompu depuis un temps croissant, d'abord par la série des suspensions d'hostilités provisoires négociées de terme en terme à Leulinghem, lieu classique de telles entrevues, entre Calais et Boulogne, pour la durée d'ans comprise entre 1389 et 1398, puis bientôt par la longue trêve de trente ans, symbole de véritable paix finale conclue entre Charles VI et Richard II au traité de Paris, le 9 mars 1396, trêve destinée à courir jusqu'au lointain 28 septembre 1426, jour de la Saint-Michel, heure de soleil levant. (Rymer, *Fœdera*, 18 juin 1389, 1ᵉʳ mai 1392, 26 juin 1393, 27 mai 1394, 9 mars 1396.) — Mais la révolution anglaise de 1399, la déposition de Richard II et l'avènement de la branche de Lancastre en la personne du nouveau souverain Henry IV, ont de suite remis en cause, par d'inévitables répercussions, cette pacification si laborieusement acquise. Malgré la continuation officielle des trêves existantes, convenue implicitement par Charles VI et Henry IV, au début de 1400, des dissentiments effectifs se sont presque immédiatement affirmés, sitôt le courant de cette même année décisive. Au cours même des négociations, nouvelles et indépendantes, ouvertes à cet effet, qui se traduisent par divers actes passés et discutés à Leulinghem de 1401 à 1403, puis par des pourparlers à distance, sans sanction, engagés en 1404 et pendants encore en 1405, la tension s'est accrue depuis l'an 1402 et a dégénéré en

Nous apprîmes encore la nouvelle qu'avait eue le roi de France de la grande défaite à lui infligée par le roi d'Angleterre, et comment les Français avaient été

> hostilités armées réciproques, actes de course, représailles, défis privés, armements particuliers. — Au 1er mars 1404 est expiré, sans résultat acquis, le délai fixé par le dernier acte passé entre négociateurs pour la reprise éventuelle de leurs entretiens; au 1er novembre suivant est échu le terme d'un dernier armistice local et spécial conclu naguères, d'urgence et sur place, pour la côte de Picardie. — Ces faibles liens disparaissant, la rupture officielle des deux États s'est opérée d'elle-même. — La guerre est ouverte en Guyenne depuis la fin de l'été de 1404 déjà. Elle existe de fait, depuis le cours de l'automne, dans la France du Nord. (Précis de ces événements d'après les sources françaises et anglaises : — en consultant, pour l'histoire des négociations diplomatiques, l'œuvre remarquable de Wylie, *History of England under Henry the Fourth*, qui appelle cependant, sur ces questions, quelques rectifications capitales : — pour l'histoire des événements maritimes, élément essentiel de compréhension de ces faits, on possédera prochainement le récit définitif de Charles de la Roncière [en préparation], *Histoire de la marine française*.)
>
> 4. Le fait que signale ici Morosini, événement unique auquel se rapportent les deux nouvelles de double source ainsi successivement consignées, est un de ceux qui sont acquis à l'histoire de la campagne maritime de 1405. Il s'agit principalement de l'attaque, par la flotte anglaise, du port de l'Écluse, en Flandre, dont on vient de définir la situation. — Événement précédé par un désastre des Français devant le château anglais de Marck, en Calaisis, et suivi par une descente anglaise sur la côte de Normandie. — Incidents décisifs qui rompent le dernier fil des négociations encore pendantes pour la forme entre les deux États.
>
> 5. En ce qui concerne l'attaque de l'Écluse, à cette date de mai 1405, il convient de noter que tout le comté de Flandre, de l'Aa jusqu'à l'Escaut, se trouvait alors sous le régime de trêves particulières passées entre Jean Sans-Peur, en tant que

prexonde e taiady una gran quantitade di dity Franzeschy, e sostegnudy i Franzeschy per tuto el so regno in aver e in persona[1], e danizady per valor de duchaty CL in II^c milia d'oro iera sovra le suo nave, e bruxiade alguna parte de quele, e i suo Zenovexi sorty al mar[2], i qual se trova eser in lo porto de la Scluxa[3].

. . . .

comte de Flandre, et le roi d'Angleterre, selon un usage traditionnel maintes fois suivi dans le cours des siècles précédents. — La trêve actuelle, conclue à la suite de négociations entamées dès l'été de 1403, connexes à celles alors inutilement engagées entre les États de France et d'Angleterre, courait pour quatre mois, du 25 mars au 25 juillet, englobant ainsi complètement la période où a lieu l'entreprise dirigée contre l'Écluse. (Wylie, *Hist. of Henry IV*, t. I, ch. XXVIII, XXXIII; t. II, ch. XLI, p. 83, ch. XLIII, p. 105-106.) — Après une interruption qui semble durer quelques mois, la trêve reprend au 1er février 1406 (*Wylie*, t. II, ch. XLIII, p. 105-106), pour se continuer, de délai en délai, bien avant dans le cours du siècle. (Varenbergh, *Histoire des relations diplomatiques entre le comté de Flandre et l'Angleterre*, p. 498 et suiv., 512-517, 518 et suiv.)

1. L'affaire de Marck, surprise de la place par les Français, courte occupation et retraite, a lieu du 12 au 15 mai 1405. (Wylie, *Hist. of Henry IV*, t. II, ch. XLII, p. 90-94.)

2. L'attaque de l'Écluse et le combat naval qui suit cette action sont relatés, dans leurs lignes principales, par plusieurs sources contemporaines déjà connues, tant françaises qu'anglaises, utilisées pour la plupart, naguères par sir Nicholas-Harris Nicolas (*History of the royal navy*, t. II, p. 373), récemment par Wylie (*Hist. of Henry IV*, t. II, ch. XLIII, p. 101-105), et employées dans le prochain ouvrage de Charles de la Roncière (*Hist. de la marine française* [en prép.], ch. *La guerre de course*). La série des opérations peut s'établir ainsi

malmenés, et beaucoup d'entre eux Français faits prisonniers et taillés en pièces; le roi d'Angleterre, par tout son royaume, avait fait mettre la main sur les Français, tant sur leurs biens que sur leurs personnes, en leur portant dommage pour 150 à 200,000 ducats d'or de marchandises qui se trouvaient sur leurs navires; plusieurs de ceux-ci, qui étaient dans le port de l'Écluse, avaient été brûlés avec ceux des Génois à leur solde rencontrés en haute mer.

. . . .

(*Wylie*, t. II, ch. XLIII, p. 101-105). — Apparition de la flotte anglaise aux approches de l'Écluse, avec, à ce qu'il semble, première destruction de navires de commerce capturés près du port, le 22 mai. — Les forces anglaises demeurent quelques jours dans l'inaction. — Le cinquième jour de l'arrivée, débarquement [à une lieue environ de distance, par les grèves (*Monstrelet*, éd. Douët d'Arcq, t. III, p. 107), des ouvrages fortifiés de l'Écluse], assaut infructueux de ces ouvrages et réembarquement. — Sur la route de retraite, dans les passes de l'Escaut, combat avec les trois carraques génoises à la solde de la France et prise de celles-ci. — Combat livré sans qu'on s'explique bien les conditions de poursuite ou de rencontre fortuite où l'action s'engage, mais, en tout cas, sans intercaler à ce moment, *après* le départ de l'Écluse, ainsi que le porte l'auteur de l'*History of Henry IV* (t. II, ch. XLIII, p. 104), la descente des Anglais dans l'île voisine de Cadsand, car cet événement a eu lieu, au contraire, *avant* l'arrivée de la flotte anglaise à l'Écluse. (Sur ce fait, lettre de Thierry Gherbode, conseiller du duc de Bourgogne, à Jean de Nielles, gouverneur des bailliages d'Arras, Lens et Bapaume, en date d'Ypres, le 23 mai, publiée dans Varenbergh, *Hist. des relat. diplom. entre la Flandre et l'Angleterre*, p. 493-495.)

3. La flotte anglaise ayant ensuite fait route vers la Manche, la descente des forces anglaises en Normandie, à l'extrémité du Cotentin, aux environs de la Hougue et de Barfleur, a lieu dans les derniers jours de juin. (Wylie, *Hist. of Henry IV*,

Chorando[1] lo dito milieximo.

Anchora[2] avesemo in lo dito tenpo del dito principo miser lo doxe chomo avanty el tenpo miser lo papa d'Avignon[3] se partise d'Avignon per vegnir a Zenova[4], miser lo ducha d'Oriens[5] azionse in persona avanty la soa prexencia[6], e trovandolo in despoxicion d'eser aparado per dir la soa mesa, ly manda a dir al dito miser lo ducha che, dapuo dita la so mesa, lo seria chon luy, e holdido questo, miser lo ducha se despoxe ad oldirla, e quando lo dito fo per levar el Corpus Domini in alto, el dito miser lo ducha prexe

---

t. II, ch. XLIII, p. 105.) — Quant à la destruction des trois carraques génoises capturées, ou seulement, ainsi que le note le *Diario*, de deux d'entre elles, il est acquis que ce n'est ni dans le port ni dans les parages mêmes de l'Écluse qu'elle s'exécuta. D'après tous les témoignages, c'est au long de la côte anglaise qu'elle s'opéra, au retour de la flotte victorieuse qui les avait traînées à sa suite, comme prises de guerre, jusque dans la Manche et en Normandie. (*Wylie*, t. II, ch. XLIII, p. 104-105.) Le lieu de l'incendie, purement fortuit à ce qu'il semble, est fixé, par une chronique anglaise contemporaine, dans les eaux de Winchelsea : « Alle so he took carrekys of Jene and brought them unto Wynchylse, and they were brent thorome mysse governaunce and moche of the good ther ynne. » (William Gregory, *Chronicle of London*, éd. James Gairdner, p. 164.)

1. Fol. 180 B. — 23 août 1405.

2. La première partie de cet extrait, celle relative au rôle de la France et du gouvernement français de Gênes dans les affaires pontificales, se retrouve, en somme, quoique très résumée, dans Sanuto, entre les mots : « In questo tenpo era scisma, perocchè in Avignone, » et ceux-ci : « e fu onorato di messer Buccicaldo. » (Col. 824-825.) Les deux autres non.

3. Le grand schisme d'Occident, déclaré en 1378 par la suc-

Au cours du même millésime.

Nous apprîmes encore, au temps du principat dudit seigneur doge, comment, avant le temps où messire le pape d'Avignon avait quitté Avignon pour venir à Gênes, messire le duc d'Orléans en personne s'avança en sa présence, et le trouvant prêt à se vêtir pour dire sa messe, le pape fit dire à messire le duc qu'aussitôt après la messe il lui donnerait audience; à ces paroles, messire le duc se disposa à y assister, et lorsque le pape en fut à élever le *Corpus Domini*, messire le duc le prit dans ses bras, et le fils de Dieu

cessive élection d'Urbain VI et de Clément VII, a ramené à Avignon une nouvelle filiation de papes, qui représentent celui des deux pouvoirs pontificaux reconnu par les rois de France. — L'Aragonais Pedro de Luna, successeur direct de Clément VII, sous le nom de Benoît XIII, occupe le siège d'Avignon depuis 1394; depuis le 12 mars 1403, il a toutefois abandonné cette résidence et séjourne en divers lieux du comté de Provence. — A Rome, le Napolitain Pietro Tomacelli, sous le nom de Boniface IX, a remplacé sans interruption Urbain VI en 1389; en octobre 1404, sous le nom d'Innocent VII, lui succède Cosimo de' Megliorati, de Sulmone, qui occupe le trône romain deux ans, jusqu'en novembre 1406.

4. C'est la présence à Gênes, en résidence temporaire, du pape d'Avignon Benoît XIII, présence ainsi constatée par Morosini, avec exactitude, à cette date d'août 1405, qui constitue la raison d'être de tout cet alinéa et en gouverne la rédaction.

5. A cette occasion, Morosini commence par revenir, comme on va s'en rendre compte, sur des événements assez antérieurs à cette date d'août 1405, à l'exposé desquels la mention de la présence de Benoît XIII à Gênes lui sert d'occasion.

6. Tout le récit qui suit, de romantique allure, portant sur le rôle du duc d'Orléans auprès de Benoît XIII et de Charles VI,

el papa per le braze, e abiando el fiol de Dio zià in l'ostia consegrada in[1] le mane, el vene a tegnir miser lo papa, schonzurandolo, per quel Christo honipotente che luy aveva in le suo mam, luy i dixese per la fede soa se elo iera vero papa ho no, e veziandose a questo ponto chonprexo in tanto sconzuro, ly avese a dir luy aveva ne tegniva fose vero papa, anzi iera quelo de Roma[2]; e dapuo lasado quelo, dita la soa mesa, se party, e venesende al re de Franza, digandoly le sovradite chose, manifestandoy luy iera in pechado mortal a favoriziarlo, e dandoy aiutuorio zioè chotanto tenpo; de che chon altre parole asay ly ave a dir luy iera innemigo de Christo, e che may prosperitade non averia fina luy tegnise questo sisma e che senpre in tute le suo hoste seria perdente de la soa zente, e bem se ne podeva zià aveder[3].

représente le premier exemple de bruits courants, à caractère d'écho populaire, comme le Diario de Morosini en enregistrera tant de fois, les transcrivant tels qu'ils circulent, et dont les lettres relatives aux événements de France et au cycle épique de la Pucelle offriront bientôt tant de variétés singulières.

1. *In.* Inc. fol. 181 A.

2. Il s'agit ici, en réalité, d'une des entrevues que Louis, duc d'Orléans, frère de Charles VI, fut appelé à avoir, en vue du rétablissement de l'union dans l'Église, avec le pape d'Avignon Benoît XIII, en décembre 1403 et janvier 1404, à Tarascon, au cours d'un voyage projeté par le prince français en Milanais et arrêté inachevé sur les bords du Rhône. — Le prince, venant de Châteauneuf-sur-Loire, en son duché d'Orléans, faisant route par Nevers et Lyon, arrive à Beaucaire, en face de Tarascon, où résidait le pape, le 3 décembre 1403, en repart le 15 janvier 1404, sans pousser plus loin vers l'Italie, et, par Lyon, où

étant déjà entre ses mains dans l'hostie consacrée, le duc tenait le pape, le sommant, par le Christ tout-puissant qu'il avait en ses mains, de lui dire sur sa foi s'il était ou non le vrai pape. Se voyant alors pris en telle sommation, le pape se mit à lui dire qu'il ne se regardait ni ne se tenait pour le vrai pape, mais bien que c'était celui de Rome. Puis le duc le quitta, une fois sa messe dite, partit et s'en vint au roi de France, auquel il raconta les susdites choses et déclara qu'il était en état de péché mortel en favorisant ce pape et en lui prêtant aide et secours pendant si longtemps; et de la sorte, avec d'autres discours encore, il lui déclara qu'il était l'ennemi du Christ, que jamais il ne connaîtrait la prospérité tant qu'il persévérerait dans ce schisme, que toujours dans toutes ses guerres il perdrait de sa gent et qu'il s'en pouvait déjà bien aviser.

il séjourne le 1er et le 2 février, rentre à Paris avant le 14. (Sur ces faits, Eugène Jarry, *La vie politique de Louis de France, duc d'Orléans*, p. 293-303.) Aucun chroniqueur contemporain (cf. Eugène Jarry, *loc. cit.*) ne semble avoir fait mention de cette scène, qui, si elle devait être tenue pour authentique, ajouterait un dramatique apport aux annales du schisme.

3. Cet entretien bizarre du duc d'Orléans avec le roi son frère n'aurait donc pas pu avoir lieu avant la mi-février 1404, moment où le duc est arrivé à Paris, revenant de son voyage vers le pape. — Par la déclaration du 25 mai 1403, la France venait, en effet, de rentrer sous l'obédience de Benoît XIII, qu'elle avait naguères, sans reconnaître néanmoins le pontife romain, abandonnée passagèrement depuis 1398. C'est à cette adhésion nouvelle au pape d'Avignon, considéré comme schismatique par l'Italie presque entière, que le récit étrange de Morosini veut faire ici allusion.

De che¹ avemo anchora el re de Galo² mo nuovamente tignando chom luy iera stado prexo e roto e taiado per peze da xv^m Ingelexi³ in detriment e dano de la chorona de Franza e sudity suo⁴, e luy

1. La phrase qui suit paraît une parenthèse introduite par Morosini à l'appui du singulier discours prêté au duc d'Orléans. Il semble que les deux groupes de faits, auxquels il est fait spécialement allusion dans ce passage, aient été annoncés à Venise par leurs voies propres, distinctes de la voie par laquelle, à propos de la présence de Benoît XIII à Gênes, venait de parvenir le récit des incidents déjà anciens relatifs au duc d'Orléans.
2. Le ms. porte : « El re de *Portogalo* ». Il serait superflu d'exposer les raisons qui imposent la rectification adoptée.
3. Le ms. porte : « Da xv^m Galexi ». Même observation.
4. Allusion à la lutte alors engagée par la nation galloise, soulevée contre le nouveau souverain d'Angleterre Henry IV, à l'alliance naturelle que les Gallois ont trouvée en France et aux diverses phases de la lutte ainsi engagée. — Soumis aux rois d'Angleterre depuis la fin du xiiie siècle, avec la disparition de leur héros légendaire Llewellyn, les Gallois, à la mort violente de Richard II, à l'avènement de Henry IV, ont ressaisi leur indépendance sous un chef de leur race, Owain ap Gruffydd, seigneur de Glyndyvrdwy, maître des âpres et montueux cantons qui avoisinent la cime nationale du Snowdon. Owen Glendower, pour le désigner sous son appellation courante, a entamé la guerre en 1400, s'est fait proclamer prince de Galles et se maintient contre l'invasion anglaise, victorieux jusqu'en 1406, menaçant jusqu'en 1409, indépendant encore, en d'inaccessibles retraites, jusqu'à sa mort, en 1415. (Wylie, *Hist. of Henry IV*, t. I, ch. viii ; t. III, ch. lxxviii.) — En parlant ici d'alliance entre Gallois et Français, Morosini veut désigner le traité solennel récemment conclu à Paris, par une ambassade galloise, entre Charles VI et Owen Glendower, le 14 juillet 1404, vers le moment de la rupture ouverte entre Charles VI et Henry IV, et dont le bruit, comme on voit, était parvenu

Nous apprenons en effet que le roi de Galles, nouvellement allié avec lui, avait été pris, mis en déroute, taillé en pièces par 15,000 Anglais, au dam et détriment de la couronne de France et de ses sujets, et

jusqu'à Venise. (*Ibid.*, t. I, ch. xxxii, p. 454-455.) Alliance formelle déjà précédée, au temps des hostilités déguisées entre France et Angleterre, par des expéditions privées, à l'automne de 1403, dans la baie de Caermathen, vers le printemps de 1404 encore au siège infructueux de Caernarvon. (*Ibid.*, t. I, ch. xxviii, p. 384; ch. xxxi, p. 429-433.) Le traité en question a eu pour conséquence, dans le cours de 1404, une première expédition officielle destinée à la côte de Galles, sous le commandement de Jacques de Bourbon, comte de la Marche, qui a dégénéré, vers la fin de l'année, en débarquements sans résultats sur quelques points des côtes anglaises de Cornouailles. (Communication de M. Charles de la Roncière, *Hist. de la marine française* [en préparation], ch. *La guerre de course.*) C'est seulement en août 1405, au moment même où Morosini rédige la mention qui donne lieu à tout ce récit rétrospectif et à ses annexes, que va s'opérer, sous le commandement de grands dignitaires français, une descente réelle d'un corps de troupes de France en terre galloise, où il séjourne jusqu'en 1406, entreprise qui marque le point culminant de l'effort national d'Owen Glendower. (*Wylie*, t. I, ch. lvi.) — Quant à la défaite galloise que relate ici le Diario, et dont le bruit a couru jusqu'à Venise, il faut y voir l'indication d'un des échecs subis momentanément par Owen Glendower, au printemps de 1405, dans les districts du Sud, le choc de Mynnyd-y-Pwl-Melyn, près d'Usk, survenu le 5 mai 1405. (*Ibid.*, t. II, ch. xlvii, p. 170-172.) — Succédant elle-même, à deux mois d'intervalle, à l'échec de Grosmont, naguères subi dans un canton voisin, près de Monmouth, cette sanglante rencontre a laissé 1,500 Gallois sur le terrain; parmi les prisonniers figure un des fils d'Owen, du nom de Gruffydd; parmi les morts, un frère d'Owen, du nom de Tudor, dont l'extrême ressemblance avec son aîné fit répandre dans toute l'Angleterre le bruit de la fin du prince de Galles. (*Ibid.*, t. II,

pur perseverando, abiando abudo luy zià molte rote da mar e da tera dal re de Ingletera, questa chorona de Franza è sta malmenada[1], e vuolse dir questo sia stado espreso miracholo de Dio[2]. E avemo[3] questo antipapa d'Avignon sia vegnudo a Zenova per aver posudo pasar in Roma per atrovarse chon miser lo papa Bonifacio vero, per poser aver fato per intranby sia desmesy e creado liciom de nuovo di gardenaly de uno solo vero papa a chy miser Domenedio piaxerà per soa inspiracion, el dito miser l'antipapa de [A]vi-

---

ch. xxxv, p. 17-20 ; ch. xlvii, p. 171-172.) Bruit courant qu'il est curieux de voir parvenir à Venise, en son temps, avec la déformation portant sur la capture du prince de Galles, improprement qualifié ici du titre de roi.

1. Allusion aux succès remportés par les Anglais depuis la reprise des hostilités spontanées, puis de la guerre avouée entre la France et l'Angleterre. — Morosini vient déjà de relater spécialement les faits tout récents qui viennent de marquer, par des victoires anglaises, la campagne ouverte de 1405 : affaire de Marck, combats de l'Écluse, ravages en Cotentin. — Veut-il, en outre et généralement, faire ici allusion aux événements de la campagne précédente, début de la guerre ouverte de 1404-1405, ainsi qu'aux vicissitudes des années antérieures, époque d'hostilités déguisées, commencées depuis 1400 déjà et si fortement accusées depuis 1402 ? — En ce nouveau sens, l'Angleterre compte à son actif des succès remportés seulement pendant la dernière période des hostilités déguisées, vers la fin de 1403 et dans la première moitié de 1404. Après les premiers coups portés de part et d'autre en 1402, le cours de l'an 1403 avait vu les coups se balancer, laissant, toutefois, hors de pair la grande victoire navale bretonne, trop ignorée jusqu'ici, à peine connue sous le nom de combat du Raz Saint-Mathieu, remportée le 12 juillet sur les côtes du Léon. Puis, de la fin de 1403 au milieu de 1404, jusqu'à la rupture officielle, des échecs français se sont succédé sans interruption. Insuccès dans l'île

que, persévérant encore après avoir subi plusieurs défaites sur terre et sur mer du fait du roi d'Angleterre, la couronne de France a été malmenée, et veut-on dire que cela a été exprès miracle de Dieu. Nous apprenons en outre que cet antipape d'Avignon est venu à Gênes afin de pouvoir gagner Rome, de s'y aboucher avec le vrai pape Boniface pour obtenir que tous deux se démissent et que les cardinaux pussent de nouveau créer seul vrai pape l'un d'entre eux, celui que messire Damedieu leur inspirera comme agréable à ses yeux ; mais messire l'antipape d'Avi-

de Wight, en décembre 1403, de la descente hasardée par Waleran de Luxembourg, comte de Saint-Pol, en exécution d'un défi personnel à Henry IV, attaque à laquelle le roi anglais fait succéder, quelques semaines plus tard, l'invasion et la dévastation du comté de Saint-Pol par la garnison de Calais. Désastre à Portland, en avril 1404, d'un débarquement organisé par un armement normand. Désastre à Dartmouth, presque simultané, d'une semblable entreprise bretonne. (Sur ces faits de l'histoire maritime, communication de M. Charles de la Roncière, *Hist. de la marine française* [en préparation], ch. *La guerre de course.*) Ensuite, depuis la rupture officielle, la campagne de 1404-1405, en guerre ouverte, dont les incidents se sont presque exclusivement déroulés à terre, n'a marqué que des revers pour l'Angleterre, en Guyenne, avec la prise de nombreuses places, avec l'invasion progressive conduite par le connétable, Charles d'Albret, et par le capitaine général en Languedoc, Jean de Bourbon, comte de Clermont. (*Petite chronique de Guyenne*, éd. Germain Lefèvre-Pontalis, ap. *Bibl. de l'École des chartes*, t. XLVII, 1886, p. 64, § 78-84.)

2. Ici se terminent les allusions rétrospectives, si étrangement annexées, ainsi faites aux événements antérieurs à la présente date d'avril 1405.

3. Ici reprend, à sa place régulière, la notation normale des événements, arrêtée un instant par ce rappel de faits antérieurs.

gnon may per fina qua non a posudo levarse de Zenova ne de tornar indriedo ne de andar pluy avanti, per miser Buzicardo Franzescho, vicario de miser lo re de Franza, segn(it)or e rezedor de Zenova[1].

Avesemo[2] anchora[3] do galie fo armade a Zenova per lo dito miser Buzicardo[4], e meso bem in ponto

1. Ce passage se rapporte au voyage exécuté en effet, en 1405, par Benoît XIII à Gênes, pour essayer d'y traiter d'une entente avec le pape de Rome, négociation destinée à un complet échec. L'arrivée de Benoît XIII à Gênes, venant, par Savone, de Nice, où depuis la fin de 1404 il avait pris résidence, a lieu vers la mi-mai, le 12, dit Giorgio Stella (col. 1208), le 18, dit la chronique florentine de Pier Minerbetti. (*Cronica*, ap. Tartini, *Add. Rer. Ital. Script.*, t. II, col. 524.) Il séjourne à Gênes jusqu'au 8 octobre, où il s'embarque pour Savone et la Provence. (*Giorgio Stella*, col. 1210.) — Mais, à l'heure qu'il est, le pape romain Boniface IX, que Morosini indique comme cherchant à traiter avec Benoît XIII, avait déjà disparu de la scène depuis près d'un an, n'ayant fait qu'entamer les pourparlers. C'est avec son successeur, Innocent VII, pape depuis le 17 octobre 1404, qu'en réalité, à ce moment, Benoît XIII négociait sans résultat. — Quant à l'hostilité ainsi prêtée par Morosini au gouvernement français de Gênes à l'égard de ce projet, rien n'est moins démontré.

2. La seconde partie de cet extrait, relative au rôle de la France et du gouvernement français de Gênes dans les affaires de Pise, ne paraît pas se retrouver dans Sanuto.

3. Ce passage se rapporte, sans indication préalable, à l'un des points les plus compliqués de l'histoire de la domination française en Italie pendant cette période, à l'établissement passager du protectorat français sur Pise, événement sur lequel il est impossible de ne pas résumer quelques notions nécessaires.

4. Pise, annexée en 1399 à l'empire éphémère de Giangaleazzo Visconti, échue en partage, lors de sa mort en 1402, à son fils naturel Gabriello-Maria, à peine âgé de seize ans,

[1405] D'ANTONIO MOROSINI. 199

gnon n'a pas encore pu partir de Gênes ni retourner en arrière ni aller plus avant, à cause de messire Boucicaut, Français, vicaire de messire le roi de France, seigneur et gouverneur de Gênes.

Nous apprîmes encore que deux galères avaient été armées à Gênes par messire Boucicaut et mises en

avait bientôt, sous l'influence du gouvernement français de Gênes, passé à son tour, sinon sous la domination effective, au moins sous la protection de la France : d'abord sous la suzeraineté de Charles VI, par un traité du 15 avril 1404, puis, semble-t-il, sous celle du duc d'Orléans, sous réserve de l'hommage dû par lui au roi, par un transfert du 24 mai suivant; sous ces régimes, Gabriello-Maria Visconti conservait sans interruption la seigneurie réelle de la cité en y continuant sa résidence, et le gouverneur français de Gênes se trouvait chargé du maintien des droits du roi. (Sur ces faits, Eug. Jarry, *Louis de France, duc d'Orléans*, p. 336-338.) — Or, un an plus tard à peine, le 20 juillet 1405, un soulèvement populaire a expulsé de la ville de Pise Gabriello-Maria, qui continuait à y tenir état de souverain, et l'a contraint à se réfugier dans le château, vaste quartier fortifié trempant dans l'Arno, où le jeune prince se maintient, appelant à la rescousse, par la voie du fleuve encore libre, Boucicaut et ses troupes. (Sur ces faits, chroniques toscanes : *Sercambi*, t. III, p. 84, 86, 87 ; *Minerbetti*, col. 527-528; *Capponi*, col. 1128; *Sozomeno*, col. 1185; *Monumenta Pisana*, col. 1088. Cf. *Livre des faicts*, part. III, ch. VI; sur cette date du soulèvement, le 20 juillet, relation de Sercambi, *Le croniche di Giovanni Sercambi Lucchese*, éd. Salvatore Bongi, t. III, p. 86-87, vérifiée par les curieuses lettres du gouvernement florentin à Boucicaut, en date des 21-23 juillet, publiées par Francesco Novati, *Ugolino da Montecatini*, ap. *Memorie del regio Istituto Lombardo*, 1896, p. 154, n. 2.) — Première poussée de soulèvement dirigée contre la dynastie de Visconti. — C'est en ce point critique de la situation que se présente brusquement la première des notations de Morosini relatives aux affaires de Pise.

chon di mazior nobely di Zenova per andar verso Pixia[1] ; una de le qual galie[2] in Arno over in Arnio per quely de Pixia fose prexa e ruinada in tera chom algum ranpegon la destena(?), abudo sovra quela per prixiony x dy mazior de Zenova da gran taia, i qual iera vegnudy per dar sechorso per mar a la citadela de Pixia, i qual fo dito i aveva levado l'ensegna per tratado del dito miser Buzicardo del re de Franza[3]. Laqual novela non avemo anchora eser bem vera[4], ma ben se dixe miser Felipo da Pixia, chava-

1. Boucicaut fait en effet armer à Gênes, à l'appel de Gabriello-Maria, pour se rendre à Pise, une galère et une galiote (*Giorgio Stella*, col. 1209), dont le nombre correspond bien aux deux navires indiqués par Morosini.

2. Boucicaut, parti de Gênes, entre avec ses navires à Livourne, — dépendance de l'État pisan, soumise à toutes ses vicissitudes et placée, en surplus, sous la seigneurie effective du roi de France lors des traités de 1404, — en observation à portée de l'embouchure de l'Arno, le 1er août. (*Giorgio Stella*, col. 1209.)

3. De cette station d'attente, Boucicaut paraît alors, à la demande émise, au dire du Livre des faicts, par le peuple pisan lui-même, avoir fait évacuer le château de Pise par la plus grande partie des forces de Gabriello-Maria, qui s'y maintenait toujours, et avoir fait entrer dans la place un contingent de ses propres troupes. (*Livre des faicts*, part. III, ch. VII.) Nouvelle garnison qui, en effet, ainsi que Morosini en consigne le bruit, a arboré sur le château les couleurs de France. (*Ibid.*, id.) — C'est ce contingent français que Boucicaut veut faire ravitailler par un de ses navires. De Livourne, sur la foi de la sorte de neutralité existante entre Boucicaut et le peuple pisan, une galère chargée d'argent pour la solde, portant tout le bagage personnel du maréchal, qui comptait suivre de près et entrer sous peu lui-même dans la forteresse, est expédiée par mer, puis par l'Arno, aux quais du château de Pise, sous le

bon point avèc des plus grands des nobles de Gênes pour aller vers Pise, et qu'une de ces galères avait été prise dans l'Arno par ceux de la ville de Pise, tirée à terre et ruinée à l'aide de crocs; sur cette galère avaient été faits prisonniers dix des plus grands de Gênes et de grand'rançon, venus par mer au secours de la citadelle de Pise, laquelle avait, dit-on, d'accord avec messire Boucicaut, levé l'enseigne du roi de France. Cette nouvelle ne nous est pas encore confirmée, mais on dit que messer

commandement du Français Guillaume de Meuillon. (*Livre des faicts*, part. III, ch. vii; *Faits et gestes de Guillaume de Meuillon*, éd. Edmond Maignien, p. 15-16.) — C'est ce navire, cette galère ainsi hasardée, qui, en cherchant à atteindre le château, fut, ainsi que Morosini le mentionne, attaquée par le peuple de Pise, pillée et capturée. (*Livre des faicts*, part. III, ch. vii; *Meuillon*, p. 16; *Capponi*, col. 1128; *Giorgio Stella*, col. 1209.) Événement qui se place le 13 août. (*Giorgio Stella*, col. 1209.) — De cette agression imprévue, le Livre des faicts trace un saisissant tableau : « ... car ilz leur vindrent courir sus plus de vi^M..., et comme chiens enraigez les environnerent, et, pour plus les injurier, prirent la baniere du roy de France qui sur la galée estoit et l'aloient trainsnant au lonc des boes, et marchoient et crachoient sus, disant tres grans villenies du roy et des François. » (Bibl. nat., ms. fr. 11432, fol. 83 v°, col. 1.) — Seconde poussée de soulèvement dirigée, non plus seulement contre Gabriello-Maria, mais contre la suzeraineté française, et qui va provoquer de nouveaux et inattendus événements.

4. La date du 13 août, à laquelle la chronique génoise de Giorgio Stella fixe cette attaque de la galère de Boucicaut (col. 1209), concorde avec l'arrivée à Venise de la nouvelle de l'événement, rapportée ici sous la date du 23. — Dans l'intervalle, à Pise, la garnison française du château, à la suite de l'agression de la galère, était l'objet de continuelles attaques

lier, eserde intrado chon circha lanze cc in sechorso de quela[1].

. . . .

Apreso[2] vene nuove[3] a Veniexia[4] de Pixa, a dy xvii del prexente de M IIII^c V[5], chomo[6] i Fioren-

de la population de Pise, dont le Livre des faicts décrit les étranges assauts. « ... et plus grant mauvaistié faisoient, car chacun jour à force d'engins gettoient en la forteresse plus de cent quaques plaines des ordures et chambres de la ville, de poisons, de charongnes pourries et de toutes punaisies. » (Bibl. nat., ms. fr. 11432, fol. 84 r°, col. 1.)

1. Filippo de Pise, condottiere éprouvé, naguères encore à la solde de Francesco de Carrare, lors de la conquête passagère de Vérone sur l'État milanais, au printemps de 1404, et pendant l'héroïque défense de Padoue contre Venise. (Andrea Gataro, *Istoria Padovana*, ap. Muratori, *Rer. Ital. Script.*, t. XVII, col. 869, 884, 895, 911.) Il paraît qu'il avait alors quitté la défense de Padoue, qui se prolonge jusqu'au 18 novembre 1405, et où on le voit encore employé dans les premiers jours de 1405. (*Gataro*, col. 911.) Un passage de la chronique de Sercambi le montre en effet, ainsi que le signale Morosini, se rendant vers ce moment, dans le cours d'août, à Pise, mais en précisant sa destination, qui était la ville soulevée, et non la citadelle assiégée, ce qui permet de déterminer le sens quelque peu confus de la rédaction de Morosini. C'est en réalité au service du peuple pisan insurgé qu'il entre à Pise, venant de Ferrare par Florence; mais, vraisemblablement détourné de son but pendant son arrêt à Florence, il ne demeure que dix jours à Pise, au bout desquels il en repart sans résultat aucun. (*Sercambi*, t. III, p. 99.)

2. Fol. 183 B. — 17 septembre 1405.

3. Le début de cet extrait se retrouve dans Sanuto, entre les mots : « A' 17 s'ebbe nuova », et ceux-ci : « e pressi 600 Fiorentiny. » (Col. 825.)

4. Ce passage contient le récit d'un des épisodes suivants des événements de Pise, événements dont Morosini n'a pas eu occa-

Filippo de Pise, chevalier, est entré avec environ 200 lances au secours de la ville.

. . . .

Ensuite vinrent nouvelles de Pise à Venise, le 17 du présent mois de 1405, que les Florentins avaient été

sion de noter les phases survenues depuis la déclaration d'hostilité aux troupes françaises, le 13 août et jours suivants, mais dont le rappel sommaire est cependant indispensable à la simple compréhension des faits.

5. A la suite de la seconde poussée de soulèvement des Pisans, dont on vient de voir le récit, Boucicaut a démasqué ouvertement le projet singulier auquel Gabriello-Maria et lui, comme fondé de pouvoirs du roi de France, s'appliquent depuis quelque temps déjà, à savoir la vente de Pise à la république florentine. Florence, poursuivant envers Pise, fraction de la succession milanaise, la guerre ouverte, déclarée depuis 1401 au duc de Milan Giangaleazzo Visconti, et continuée, depuis sa mort en 1402, contre ses héritiers, — la paix de Florence entre la république florentine et le dernier survivant d'entre eux, le duc de Milan Filippo-Maria, ne sera signée qu'en 1419, — convoite âprement cette proie splendide, le grand port qui lui livrera le libre débouché de l'Arno et la part qu'elle ambitionne dans le commerce maritime du monde. Devant de si formidables intérêts en jeu, le faible et irrésolu représentant du grand Visconti, comme l'entreprenant et passionné Boucicaut, sont destinés à disparaître promptement de la scène, en dupes sacrifiées d'avance à la politique florentine.

6. La diplomatie de Florence, un instant gravement contrariée par l'établissement du protectorat français sur Pise, inaugurée à la suite des traités de 1404, a su réagir, promettre, tenir d'une part et leurrer de l'autre. — Pour Gabriello-Maria, de réelles offres d'argent, la certitude de tirer prompt et fructueux parti d'un héritage peu sûr, ont suffi à décider son adhésion. — Pour Boucicaut, d'imprécis engagements, promettant à la fois, et une intervention armée contre Venise, alors au fort de sa lutte épuisante contre Padoue, et un concours moral en faveur de

tiny¹ iera sta deschazady de la citadela de Pixia per li Pixiany², e averde abudo de quely prixiony da circha vi^c in vii^c, dy qual avemo de stady molty da gran taia, e tegnivase loro persy³. Con bona prudencia

Benoît XIII, le pape français alors posté à Gênes, ont réussi à jouer son inexpérience des combinaisons italiennes. — Pour la cour de France, des négociations oiseuses et dilatoires ont simplement gagné du temps. — Le soupçon de ces ténébreuses négociations en cours, deviné par les Pisans, a causé la première insurrection populaire du 20 juillet contre Gabriello-Maria, clandestinement occupé, en effet, dès le 17 juillet, à Vico Pisano, dans la campagne de Pise, à de troubles entretiens avec les envoyés de Florence. La conviction de la complicité des pouvoirs français dans cette machination a provoqué le second soulèvement du 13 août contre la suzeraineté française. (Sur ces négociations préalables, voir le clair et substantiel récit de Capponi, *Commentari dell' acquisto di Pisa seguito l'anno 1406*, ap. Muratori, *Rer. Ital. Script.*, t. XVIII, col. 1127-1129, celui de Jacopo Salviati, *Cronica dall' anno 1398 al 1411*, ap. *Delizie degli eruditi Toscani*, t. XVIII, p. 230-239, le résumé de Minerbetti, col. 531-532, et les renseignements circonstanciés de Sercambi, t. III, p. 73-74, 76, 82-83, 84, 86-87.)

1. Donc, en conséquence de ces négociations occultes, le 27 août, Boucicaut, demeuré à Livourne, et Gabriello-Maria, sorti du château de Pise, qui l'y a rejoint, ont, dans le château de Livourne, chacun au nom des droits enchevêtrés qu'ils représentent, signé avec le plénipotentiaire florentin Gino Capponi, la vente de Pise à Florence, tant château toujours aux mains des contractants que ville encore insoumise. (Sur cette négociation, *Capponi*, col. 1129; cf. *Livre des faicts*, part. III, ch. x.) — En exécution de ce traité, une armée florentine, en mouvement dès le 22 août, a pris pied dans la campagne pisane; un corps de troupes, prélevé sur elle, est entré dans le château de Pise le dimanche 30 août; le lendemain 31, la garnison française de Guillaume de Meuillon a évacué la forteresse, y laissant seules, sous le commandement de Lorenzo

chassés de la citadelle de Pise par les Pisans et que ceux-ci en avaient fait prisonniers 6 ou 700, dont beaucoup, dit-on, étaient de grande rançon; on les regardait comme perdus. Avec sagesse et prudence

Raffacani, les forces de Florence, grossies des quelques troupes de Gabriello-Maria encore dans la place. (Sur ces faits, voir la précieuse relation de ser Nofri di ser Piero, *Cronaca di ser Nofri di ser Piero*, publiée par Corazzini, *L'assedio di Pisa*, p. 8-9, 19-22; cf. *Meuillon*, p. 16; *Capponi*, col. 1129-1130.) — Ce transfert opéré, Boucicaut quitte Livourne, — qui continue, par le traité du 27 août, à demeurer comme auparavant sous la suzeraineté et sous la seigneurie effective du roi de France, — et reprend la mer, de façon à se trouver rentrant à Gênes le 10 septembre. (*Giorgio Stella*, col. 1210.)

2. L'événement que relate ici Morosini, sous la date du 17 septembre, sans notation intermédiaire depuis l'inscription, sous la date du 23 août, des faits du 13, est la reprise du château de Pise, par le peuple pisan, sur la garnison florentine installée les 30-31 août : événement dont la date, souvent diversement rapportée, doit être fixée au dimanche 6 septembre au soir, entre la dix-huitième et la vingt-deuxième heure, après une brusque attaque du côté de l'Arno et deux ou trois heures de corps à corps. (Voir l'excellent commentaire de Corazzini, *L'assedio di Pisa*, Introd., p. xiv-xliv, avec la déposition de Pierone dal Castro, le capitaine de la « Torre del Canto », échappé au désastre, p. xxviii-xxxii. Cf., entre autres récits, ser *Nofri*, p. 9-10, 18-19, 22-25; *Minerbetti*, col. 531-532; *Capponi*, col. 1131; *Sercambi*, t. III, p. 101.) — Troisième poussée de soulèvement, qui ouvre une nouvelle, plus longue et dernière phase d'événements, celle de la défense héroïque de Pise contre la conquête florentine.

3. Cette garnison florentine, faite ainsi prisonnière le 6 septembre, après quelques jours d'occupation, était loin de valoir, à en croire les témoignages florentins eux-mêmes, la garnison française qu'elle avait relevée les 30 et 31 août. A leur départ, les troupes françaises avaient défilé en ordre, avec leurs

fazando de prexente suo priory hover retory i rezese (*sic*) ; ma a caxion prima per so sechorso i bexognava, parete loro i levase tre insegne, una de la Gliexia de Roma, l'altra de l'Inperador, la terza de Sem Marcho Vanzelysta[1]. Ma pur nondemen apar Fiorentiny da quely sia sta malmenady[2]. E holtra de questo, per uno conpromeso ly aveva per avanty fato de aver quela per tratado de miser Buzicardo, governador de la chorona del re de Franza a Zenova, i avevaly zià dado per la vaiuda de duchaty CCVII milia d'oro per aver quela, e lo resto de la dita partida fina a la predita suma dapuo loro hotegnudo el posesio de la tera[3].

. . . .

800 fantassins, dont 400 arbalètes, « le quali si tiravano con ordigni », et cent hommes d'armes « tutti coperti d'arme per in fino alle scarpette del ferro ». (*Ser Nofri*, p. 22.) La faiblesse et la mauvaise tenue des troupes florentines avaient été l'objet des railleries des gens de Boucicaut, qui en partant du château prédisaient tout haut le désastre inévitable qui s'annonçait pour elles : « E dissono », relate le témoin oculaire ser Nofri di ser Piero, « quando viddono la giente aveano messa a guardia della detta citadella : per le San Die, che nolla terrebono xv giorni alla poltronaglia v'aveano messi. » (*Ser Nofri*, p. 22.)

1. Morosini fera allusion plus loin aux négociations de Pise avec le roi prétendant au trône de Naples, Louis II d'Anjou, avec Venise, avec le roi de Sicile Martin Ier. Le fait énoncé ici, à savoir que, dès ce moment, dès les événements du 6 septembre, le nouveau gouvernement institué par le peuple pisan ait cherché à se mettre sous la protection de diverses puissances, est vérifié par le récit de Sercambi, qui signale, dès l'occupation florentine des 30 et 31 août, l'envoi d'ambassades pisanes à deux des trois États désignés dans ce passage du Diario, à savoir au pape de Rome Innocent VII et à Venise, outre

les Pisans nommèrent aussitôt des prieurs ou recteurs pour les gouverner ; et, tout d'abord, pour l'aide dont ils avaient besoin, il leur parut bon de lever trois enseignes : celle de l'église de Rome, puis celle de l'empereur, enfin celle de saint Marc l'Évangéliste. Néanmoins il semble bien que les Florentins ont été malmenés par eux. En outre, on dit qu'à la suite d'un compromis auparavant conclu, pour acquérir la ville, entre eux et messire Boucicaut, gouverneur de la couronne du roi de France à Gênes, ceux-ci lui avaient déjà donné une somme de 206,000 ducats d'or pour avoir la ville, le reste de la somme convenue devant lui être entièrement versé lors de la prise de possession de cette terre.

. . . .

celles expédiées dès alors, d'après lui, à Ladislas, à Charles VI, à Sienne et à Lucques. (T. III, p. 100.)

2. Le commandant florentin, Lorenzo Raffacani, avec ses trois lieutenants, Manno di Baldo, Andrea Peruzzi, Alessio Baldovinetti, gardèrent sans difficulté la vie sauve à Pise jusqu'à la fin du siège. A Florence, au contraire, en ce moment même, ils étaient condamnés à mort par contumace, pour avoir ainsi laissé enlever la citadelle, condamnation destinée, il est vrai, à être rapportée après leur libération et leur comparution effective. (Corazzini, *L'assedio di Pisa*, Introd., p. xx-xxii et xl-xliv.)

3. Allusion à la clause principale du traité du 27 août, fixant le prix de vente de Pise à Florence. (Ci-dessus, p. 204, n. 1.) C'est de florins d'or, au coin de Florence, et non de ducats d'or vénitiens qu'il s'agissait. Les différents témoignages parlent de 206,000 ou de 200,000 seulement. (Corazzini, notes de *ser Nofri*, p. 7, n. 2.) — Le paiement intégral devait en effet s'effectuer en plusieurs versements successifs, le premier quelques jours après la remise du château, deux autres à six mois chacun d'intervalle. (Voir *Sercambi*, t. III, p. 98-99.) — La rédac-

E[1] aziò[2] io non lasa tuto de scriver, digo che veramente infinite persone nobele e de puovolo e d'artixiani de la citad de Veniexia, sy per fievre chomo de la pedimia [è] manchade e desfate chon notabel dano de moneda. Apreso, piaquando a Christo, meta ancho may remiedio a tante nostre fadige[3] !

[A]preso avesemo per nuova chomo a Zenova, a dy dito, miser lo papa d'Avignon ly iera vegnudo, de queste pedimie de mortalitade morto e apreso do dy gardenaly insenbre con luy; la qual muorìa va molto circhondando tuto el mondo de tante penalitade; ma dapuo pur avesemo quelo steva molto meio, e non fo trovado quelo avese de quely maly[4].

Oltra de questo avesemo chomo per la vera hocorsa da Fiorentiny a Pixiany[5], per aiutuorio de una galia e una galiota[6] armada in Prodenza[7] a peticion dy

tion de Morosini, qui paraît d'ailleurs ici tronquée, semble marquer que ces 206,000 florins mentionnés ne représentent qu'un acompte sur un chiffre total non indiqué. Cette version serait inexacte. Les témoignages qui viennent d'être cités font voir que ces 206,000 florins représenteraient le prix total d'achat de Pise, bien que, à l'origine (*Livre des faicts*, part. III, ch. IX), une somme de 400,000 semble avoir été discutée.

1. Fol. 186 A. — Entre les 16 et 23 octobre 1405.
2. Cet extrait ne paraît pas se retrouver dans Sanuto.
3. Cette épidémie, dont la manifestation à Venise, dans l'automne de 1405, signalée ici, est à relever, et dont l'alinéa suivant montre les ravages à Gênes, consistait, au moins dans cette dernière ville, en une sorte de dysenterie endémique. (*Giorgio Stella*, col. 1210.)
4. Cette épidémie atteint en effet Gênes, où Boucicaut, parti dans les derniers jours de juillet, avant le début du mal, la trouve en pleine force à son retour, le 10 septembre. (*Giorgio Stella*, col. 1210.) — Benoît XIII, arrivé à Gênes vers le milieu de mai (ci-dessus, p. 198, n. 1), échappe en effet à la contagion,

Et pour ne rien omettre du tout, je dis qu'en vérité un nombre infini de personnes nobles et de peuple et d'artisans de la cité de Venise, tant par fièvre que par épidémie, furent frappés de mort ou de maladie, avec notable dam d'argent. Puis plaise au Christ de porter enfin remède à nos si grandes peines !

Puis nous eûmes nouvelle qu'à Gênes, le jour susdit, messire le pape d'Avignon, qui se trouvait en cette ville, était mort, frappé par cette épidémie mortelle, ainsi que deux des cardinaux qui l'accompagnaient, tant cette peste va enserrant le monde de si grands châtiments ! Mais ensuite nous apprîmes qu'il allait beaucoup mieux et qu'il ne s'était point trouvé attaqué par ce mal.

En outre, nous apprîmes que, dans la guerre survenue entre les Florentins et les Pisans, une galère et

comme le note en fin de compte Morosini, mais s'embarque le 8 octobre pour Savone (*Giorgio Stella*, col. 1210), où il stationne encore plusieurs mois, avant de rentrer à Marseille par les ports de la Rivière du Ponant et ceux de Provence. (*Ibid.*, col. 1212.) L'épidémie, avant le départ de la cour pontificale, enlève en effet deux cardinaux. (*Ibid.*, col. 1210.)

5. A la suite du soulèvement du 6 septembre, dirigé uniquement contre Florence, guerre ouverte s'est prononcée entre la république florentine et le nouveau pouvoir pisan, le peuple de Pise rendu à lui-même. Dès le 5 octobre, une armée florentine part de Florence pour rejoindre le corps d'observation laissé dans la campagne pisane; le 8, la jonction est faite et les opérations commencent. (Détails dans *ser Nofri*, p. 16-17, 27-28; suite des opérations dans les Instructions du gouvernement florentin, en date du 6 octobre, publiées dans Corazzini, *L'assedio di Pisa*, Doc., n° 2, p. 99-105.)

6. *Galiota*, galiote. La galiote, déjà mentionnée dans ce commentaire, est une galère de petite taille intermédiaire entre la galère et la fuste. (Jal, *Gloss. naut.*, et *Arch. nav.*, mém. 4.)

7. Le comté de Provence appartient alors à Louis II, duc

Pixiani[1], deschorse fina a Lygorna[2] e abia requystado da Fiorentiny Ligorna e mesola in le forze dy Pixiany[3].

. . . .

Chorando[4] lo dito[5] milieximo[6].

d'Anjou, roi prétendant et roi détrôné de Naples (1384-1417), qui a succédé en 1384 à toutes les possessions et à tous les droits de son père, Louis Ier, fondateur de la seconde maison d'Anjou, lequel, depuis 1382, se trouvait héritier adoptif de la reine de Naples Jeanne Ire, de la première maison d'Anjou. — Le comté de Provence, acquis à la première maison d'Anjou au xiiie siècle, représente à l'heure qu'il est, — amoindri du comté de Nice et du comté de Barcelonnette, envahis et conquis en 1388 par les comtes de Savoie, — la seule portion de l'héritage de Jeanne Ire qui soit demeuré à Louis II. — Le prince français, après une occupation passagère, a dû en 1400 évacuer le royaume de Naples, y laissant, comme souverain en possession du trône, son rival Ladislas, qui a succédé en 1386 à toutes les possessions et à tous les droits de son père, Charles III, d'une branche de la première maison d'Anjou, lequel, depuis 1382, se trouvait héritier dynastique de sa parente Jeanne Ire.

1. Le fait d'armements provençaux en faveur de Pise, que Morosini semble seul à signaler ici sous cette date d'octobre 1405, voudrait-il signifier que Pise se soit offerte à Louis II, comme elle s'offrit, ainsi qu'il est établi, à son rival Ladislas?

2. Livourne, dépendance de l'État pisan, annexée avec Pise en 1399 à l'empire de Giangaleazzo Visconti, passée avec Pise en 1402 dans la part d'héritage de Gabriello-Maria, a été placée, par le traité du 15 avril 1404, avec Pise, sous la suzeraineté du roi de France, et, en outre, sous sa seigneurie effective, le gouverneur royal de Gênes étant chargé de l'exercice de ce droit; état de choses auquel les traités postérieurs concernant Pise, conclus par Charles VI avec le duc d'Orléans ou avec Florence, n'ont rien modifié. (Eug. Jarry, *Louis de France, duc d'Orléans*, p. 336-338.) — Cette souveraineté totale du roi de France continue, à l'heure qu'il est, à régir Livourne et son territoire, destinés à demeurer associés aux vicissitudes du sort

une galiote, armées en Provence sur la demande des Pisans et venues à leur aide, étaient descendues jusqu'à Livourne, avaient reconquis la ville sur les Florentins et l'avaient mise au pouvoir des Pisans.

. . . .

Au cours dudit millésime.

de Gênes jusqu'à leur vente à Florence, consentie par l'État génois, en 1421.

3. Il s'agirait ici d'une reprise de Livourne par les Pisans, non sur les Florentins, mais à la vérité sur les Français, seuls occupants de la place. Mais ce bruit, enregistré ici comme courant à Venise entre le 16 et le 23 octobre, ne paraît pas vérifié, même d'une façon éphémère. — Le fait qui peut lui avoir donné essor est sans doute la vigoureuse offensive que Pise, à ce moment même, prononçait contre Livourne. — Le 19 octobre, Florence avisait Boucicaut, à Gênes, qu'elle venait d'expédier les renforts nécessaires au commandant français de Livourne, Robinet « de Reux », menacée en effet par une galère et des galiotes de la flotte pisane, peut-être les navires provençaux mentionnés par Morosini. Le 23, Florence donne à ses agents des instructions pour faire dégager la place, nullement occupée en aucun moment par les Pisans. (Documents publiés par Corazzini, *L'assedio di Pisa*, Doc., n°s 5, 6, p. 109-115.) — En cette occasion, comme en d'autres ultérieures, on peut constater que les nouvelles du siège de Pise enregistrées par Morosini subissent une déformation accentuant plutôt les succès supposés de la cause pisane.

4. Fol. 192 B. — Entre le 17 janvier et le 28 février 1406.

5. L'année vénitienne, comme il a été dit, commence au 1er mars. C'est ce qui justifie l'expression du Diario : « Lo dito miliesimo », le calcul du 1er janvier, constamment adopté au cours de cette édition, ayant pour effet de classer, non plus dans les limites de l'an 1405, mais dans les deux premiers mois de 1406, les faits rapportés dans le groupe des deux extraits qui suivent. — Cette observation, applicable à tous les cas semblables susceptibles de se présenter ultérieurement, est faite ici une fois pour toutes.

6. Le groupe des deux extraits qui suivent, relatifs tous deux

Driedo questo[1], per chaxion de proveder de anpliar e acresier in la condicion del stado nostro de Veniexia, fo provezudo e meso per i Savii grandy[2] nostri sovra i faty del navegar a i viazi de Romania[3] e de Soria[4], e anchora de meter galie al viazo de Fiandra[5], fose prexo, per honor e utel dy citadiny de Veniexia, de chomenzar prima al nostro cholfo de meter do choche de le mazior de Veniexia[6] e con tre galie armade de notabel homeny, le qual devese aver chonbatadory cento per chocha, salariady dy beny di parzonively[7] de le choche, e oltra de questo, tolte fose quele parese fose le mior al Conseio in Pregady fose ferme, e apreso devese aver duchaty CCCL d'oro al[8] mexe per i choriedi e per i disypamenty dal chomun nostro, e sy veramente anchora le predite tre galie fose alete de le mior de la caxa de l'Arsenà[9] nostra e avese bales-

à la protection du commerce vénitien, surtout avec la France et la Flandre, contre les entreprises possibles du gouvernement français de Gênes, ne se retrouve pas dans Sanuto, sauf peut-être quelques mots du dernier alinéa du second de ces deux fragments signalant l'aversion de Boucicaut pour Venise : « In questo tempo i Genovesi... grand'odio a i nostri. » (Col. 832.)

1. La mention immédiatement précédente se rapportait, sous la date du 17 janvier 1406, à l'assassinat du prince de Padoue, Francesco de Carrare, et à celui de ses deux fils, tous prisonniers du gouvernement vénitien depuis la chute de Vérone et de Padoue, tragique événement que Morosini enregistre sans commentaire.

2. Les Sages, « Savii », élus à intervalles restreints par le sénat et dont l'adjonction à la Seigneurie composait le collège, tiennent dans l'État vénitien le rôle de ministres. Les six « Savii Grandi », « Sages Grands » ou « Sages du Conseil », détenaient les attributions les plus importantes.

3. Le « voyage de marchandise » officiel, organisé par l'État vénitien à destination de Romanie et de la Tana, auquel il a

Après cela, dans le but de pourvoir à l'augmentation et accroissement de la condition de notre État de Venise, il fut pourvu et décidé par nos « Savi grandi » sur le fait de la navigation aux voyages de Romanie et de Syrie, et aussi des galères à mettre au voyage de Flandre ; d'abord il fut résolu, pour l'honneur et profit des citoyens de Venise, de commencer par mettre dans notre golfe deux coques des plus grandes de Venise et trois galères armées de notables gens qui devaient avoir cent combattants par coque, salariés sur les biens des parsonniers des coques ; qu'outre cela, on prît celles qui paraîtraient les meilleures au conseil des « Pregadi » pour rester à poste fixe et qu'ensuite elles recevraient 350 ducats d'or par mois de notre république pour l'armement et l'entretien ; que, de plus, les trois galères susdites

déjà été fait allusion, à l'occasion de la présence au combat de Modon des bâtiments composant alors cette caravane maritime. Voyage et trafic sur lequel l'Introduction présente les renseignements nécessaires.

4. Le même « voyage de marchandise » à destination de la côte de Syrie.

5. Le « voyage de marchandise » à destination de Flandre, déjà mentionné, pour l'an 1404, dans un des derniers passages de la Chronique.

6. Des « coques » armées par armement d'État, non comme transports, mais comme navires de guerre, mode d'emploi dont ces bâtiments ont été signalés comme susceptibles et dont on constate ici l'application.

7. *Parzonively*, « parsonniers », co-intéressés, actionnaires de l'armement. (Voir Jal, *Gloss. naut.*, art. Parcenevole.)

8. *Al.* Inc., fol. 193 A.

9. *Arsenà*. Le célèbre arsenal de Venise, à l'extrémité orientale de la cité, le légendaire établissement maritime, orgueil et cœur de la puissance vénitienne. Sur cet organe essentiel de

triery xxx per galia di mior de la tera, dagando a quely duchaty oto d'oro per chadauno al mexe di beny del nostro chomun, e far se debia uno solem chapetanio zeneral de mar, chon provixion de duchaty LXXX d'oro al mexe e in raxon de mexe, e queste debia navegar in le aque del cholfo nostro e pluy avanty hò piaxerà a la dogal Signoria. E questo è fato a caxon che per i nostry nemixi e per Zenovexi[1] chomo Anchontany[2] el nostro aver per mar sia asegurado e ben vardado da ogno pericholo[3].

. . . .

E[4] anchora per lo dito muodo[5], per miser lo doxe con el so Chonseio[6], fose largado che in bona ventura al viazo de Fiandra sia meso galie IIII° de le mexure grose, le qual sia delyvrade a chy plu de darà, armade in piaza[7], segondo bona uxanza, e fato chapetanio de

l'État vénitien, voir *Venezia e le sue lagune*, t. I, part. II, *Breve storia dell' Arsenale di Venezia*, avec plan, p. 84-165.

1. La convention du 22 mars 1404, entre Gênes et Venise, avait laissé place aux actes d'hostilité que le Diario vient d'énumérer au cours de l'an 1404. Les négociations de la paix proprement dite, entravées par de nouvelles hostilités déguisées, remplissent les années 1404 à 1406; le 28 juin 1406 seulement est signé le traité définitif entre les deux États.

2. Ancône, dans la condition de cité libre, où les titulaires du marquisat d'Ancône sont traditionnellement à la nomination du Saint-Siège, jusqu'à l'annexion au domaine pontifical opérée par Clément VII en 1532. — Le marquis d'Ancône est alors Ludovico de' Megliorati, neveu d'Innocent VII, dont le pouvoir dure autant que le pontificat de son oncle, de la fin de 1404 à

fussent choisies parmi les meilleures de la maison de notre Arsenal et eussent chacune 30 arbalétriers des meilleurs du pays, recevant chacun une solde de huit ducats d'or par mois sur les biens de notre République; que l'on nommât un capitaine général extraordinaire de mer avec provision de 80 ducats d'or par mois et en compte mensuel, et qu'enfin lesdites galères dussent naviguer dans les eaux de notre golfe et plus avant, où il plaira à la Seigneurie ducale. Et cela est fait afin que contre nos ennemis, tant Génois qu'Anconitains, notre fortune sur mer soit assurée et bien gardée de tout péril.

. . . .

Et encore de la même manière il fut décidé par messire le doge et son Conseil qu'il serait mis à la bonne aventure au voyage de Flandre quatre galères de gros tonnage, qui seraient adjugées au plus offrant, armées en chantier, selon la bonne coutume, et d'en

la fin de 1406. (Agostino Peruzzi, *La storia d'Ancona*, t. II, l. XIII.)

3. Le détail de ces armements, décrétés en grande partie contre Gênes, représente un document technique à relever.

4. Fol. 193 A. — Entre le 17 janvier et le 28 février 1406.

5. Voir ci-dessus, p. 212.

6. C'est-à-dire le doge, et le collège, dont la composition a été déjà indiquée, préparant un projet pour le sénat.

7. *Armade in piaza*. Ce terme (cf. p. 174, n. 1), dont les notions acquises sur l'ancienne Venise ne permettent guère de donner d'explication satisfaisante, semble pourtant s'opposer à celui, tout à l'heure employé, d'arsenal (p. 212). S'agirait-il de chantiers de construction, peut-être existants, alors encore, près de la « Piazza », la place Saint-Marc, où, en effet, on en constate au xive siècle? (Galliciolli, *Delle mem. ven.*, l. I, n° 156; *Ven. e le sue lag.*, t. I, part. II, p. 211.)

quele, con salario e prexio usado de duchati LXXX d'oro al mexe, non posando pasar per Aque Morte[1], ma debia andar destexe, e là poder chargar et deschargar per lo muodo et condicion per avanty uxado[2].

Ma tuto questo se ha inplido per non aver scorpulo over dubio de paura de non tuor vera, con tuto l'anemo so mal hostinado de Zenovexi, per lo so rezedor Buzichaldo franzescho, ostinado quelo senpre in so mala voluntade de aconsentir de aquystar per robaria contra la dogal Signoria de Veniexia[3]; del qual l'onipotente Dio anchora per soa gracia in la persona soa degnamentre finerà mal, chomo per le huovre suo per chontinio par l'abia demostrado[4].

. . . .

1. Le « voyage de marchandise » d'Aigues-Mortes, l'un des voyages classiques du trafic vénitien, dont on a trace depuis 1317, souvent combiné, selon les époques, avec le voyage de Flandre, et sur lequel l'Introduction présente les renseignements nécessaires. — La présente mention est la première allusion relative à ce voyage, soit de la Chronique, soit du Diario, fournie par Morosini, qui aurait pu cependant en relever les indications successives, depuis le moment où il a commencé à signaler régulièrement, avec les autres caravanes maritimes de même ordre, les voyages annuels de Flandre, en 1404. Le traditionnel voyage d'Aigues-Mortes (Jules Pagezy, *Mémoires sur le port d'Aigues-Mortes*, mém. II), interrompu pendant une soixantaine d'années, de 1339 à 1401 (Germain, *Histoire du commerce de Montpellier*, t. I, p. 157-165, et t. II, Pièces just., n° 16), avait en effet repris en l'an 1402, où les cinq galères de Flandre et d'Angleterre, avec la galère destinée à Aigues-Mortes même, étaient entrées de conserve, le 14 mai, dans le port délaissé depuis si longtemps par le commerce vénitien. (*Le petit Thalamus de Montpellier*, éd. Pegat, Thomas,

nommer un capitaine avec le salaire et prix ordinaire de 80 ducats d'or par mois, avec défense de passer par Aigues-Mortes, mais obligation de faire rapidement la route et autorisation de charger et décharger selon les mode et condition auparavant usités.

Et tout cela s'est accompli pour n'avoir aucun scrupule ou soupçon de peur, si la guerre venait à éclater par la faute de l'obstination et du mauvais esprit des Génois, excités par leur gouverneur français Boucicaut, toujours obstiné dans sa mauvaise intention et volonté de s'enrichir par pillerie aux dépens de la ducale Seigneurie de Venise; lequel, par la grâce du Dieu tout-puissant, finira mal dans sa personne, ainsi qu'il le mérite et comme il paraît bien que ses actions l'aient continuellement démontré.

. . . .

Desmazes, p. 434, ap. *Publ. de la Soc. archéol. de Montpellier.*)
2. La décision du sénat réglant ce voyage de Flandre et Angleterre pour l'an 1406, et répartissant deux galères à destination de l'Écluse, deux à celle de Londres, est du 11 février 1406. (Rawdon Brown, *Ven. Papers*, t. I, p. 42, n° 148.) Ce voyage, pour l'an 1404, était signalé, comme on l'a vu, par une des dernières mentions de la Chronique. Pour l'an précédent 1405, où le Diario est muet à son égard, les documents officiels vénitiens n'en mentionnent pas trace et confirment à ce sujet le silence de Morosini. (Cf. *Ibid.*, n°[s] 147 et 148.) — Sans doute faut-il attribuer cette interruption aux désastres survenus sur la côte de Flandre à la suite de la terrible perturbation atmosphérique du 19 novembre 1404, acquise à l'histoire, qui avait violemment altéré la configuration du pays autour de l'Écluse même, et rendu impraticables, pour la saison, les abords des chenaux du Zwyn et du port. (Sur ce bouleversement, voir Wylie, *Hist. of Henry IV*, t. II, ch. XLIII, p. 97-98.)
3. *Veniexia.* Inc., fol. 193 B.
4. A ce moment même se discutent à Gênes les dernières

Chorando[1] M° CCCC VI°, ady XXIII avril in Veniexia.

In Veniexia[2] fo mandado a i viazi fuora, prima al viazo de Fiandra IIII galie de le mexure grose chom molto aver de specie e seda e altre marchadantie. Chapetanio fo el nobel homo miser Fantin Michiel fo de miser Mafio da la Bugna, chon salvo chonduto a plem de tuta segurtade[3] ; i sovrachomity fo prima miser..., miser..., miser..., miser... Per valor le dite galie de duchaty CCC in CCCL milia d'oro[4].

. . . .

Chorando[5] M° CCCC VI°, ady XVIIII de mazio in Veniexia.

Sovrazionse nuove[6] in Veniexia mandade per letera de miser Jachomo Ganbacurta, rezedor de Pixia[7], a

conditions de la paix imminente qui va être conclue le 28 juin 1406. Mais tout Vénitien se sent dans Boucicaut un irréconciliable ennemi, dont la présence en Italie met obstacle à tout compromis favorable aux intérêts de Venise.

1. Fol. 195 A.
2. Cet extrait se retrouve dans Sanuto, entre ces mots : « A 13 (sic) d'aprile del 1406 », et ceux-ci : « i ducati 350,000. » (Col. 833.)
3. Le sauf-conduit renouvelable indispensable à la flotte commerciale vénitienne, tant pour la Flandre que pour l'Angleterre, et dont il est souvent question dans le Diario. (Cf. Rawdon Brown, *Ven. Papers*, t. I, p. 51, n° 176, p. 53, n° 180, p. 60, n° 224, p. 73, n° 296-297.)
4. Ce passage contient des renseignements sur l'appareillage de la flotte marchande à destination de Flandre et Angleterre,

Au cours de l'année 1406, le 23 avril, à Venise.

A Venise furent envoyés aux voyages du dehors, d'abord au voyage de Flandre, quatre galères de gros tonnage avec un riche chargement d'épices et de soie et d'autres marchandises. Le capitaine fut noble homme messer Fantino Michele, fils de feu messer Maffeo de la Bugna, avec un sauf-conduit à plein, de toute sûreté ; les « sovracomiti » furent d'abord messer..., puis messer..., messer..., messer... La valeur du chargement desdites galères montait à 300 ou 350,000 ducats d'or.

. . . .

Au cours de l'année 1406, le 19 mai, à Venise.

Survinrent nouvelles à Venise, envoyées par lettre de messer Giacomo Gambacorta, gouverneur de Pise, à la

---

dont la protection et l'armement ont été l'objet des mesures indiquées dans les extraits précédents. Les documents officiels vénitiens confirment le choix, comme « capitaine » du convoi, de Fantino Micheli, qui avait exercé ce même commandement en 1404. (Rawdon Brown, *Ven. Papers*, t. I, Préface, liste des capitaines.) Ce voyage de l'an 1406 était destiné à de dangereux accidents. Les galères quittent l'Écluse et Londres vers les premiers jours de septembre. (*Ibid.*, t. I, p. 43, n°s 149-151.)

5. Fol. 196 A.

6. Cet extrait se retrouve, en somme, dans Sanuto, à son ordre d'inscription, résumé en quelques mots, mais néanmoins reconnaissable : « In questo tempo i Fiorentini... Jacopo Gambacorta Pisano » (col. 834).

7. A la suite de sa reprise complète d'indépendance, Pise a rappelé la puissante famille des Gambacorta, exilée depuis la

la dogal Signoria[1], notyfichando el dito miser Jachomo Ganbacurta per quela[2], e per alegreza e prosperitade del stado so, eserly vegnudo in so sechorso VII galie armade e do galiote e VI choche de le parte de Cecilia[3], le qual galie e galiote iera in Cecilia armade dy suo denery dy Pixiany, e su le choche veramente iera charge de formento per circha stera XL milia, chon molty conbatadory sovra quele[4], per lequal, per la

chute de Pietro Gambacorta, naguères maître tout-puissant de Pise en 1392. — Giovanni (et non Giacomo, comme le dit ici Morosini, et Sanuto après lui), neveu de Pietro, en rentrant au pouvoir, devient alors « capitaine du peuple ». (*Capponi*, col. 1132; *Minerbetti*, col. 538-539, 550; *Mon. Pisana*, col. 1088; *Sercambi*, t. III, p. 104-105, 106-108; *ser Nofri*, p. 26.) Pour le salut commun, il proclame aussitôt l'union du parti des *Bergolini*, auquel appartient sa famille, avec le parti adverse des *Raspanti;* mais, en dépit des serments, quelques semaines plus tard, au milieu d'octobre, les Bergolini écrasent les Raspanti, plus faibles. (*Sercambi*, t. III, p. 106-108; *Mon. Pisana*, col. 1088; *Sozomeno*, col. 1186; *Capponi*, col. 1132; *ser Nofri*, p. 26, 29.) En avril 1406, une révolution nouvelle a encore augmenté et transformé le pouvoir de Giovanni Gambacorta, déjà capitaine du peuple, en lui conférant en outre la seigneurie et le comté de Pise, vacants depuis l'expulsion de Gabriello-Maria. (*Minerbetti*, col. 550; *Sozomeno*, col. 1186.) — Sous cette dénomination de « rezedor de Pixia », employée ici par Morosini, Gambacorta exerce donc sur Pise un pouvoir absolu.

1. Assaillie depuis les premiers jours d'octobre 1405 par toutes les forces de Florence, qui fait bloquer l'entrée de l'Arno par des galères génoises à sa solde, Pise est de plus en plus étroitement assiégée, affamée, enserrée. (Corazzini, *L'assedio di Pisa*, Introd., p. XLIV-LVI; *ser Nofri*, p. 29-57; *Capponi*, col. 1132-1134; *Minerbetti*, col. 539-540, 542; *Salviati*, p. 242-248.) A bout d'espoir et de ressources, Pise, qui, dès le mois

Seigneurie ducale. Ledit messer Giacomo Gambacorta notifiait par cette lettre que, pour le contentement et prospérité de son État, il était venu à son secours sept galères armées et deux galiotes et six coques des parties de Sicile. Ces galères avaient été armées en Sicile des deniers des Pisans, et sur les coques se trouvaient environ 40,000 stères de froment, ainsi que de nombreux combattants. Et, par la grâce de Dieu,

de septembre précédent, dépêchait déjà des ambassades, entre autres aux trois premières de ces puissances (ci-dessus, p. 206, n. 1), s'est formellement offerte, en décembre, au roi de Naples Ladislas, qui a refusé ce périlleux présent (*Minerbetti*, col. 543, 556; *Sozomeno*, col. 1187; *Livre des faicts*, part. III, ch. xi), puis semble s'être aussi proposée au pape de Rome Innocent VII (*Minerbetti*, col. 556), à Venise (*Ogdoas*, sc. V, p. 296), au roi de Sicile Martin Ier (*Minerbetti*, col. 556).

2. Cette correspondance officielle de Gambacorta avec le gouvernement vénitien, dont le Diario contient ici une si curieuse trace, tendrait à confirmer l'assertion que Pise se soit alors proposée à Venise. (*Ogdoas*, sc. V, p. 296.)

3. La couronne de Sicile appartient alors à Martin Ier (1402-1409), fils et héritier du roi régnant d'Aragon Martin Ier (1395-1410). Ce prince a épousé, en 1391, Marie, fille et héritière du roi de Sicile Frédéric II le Simple, de la branche de la maison d'Aragon établie sur le trône de Sicile, reine elle-même depuis la mort de son père en 1377. Son mariage durant, de 1391 à 1402, il s'est trouvé roi-consort de Sicile. Depuis la mort de sa femme, en 1402, la couronne de Sicile lui est en somme dévolue par l'abandon de son père Martin Ier, roi d'Aragon, auquel elle revenait de droit par l'extinction de la ligne d'Aragon-Sicile. Il la garde jusqu'à sa mort, en 1409, et c'est alors son père, roi d'Aragon sous le nom de Martin Ier, qui lui succède pour quelques mois, jusqu'en 1410, comme roi de Sicile, sous le nom de Martin II.

4. Le fait d'armements pisans en Sicile, signalé ici par Moro-

gracia de Dio, quele galie dixe eser ly vegnude e intrade in l'Arno del porto de Pixia per forza, e par i abia abudo do galiote de Fiorentiny per bataia, e holtra de questo toltoy do tore per forza su l'Arno, e mese in forteza a utele de Pixiani, chonfortandose e confidandose in la devina Providenza el so stado serà molto plu forte chontra la posa dy Fiorentiny in la vera soa, chon speranza de brieve invegnir in molta vituoria in la tera, per aver resystamento chontra de quely, mediando la divina gracia[1].

. . . .

sini, mais non par lui seul, et qui se trouve relevé dans la plupart des chroniques contemporaines (voir la note suivante), peut s'ajouter aux autres témoignages du fait pour confirmer l'assertion que Pise se soit alors offerte à Martin Ier, roi de Sicile. (*Minerbetti*, col. 556.)

1. Les faits relatés dans cette curieuse lettre de Gambacorta se réfèrent au combat livré, en effet, dans l'Arno, par la flotte de secours arrivant de Sicile à Pise. — Mais le récit de Gambacorta semble en contradiction manifeste avec tous les autres témoignages, pisans comme florentins, relatifs au même événement. A moins qu'on n'admette, supposition très vraisemblable, que la lettre ne fut écrite sitôt après la première phase de cette action, dont le début semble avoir été plutôt favorable aux Pisans. — Voici, en effet, la suite des événements telle qu'on peut la rétablir. La flotte, parvenue à l'entrée de l'Arno dans la matinée, sans pouvoir songer à s'y maintenir, réussit en effet à aborder, vers le débouché du fleuve, à Porto Pisano, au port de Pise, ainsi que le porte bien la lettre de Gambacorta, mais ne put forcer plus avant la remontée de l'Arno ni parvenir aux quais de Pise, et fut en fin de compte entièrement détruite dans le chenal, au cours de la même journée, avec toute sa cargaison, tandis que les deux ouvrages fortifiés sur

disait-il, ces galères étaient arrivées et entrées de haute lutte dans l'Arno du port de Pise, et il paraît qu'elles avaient pris deux galiotes florentines dans la bataille, et, en outre, enlevé d'assaut deux tours sur l'Arno qu'elles avaient fortifiées à l'avantage des Pisans. Enfin ledit Gambacorta prenait confort et confiance en la divine Providence que son État serait beaucoup plus fort en cette guerre que la puissance des Florentins, et exprimait l'espérance d'être bientôt tout à fait victorieux dans le pays, afin de pouvoir résister contre eux, par le moyen de la grâce divine.

. . . .

l'Arno, récemment élevés, en effet, par les ingénieurs de Florence pour garder le passage, demeuraient, en dépit de vigoureux assauts, aux mains des Florentins. (Récit de ces faits d'après les relations combinées de la chronique pisane, *Chronichetta di Anonimo pisano*, ap. Corazzini, *L'assedio di Pisa*, p. 61-62, de la chronique florentine *Sei capitoli dell' acquisto di Pisa*, de Giovanni di ser Piero, ap. *Archivio storico italiano*, 1re série, t. VI, part. II, p. 265, de *Capponi*, col. 1132-1134, de *ser Nofri*, p. 53-55.) Événement que Capponi place au 22 mai (col. 1134), et Giovanni di ser Piero au 12 (p. 265). La date du 12 paraît la plus vraisemblable, étant donné qu'on voit la lettre contenant le récit de la première partie de la journée arriver à Venise le 19, ainsi que le porte ici le Diario. — La chronique rimée de Giovanni di ser Piero trace un clair et émouvant tableau des phases successives du combat :

« ... giunt' era il soccorso in porto,
Ma non potè toccar la cittadella, »

dit-il nettement (p. 265). — En cette occasion comme en d'autres antérieures, on retrouve toujours, dans le Diario, mention des nouvelles plutôt favorables à la cause de Pise.

E[1] ady[2] vIIII del mexe de luio de l'ano M CCCC VI[3] vene el nostro anbasador a Veniexia, el nobel homo miser Tomado Mozenigo, percholator, el qual fo mandado a Zenova per la dogal Signoria per tratar acordo de paxie del dano che Zenovexi d'aveva fato per mar e per le tere de Soria a le parte de Baruty, per lo qual tratado de quy a quelo fo mandado chomision molto a plen per lo Chonseio dy Pregady[4]. Per i qual faty per luy fo tratado e menado in hogny chosa in questo muodo : prima, che de l'aver nostro e dano per quely fato in Baruto, ly sia remeso in tuto con intrigitade e sialy anichilado ; ma de l'altro dano, de lo aver de le choche nostre de le parte de Romania e de Crede, chomo è intro dal Mar mazior, se avemo meso a insenbre con loro in uno conpromeso de IIII° nobel homeny, do Veniciany[5] e do Zenovexi, a chi piaxerà alezer per le parte ; el qual parlamento se die far in Bologna e debiase asunar e axaminar e desputar quelo sia da far ; e veramente se tra questy fose indeferenty de alguna chosa hover chapitolo, per questy chomuny debia alezier per la chomunitade de Fiorenza uno altro a chy a questy pluy i piaxerà, i qual per tuty v debia defenir quelo sia plu zusto e chovegnivele de le parte fose in raxion, metando una certa ubliga al

1. Fol. 197 A.
2. Le résumé de tout cet extrait se retrouve dans Sanuto, entre les mots : « A' 9 di Luglio », et ceux-ci : « i quali partirono colla commissione. » (Col. 835.)
3. Ce qui suit est l'exposé de la conclusion et des conditions de la paix de Gênes, signée entre le gouvernement français de Gênes et Venise, le 28 juin précédent, en confirmation de la convention du 22 mars 1404.
4. Le Diario signale ici, à la date du 9 juillet, la rentrée à

Le 9 du mois de juillet de l'an 1406 revint à Venise notre ambassadeur, noble homme messer Tommaso Mocenigo, procurateur [de Saint-Marc], qui avait été envoyé à Gênes par la Seigneurie ducale, afin de négocier la paix à la suite du dommage que les Génois nous avaient fait subir par mer et par les terres de Syrie, dans les parties de Beyrouth. Pour ce traité, il lui avait été envoyé de Venise, par le conseil des « Pregadi », des pouvoirs très étendus. Il traita donc pour ces faits et négocia toutes choses en la manière qui s'ensuit. D'abord, pour ce qui concerne nos biens et le dommage qui nous avait été causé à Beyrouth, cela leur serait remis entièrement et intégralement annulé ; mais, pour l'autre dommage causé au chargement de nos coques des parties de Romanie et de Crète, c'est-à-dire dans la mer Majeure, nous avons convenu avec eux de nous en remettre à quatre nobles hommes, deux Vénitiens et deux Génois, à choisir librement par les parties, et leur parlement se doit faire à Bologne, où ils devront se réunir pour examiner et discuter ce qu'il y a à faire, et si vraiment il y avait entre eux des dissidences sur quelque chose ou quelque point, les deux Républiques en choisiraient un autre, à leur gré, dans la commune de Florence ;

Venise, la paix une fois conclue, de l'ambassadeur vénitien à Gênes, Tommaso Mocenigo, l'ancien commandant en chef de la flotte vénitienne lors de la croisade de 1396, devenu procurateur de Saint-Marc et ambassadeur, avant de passer doge en 1413. — Tommaso Mocenigo a remplacé à Gênes, en mars 1406, Pietro Emo, qui y résidait depuis un an, mort au cours de sa mission. (Delaville le Roulx, *La France en Orient*, p. 488, 485.)

5. *Veniciany*. Inc., fol. 197 B.

dito chonpromeso, se debia hoservar fra certo termene de tenpo e per quel termene non se posa desmenuir e acresier per nisum muodo hover inzegno, de pena pechuniaria, la qual inchorese per le parte, chomo se contien per lo instrumento fato de man de noder e produto in publicha forma in Veniexia, e la copia de quelo romagna in Zenova, in lo dy de miser Sam Jachomo apostolo, per intranbe le parte, de l'ano del dito milieximo, dandonde adeso de prexente duchaty XII^M d'oro de contady[1].

Chorando[2] M° IIII^c VI, dy XXVII de luio in Veniexia.

Fo fato per lo Chonseio per questo miser lo doxe e consiery suo in Pregadi[3], prima miser Fantino Dandolo fo de miser Lunardo, l'altra fo miser Bortolomio Nany, anbasadori, ad andar a Fiorenza per la chomunitade de la Signoria, ad axaminar i pati de le domandaxion e responsion serà de le parte chon hogny libertade a pien conzesa per la dogal Signoria per una parte ; l'altra serà per la Signoria de Zenova

1. Résumé des vingt-cinq articles de la paix de Gênes du 28 juin 1406, paix promulguée à Venise, comme le dit Morosini, le 25 juillet, jour de Saint-Jacques-le-Majeur. Texte du traité dans Predelli, *I libri commemoriali della repubblica di Venezia*, l. X, n° 19, et dans *La France en Orient*, Pièces just., n° 37, p. 170-199.

2. Proposition par le collège, au sénat, du choix des ambassadeurs en question.

3. Développement de la condition que le Diario vient de signaler, concernant l'arbitrage des dernières questions en sus-

puis, à eux cinq, ils devraient décider ce qu'il y a de plus juste et de plus convenable pour les parties selon la raison. Ce compromis devrait être mis à exécution dans un délai qui ne pourrait d'aucune façon être abrégé ou allongé, sous peine d'une certaine amende pécuniaire à encourir par les parties, comme il est contenu dans l'instrument fait de main de notaire et produit en forme publique à Venise, et dont la copie est restée à Gênes, fait le jour de messire saint Jacques, apôtre, de l'an dudit millésime, par les deux parties, qui ont immédiatement versé une somme de 12,000 ducats d'or comptant.

Au cours de l'an 1406, le 27 juillet, à Venise.

Furent nommés par le conseil, par messire le doge et ses conseillers « in Pregadi, » d'abord messer Fantino Dandolo, fils de feu messer Lionardo, en second lieu messer Bartolommeo Nani, ambassadeurs, pour aller à Florence, au nom de la République et de la Seigneurie, afin d'examiner les articles, demandes et réponses des parties en toute liberté à eux pleinement concédée par la Seigneurie ducale, d'une part, et,

pens, condition contenue, en effet, dans l'article 21 de la paix de Gênes. Ce rôle de cinquième arbitre départageant, qui devait être, en effet, confié à Florence, comme le dit Morosini, va être bientôt refusé par la république florentine, en mars 1407. (Delaville le Roulx, *La France en Orient*, p. 498-499.) Finalement, après mise en avant, discussion et rejet de divers États ou princes, c'est Amédée VIII, comte de Savoie, qui sera choisi d'accord commun comme arbitre et rendra la sentence arbitrale définitive du 9 août 1408. (Ci-après, 5 juillet, 26 août 1408.)

e con consentimento del so governador miser Buzicardo, rezedor a Zenova, chon plena ahoturitade del so Chonseio de là, chomo intro i paty se contiem.

. . . .

E[1] apreso[2] ady viiii° del mexe d'otubrio de M°CCCC VI° vene nuove in Veniexia a la dogal Signoria[3] chomo i Fiorentiny aveva aquystado Pixia chon certy paty, non se posando plu Pixiany sostegnir e constrety per fame[4], per i signor Gambacurta[5] dese

1. Fol. 198 B.
2. Cet extrait se retrouve exactement dans Sanuto, entre les mots : « A' 9 d'ottobre s'ebbe nuova », et ceux-ci : « Tre castelli per loro stanza » (col. 835).
3. Son dernier espoir anéanti avec la destruction de sa flotte de secours, Pise, pour échapper à l'asservissement final de Florence, qui n'est plus qu'une question de semaines, s'est proposée à nouveau, en dernier ressort, à la suzeraineté française, tentative désespérée dont Florence n'a tenu nul compte. — Pise s'est offerte à la suzeraineté conjointe de deux princes français, Louis, duc d'Orléans, qui, naguères, par la convention du 24 mai 1404, y avait possédé des droits, et Jean, duc de Bourgogne, nouveau venu dans cette complication, mais dont la puissance grandissante en France a tenté les Pisans. Le 7 juillet 1406, les couleurs de Bourgogne étaient arborées sur les murs de Pise. (*Cronich. di Anonimo Pisano*, p. 65-66.) Le 27 juillet, les deux princes ont prêté conjointement hommage, pour la seigneurie de Pise, à Charles VI en personne. (Eug. Jarry, *Louis de France, duc d'Orléans*, p. 336, 339.) Événement sur lequel jette une si curieuse lumière la lettre adressée par les deux princes à Boucicaut, en date du 15 juillet 1406, publiée par Charles de la Roncière, *La domination française à Pise*, ap. *Mélanges d'archéologie et d'histoire publiés par l'École française de Rome*, t. XV, p. 240-244. Mais Florence, en dépit des sommations des princes français, en dépit des ambassades du duc de Bourgogne, dont les envoyés

d'autre part, sera représentée la Seigneurie de Gênes, avec le consentement de son gouverneur messire Boucicaut, gouverneur à Gênes, et pleins pouvoirs du Conseil du pays, ainsi qu'il est contenu dans le traité.

. . . .

Et ensuite, le 9 octobre 1406, vinrent nouvelles à la Seigneurie ducale de Venise que les Florentins étaient devenus maîtres de Pise à certaines conditions : les Pisans ne pouvant plus résister, contraints par la faim,

sont encore à Lucques le 8 septembre (*Salviati*, col. 254-256), n'en a pas moins pressé les dernières étapes du siège, dont l'issue est imminente. (*Minerbetti*, col. 557-558; *Capponi*, col. 1137-1138; *Sozomeno*, col. 1188; *Cronich. di Anonimo Pisano*, p. 69-72.) — C'est alors que Gambacorta va songer à traiter pour son compte avec la république florentine, en tirant de la ruine de sa patrie tout le profit personnel possible.

4. Cette capitulation, dont Morosini montre ainsi la nouvelle parvenant à Venise le 9 octobre 1406, est la capitulation définitive de Pise devant l'armée florentine, acte d'anéantissement de l'indépendance pisane et fin de toute espèce de prétention de la France, à un titre quelconque, sur la cité de Pise. (Texte du traité, « Capitoli della resa di Pisa », dans Corazzini, *L'assedio di Pisa*, doc., n° 15, p. 139-151, et « Patti di Pisa », dans *Croniche della città di Pisa al 1406*, ap. Tartini, *Add. Rer. Ital. Script.*, t. I, col. 835-842.) Événement dont la date exacte doit être fixée au 3 octobre. (Voir la discussion de Corazzini, *loc. cit.*, p. 139, n. 1, et *Croniche della città di Pisa al 1406*, col. 834.)

5. Gherardo Gambacorta (le frère de Pietro, l'ancien dominateur de Pise dépossédé en 1392), père de Giovanni, le dictateur de 1405-1406, avait eu neuf fils, « tutti uomini » (*Mon. Pisana*, col. 1084) : entre autres : Rainiero, l'aîné, qui guerroya en France; Lotto, qui fut archevêque de Pise de 1381 à 1394; Giovanni, qu'on vient de voir à l'œuvre comme maître de la cité, et Andrea, dont il va être fait ici mention comme mêlé à la conclusion de la capitulation. (*Ibid.*)

la tera tuta lybera a quely, abiando da Florentiny duchaty L milia d'oro, digo L^M d'oro, e confinando quely do fradely Gambacurta su la Romagna a darly do hover tre chastely per sostancia e abitacion[1], e avela a hore XVII de quel dito dy medieximo[2].

. . . .

Corando[3] lo dito milieximo de sovra, ady XXVIIII de dezenbrio[4], avesemo per novele de le parte de Franza chomo miser lo ducha d'Oriens[5] eser morto dal ducha

1. Exact exposé de certaines des conditions de la capitulation de Pise. — Les « do fradely Gambacurta », auxquels Morosini, dans ce passage, fait plus particulièrement allusion, en détaillant leurs profits, sont Giovanni et Andrea. Giovanni touche, en effet, pour sa part les 50,000 florins (non ducats) que mentionne le Diario (art. 18 de la capitulation, *L'assedio di Pisa*, loc. cit.); il reçoit aussi de la république florentine le territoire de Bagno, en Romagne, récemment conquis par Florence, en 1404, sur la famille souveraine de Modigliana, en possession du comté de Bagno (art. 21 de la cap. et Francesco Novati, *Ugolino da Montecatini*, loc. cit., p. 153). Andrea recevait le château de Silano, en Toscane (art. 20 de la cap.). C'est Bagno et les places avoisinantes, cédées à Giovanni Gambacorta, qui représentent bien les « do hover tre chastely su la Romagna », dont parle ici Morosini comme remis à deux des Gambacorta. — En outre, Lotto, le prélat, l'ancien archevêque de Pise, recevait promesse d'investiture, dans le délai d'un an, de l'évêché de Florence, ou, à son défaut, d'une pension (art. 19 de la cap.); Giovanni se faisait attribuer les îles toscanes de Giglio et de Capraja (art. 26 de la cap.), et à chacun des trois était réservé un palais pour résidence à Florence (art. 14 de la cap.).

2. Par cette notation, évidemment postérieure, Morosini distingue l'un de l'autre, avec raison, deux faits, à savoir la con-

leur avaient fait remettre la terre en toute propriété par l'intervention des seigneurs Gambacorta, qui reçurent des Florentins 50,000 ducats d'or (je dis 50,000 ducats d'or); ces deux frères Gambacorta durent se retirer en Romagne, où leur étaient donnés deux ou trois châteaux pour leur patrimoine et habitation. Les Florentins occupèrent la ville à la dix-septième heure du susdit jour.

. . . .

Au cours dudit millésime, le 29 décembre, nous apprîmes des parties de France que messire le duc d'Orléans avait été tué par le duc de Bourgogne; puis,

clusion de la capitulation de Pise, dont il a inscrit la nouvelle arrivant à Venise le 9, capitulation survenue le 3 (voir ci-dessus, p. 228, n. 4), puis l'entrée de l'armée florentine dans Pise le 9, dont il note ici non seulement ce jour, mais l'heure, avec une précision singulière. Événement qui a lieu, en effet, le 9. (*Capponi*, col. 1139; *Minerbetti*, col. 559-560; *Mon. Pisana*, col. 1088; *Sozomeno*, col. 1188; *Giorgio Stella*, col. 1212.) « ... Il sabato mattina in sul dì... per la porta di s. Marco », dit la « Cronichetta d'Anonimo Pisano », indiquant par erreur la date du 8 octobre, le samedi tombant bien le 9 (p. 72). — De cette morne entrée, le seul témoignage pisan conservé retrace un poignant récit, saisissant dans son unique survivance. (*Cronich. di Anonimo Pisano*, p. 65-72.) — La noble et vaillante Pise, si longtemps la seule cité d'Italie qui eût cœur à la guerre, déjà détrônée par la richesse envahissante de Gênes, depuis le grand choc naval de la Meloria, dans la journée désastreuse du 6 août 1284, est à présent, pour toujours, réduite à la condition d'annexe commerciale de Florence, et devient la tragique ville sans vie qu'elle est demeurée depuis.

3. Fol. 205 b.

4. 1407.

5. Dans cet extrait, le passage qui suit, relatif au duc d'Orléans, ne se retrouve pas dans Sanuto.

de Borgogna[1] ; e apreso[2] a una scharamusia in le parte de Piaxenza[3] eser stado ferido a morte miser Zian de Beltramin, chavalier privixionado nostro da la Signoria; de la qual ferixion avesemo dapuo ly era morto ed è asolta la predita Signoria de la provixion soa de ducaty v^M d'oro per ano luy deveva aver per la vita soa, domentre luy viveva[4].

. . . .

1. L'assassinat de Louis, duc d'Orléans, par Jean Sans-Peur, dont Morosini enregistre ainsi la nouvelle à Venise le 29 décembre 1407, a eu lieu à Paris dans la soirée du 23 novembre. C'est le premier événement des troubles intérieurs, alors régnants en France, que le Diario inscrive ainsi au jour le jour, ouvrant la série de notations qui vont devenir de plus en plus nombreuses. — Inévitable depuis la mort, le 27 avril 1404, du duc de Bourgogne Philippe le Hardi, principal régulateur de la politique du royaume à partir de la folie déclarée de son neveu Charles VI, en 1392, et depuis la disparition duquel nul des princes du sang ne s'imposait plus, la guerre civile qui a pris possession de la France a déjà marqué son premier acte, en août 1405, par la prise d'armes du nouveau duc de Bourgogne Jean Sans-Peur contre le gouvernement royal, alors dominé par son rival le duc d'Orléans, allié à la reine Isabeau de Bavière : premier choc à armées déployées, terminé par la paix de Vincennes, le 16 octobre 1405. L'an 1406 s'est passé en union éphémère contre l'Angleterre, que le duc de Bourgogne attaque à Calais, le duc d'Orléans vers Bordeaux, union traduite par l'acceptation de la co-seigneurie de Pise, partagée entre les deux princes. L'été de 1407 a retrouvé les deux rivaux inactifs et face à face dans Paris. L'acte du 23 novembre 1407 a déchaîné la rupture et ouvert une guerre qui va se prolonger, en phases diverses, jusqu'au traité d'Arras, en 1435. — Le retentissement de l'événement, comme on voit, a porté jusqu'à Venise.

2. Le fragment qui suit, relatif à un événement purement italien, quoique sans rapport direct avec la nouvelle qu'on vient de lire, lui est trop étroitement lié, par la construction

[1407] D'ANTONIO MOROSINI. 233

que dans une escarmouche aux environs de Plaisance, avait été blessé à mort messer Giovanni de' Beltramini, chevalier pensionné par notre Seigneurie; nous sûmes ensuite qu'il avait succombé à sa blessure et que la susdite Seigneurie se trouvait déchargée de la pension viagère de 5,000 ducats d'or qu'elle lui devait annuellement, sa vie durant.

. . . .

de la phrase, pour pouvoir en être détaché. Ce fragment se retrouve dans Sanuto (col. 838).

3. Le combat sous les murs de Plaisance dont parle ce passage est un de ceux livrés sur ce territoire par une ligue d'États italiens, parmi lesquels alors figurait, en effet, Venise. — Plaisance, détachée en 1403 de l'État milanais, comme tant de villes lombardes, par un soulèvement guelfe qui y a mis au pouvoir les Scotti (Cipolla, *Stor. delle sign. ital.*, p. 241), violemment disputée depuis 1404 entre les condottieri gibelins ou guelfes (Antonio de Ripalta, *Annales Placentini*, ap. Muratori, *Rer. Ital. Script.*, t. XX, col. 872), ne fait retour à Milan qu'en 1417 (*Cipolla*, p. 321). Plaisance, pendant ces quinze ans, paraît avoir été la ville la plus dévastée d'Italie : « Misera Placentia et valde tota lachrymarum fonte plangenda », s'écrie vers cette époque l'annaliste Antonio de Ripalta, qui décrit ainsi, quelques années plus tard, l'état de désolation de la malheureuse cité : « Stupor erat videre civitatem ubique musco pallentem, herbas usque ad sellas et cicutas in modum arundinis. » (*Antonio de Ripalta*, col. 872, 874.) — En ce moment, en 1407, une ligue de plusieurs États voisins, dont Venise, s'est formée depuis le mois d'août précédent contre Ottobono Terzo, nouveau souverain de Parme, dont il s'est emparé en 1404, et maître intermittent de Plaisance; hostilités qui durent jusqu'après la date du combat ici mentionné. (*Diario*, ad dies 14 juillet, 10, 19 août 1407, entre 29 décembre 1407 et 25 avril 1408, ms., fol. 204 A, 204 B, 205 A, 206 A; cf. *Sanuto*, col. 837-838.)

4. La pension dont parle ce passage avait, en effet, été attribuée à Giovanni de' Beltramini, de Vicence, possession véni-

Dapuo[1] avesemo[2] in le parte de Franza chomo miser lo ducha de Borgogna forzata manu intrado iera in Franza, e tolto el dominio de le man del re de Franza, sy per la indebita despoxiciom de la persona soa in nonn eser quelo in bona chovalesencia del seno so, e sy per la zoventude del so fiol hunizenito, zenero del dito miser lo ducha. Avesemo nuova vegnuda a la dogal Signoria de tuta la Franza romaxa al predito miser lo ducha[3]. E apreso anchora de nuovo avesemo[4] che XL milia Schoti de Schocia[5]

tienne cédée par Milan en 1404, comme ayant escaladé, lui second, la muraille de Padoue, dans la surprise de nuit qui avait livré la ville à l'armée vénitienne, la nuit du 17 au 18 novembre 1405. (*Diario*, ad diem 15 novembre 1405, ms., fol. 187 A; cf. *Sanuto*, col. 827-828.) Sur ce personnage et sur la prophétie de Merlin appliquée à cette surprise de Padoue, voir Gataro, *Istoria Padovana*, t. XVII, col. 932-933, 935.

1. Fol. 206 A. — Entre le 29 décembre 1407 et le 25 avril 1408.
2. Cet extrait ne se retrouve pas dans Sanuto.
3. L'événement de France dont Morosini enregistre ici la nouvelle ne peut être que la rentrée triomphale au pouvoir de Jean Sans-Peur, en février et mars 1408, après une absence de quelques semaines dans ses États du Nord, où il s'est réfugié au mois de novembre précédent, à la suite de l'assassinat du duc d'Orléans. — Le mardi 28 février, Jean Sans-Peur, venant d'Arras, où on le trouve le 18, resté quelques jours aux aguets à Saint-Denis, est rentré audacieusement dans Paris. (Ernest Petit, *Itinéraires de Philippe le Hardi et de Jean Sans-Peur*, ap. *Coll. des doc. inédits sur l'hist. de France*, p. 303; *Monstrelet*, t. I, p. 175-176; *Jouvenel des Ursins*, ad. ann. 1408, éd. Godefroy, p. 190.) — Le 8 mars a lieu l'audition solennelle de la justification du crime par le théologien Jean Petit. Le 9 sont signées par le roi les lettres d'abolition de l'attentat. Le 11 la reine fuit Paris pour Melun. (*Monstrelet*, t. I, p. 177; *Jouvenel des Ursins*, p. 171; *Rel. de Saint-Denis*, t. III, p. 766.) — Jean Sans-Peur demeure maître du pouvoir, de Paris et du roi

Ensuite nous apprîmes, des parties de France, que messire le duc de Bourgogne était entré de vive force en France, avait enlevé le pouvoir des mains du roi de France, grâce, d'une part, à l'indue disposition de sa personne (le roi n'étant pas en bonne santé d'esprit), et, d'autre part, à la jeunesse de son fils unique, gendre dudit messire duc. Nous sûmes que nouvelle était venue à la Seigneurie ducale que toute la France était restée audit messire duc. Et ensuite nous apprîmes encore que 40,000 Écossais d'Écosse étaient

jusqu'en juillet, où il est obligé d'abandonner Paris pour aller soumettre les Liégeois révoltés. — Quant au prince dont parle ici le Diario, c'est Louis, duc de Guyenne, fils, en effet, de Charles VI (aîné, mais non unique), et dont le mariage était arrêté avec Marguerite, fille de Jean Sans-Peur : dauphin de France, naguères proclamé régent à la suite du meurtre du duc d'Orléans et de la fuite de Jean Sans-Peur, il est en ce moment à Melun, où il a été entraîné par la reine sa mère.

4. Ce passage fait allusion à divers événements survenus récemment, en effet, sur la frontière d'Angleterre et d'Écosse, mais parmi lesquels il faut faire la part, et des faits relatifs à l'Écosse proprement dite, et de ceux concernant la guerre civile anglaise ayant alors cette direction pour théâtre.

5. L'état de guerre entre Écosse et Angleterre, interrompu d'abord par les diverses suspensions d'hostilités provisoires conclues à Leulinghem entre Écosse et Angleterre, au même titre qu'entre Angleterre et France, pour la durée d'années comprise entre 1389 et 1398, puis par une trêve spéciale d'un an courant jusqu'au 28 septembre 1399, avait repris de lui-même et officiellement, à l'expiration de cet armistice, entre les deux souverains, Robert III, second prince de la maison de Stuart (1390-1406), et Henry IV, à peine installé sur le trône. (Rymer, *Fœdera*, 18 juin 1389, 27 septembre 1389, 16 juillet 1390, 27 juin 1393, 20 août 1394, 16 mai 1398.) — De 1400 à 1403, un état de guerre ouverte s'en était suivi, marqué en 1400 par une invasion anglaise, poussée sans résultat jusqu'à

intrady sul regno de Ingletera[1], fazando de gran dany e vitoperio in quele parte[2].

. . . .

Édimbourg, coupé pendant quelques mois par une trêve, marqué de nouveau en 1402 par une invasion écossaise (où figure un contingent particulier de Français), arrêtée par la défaite de Hambledon au débouché des monts Cheviots, signalé en 1403, en dernier lieu, par un essai d'annexion à l'Angleterre des districts méridionaux de l'Écosse, tentative promptement entravée par le soulèvement, en cette année même, d'une partie de la noblesse anglaise contre Henry IV. (Wylie, *Hist. of Henry IV*, t. I, ch. v, vii, xi, xviii, xxiii, xxv.) — Mais, depuis la trêve de Pontefract, courant à partir du 20 juillet 1404, l'Écosse et l'Angleterre se trouvaient sous le régime des trêves renouvelables, dont l'enchaînement semble s'être opéré presque sans interruption désormais, et dont la dernière paraît gouverner encore la présente époque jusqu'au 15 avril 1408. (*Ibid.*, t. I, ch. xxviii, xxxii; t. II, ch. xxxix, lxi, lxx; Rymer, *Fœdera*, 8 avril 1408.) Régime qui, dans l'avenir, continue à définir les relations précaires de l'Écosse et de l'Angleterre, jusqu'aux traités de 1423-1424, qui règlent la pacification définitive des deux États. (Rymer, *Fœdera*, 8 avril 1408, *passim*, 17 mai 1412, *passim*, 28 mars 1424.)

1. La guerre civile anglaise, née avec la révolution de 1399-1400 et l'élévation de la maison de Lancastre au trône, portée à son plus haut point d'extension par le grand soulèvement organisé sous l'impulsion de la puissante maison de Percy, en 1403, presque terminée au profit de la nouvelle dynastie par le choc sanglant de Shrewsbury, le 21 juillet 1403, hasardée de nouveau, en 1405, dans le nord de l'Angleterre, a repris vers les mêmes parages de la frontière écossaise dans le cours de 1407. — Le mouvement a pour conducteurs Henry Percy, comte de Northumberland, chef de sa maison, seul survivant des siens, et Thomas Bardolph, seigneur de Wormegay, en Norfolk, grand feudataire anglais, récemment abordés tous deux en Écosse, venant de Galles et de France, où ils ont négocié tout l'an précédent. Dans l'été de 1407, de l'Écosse, où ils se tiennent, ils ont organisé des soulèvements partiels dans

entrés dans le royaume d'Angleterre, faisant grandes pilleries et hontes en ce pays.

. . . .

l'Angleterre du Nord, troubles qui ont nécessité, pendant toute la fin d'août et la durée de septembre, la présence de Henry IV en ces parages. Au fort de l'hiver, pendant l'éloignement du roi, retenu dans le sud de l'Angleterre, Northumberland et Bardolph ont risqué une audacieuse entrée en campagne. Dans les derniers jours de janvier 1408, ils sont à Thirsk, à quelques lieues d'York. (Wylie, *Hist. of Henry IV*, t. II, ch. LX; t. III, ch. LXX, LXXII.)

2. L'information recueillie par Morosini et portant nouvelle d'une grande invasion écossaise alarmante pour l'Angleterre, dans l'hiver de 1407-1408, est donc inexactement présentée. Il s'agit seulement ici de la campagne de guerre civile anglaise entreprise par le comte de Northumberland et Thomas Bardolph. — Dans l'été précédent, lors des troubles du Nord organisés par Northumberland, l'annonce d'une invasion écossaise imminente avait, en effet, alarmé l'Angleterre, mais sans fondement définitif. (Wylie, *Hist. of Henry IV*, t. III, ch. LXX, p. 109-110; ch. LXXII, p. 147-149.) Et, à ce propos, il est curieux de voir la chronique française de Monstrelet classer (t. I, p. 153-154), avec une précision singulière, au mois de novembre 1407, l'ouverture d'une guerre entre Écosse et Angleterre, notation qui, à cette époque, représente un renseignement évidemment déplacé. Mais, en somme, aucune hostilité effective ne paraît avoir alors eu lieu. (*Wylie*, ch. LXX, p. 109-110.) — Quant au fond du bruit d'une défaite de l'armée royale anglaise, subie vers cette époque, victoire attribuée à tort par Morosini aux Écossais, et qui, en réalité, pourrait être imputable aux insurgés anglais, il est curieux de constater que cette rumeur courut vers cette époque en France, d'où, sans doute, elle était ainsi transmise à Venise. En effet, la chronique française du Religieux de Saint-Denis, à la suite de la mention du passage du comte de Northumberland à Paris, en 1406, et de sa rentrée en Écosse, en 1407, enregistre le récit d'une victoire éclatante remportée par lui en bataille rangée contre Henry IV en personne, où aurait été fait captif un des princes fils du roi,

E¹ per avanty² per puocho de tenpo³ iera partide v galie grose da marchado, carge de spizaria, mese per lo viazo de Fiandra a marchado, charzade prima de fostagny, seda e viny e altre specie per infinita suma de denery, per valor de duchati CCLXXX in CCC^M d'oro e oltra. Chapetanio fo el nobel homo miser Nicholò Foscholo. Ma hè da saver che quele ave anchora de aver de chasa in monede, de perle e zoiely e oro filado per la vaiuda de duchaty C^M d'oro⁴. Che Christo le conserva in salvamento⁵!

. . . .

Anchora⁶ in lo dito miieximo⁷ fo prexo de meter a marchado galie XVI, de le qual prima ande in Fiandra galie V; chapetanio fo de queste el nobel homo miser Nicholò Foscholo; i parony suo⁸, prima ser

John de Lancastre, le futur duc de Bedford. (T. III, p. 426-432.) « Tandem variante fortuna Henrico de Persy cessit victoria, rege quoque fugato et filio ejus Johanne de Lancastria... capto... » (P. 432.) — Tout au contraire, peu après, la campagne allait aboutir, le 19 février 1408, à la défaite finale des dissidents anglais dans les plaines de Bramham-Moor, entre York et Leeds, et à la fin tragique des deux derniers chefs du parti. (*Wylie*, t. III, ch. LXXII, p. 154-157.)

1. Fol. 206 B. — Entre le 29 décembre 1407 et le 25 avril 1408.
2. Cet extrait ne se retrouve pas dans Sanuto.
3. Sur le « voyage de marchandise » de Flandre de l'an précédent, 1407, le Diario semble muet. Les documents officiels vénitiens mentionnent cependant expressément qu'il eut lieu, réglé par décision du sénat du 11 janvier 1407, sous le commandement de « Piero Civran ». (Rawdon Brown, *Ven. Papers*, t. I, p. 43-44, nᵒˢ 153-157, et Liste des capitaines.)
4. Le « voyage de marchandise » de Flandre de l'an 1408,

Peu de temps auparavant étaient parties cinq grosses galères de marchandise, chargées d'épicerie, mises à l'encan pour le voyage de Flandre, avec un chargement de futaines, de soies, de vins et d'autres denrées pour une somme énorme d'argent, d'une valeur de 280 à 300,000 ducats d'or et plus. Le capitaine fut noble homme messer Niccolò Foscolo. Mais il faut savoir qu'elles portaient en outre d'argent monnayé, de perles, de joyaux et d'or filé pour la somme de 100,000 ducats d'or. Que le Christ les conserve à sauveté !

. . . .

Dans ce même millésime encore, il fut décidé de mettre à l'encan seize galères, dont cinq d'abord pour la Flandre ; leur capitaine fut noble homme messer Niccolò Foscolo ; ses « paroni », ser Bartolomeo Vala-

que mentionne ici Morosini, est réglé par décision du sénat du 3 février 1408, sous le commandement de Niccolò Foscolo, à trois galères pour Londres et deux pour l'Écluse. Les galères de Londres emportent un ambassadeur vénitien à Henry IV, maître Hieronymo, de l'ordre des Ermites de Saint-Augustin, chargé de régler avec la cour d'Angleterre des difficultés relatives à l'introduction de marchandises non admises à l'importation. (Rawdon Brown, *Ven. Papers*, t. I, p. 44-47, n°s 158-166 ; cf. Wylie, *Hist. of Henry IV*, t. III, p. 255.)

5. Première apparition de cette formule caractéristique, que le Diario va prodiguer.

6. Fol. 207 B. — Entre le 5 juillet et le 26 août 1408.

7. Cet extrait ne se retrouve pas dans Sanuto, sauf le premier membre de phrase. (Col. 839.)

8. Première mention des « paroni » des galères de marchandise, sur lesquels l'Introduction donne les détails nécessaires, adjudicataires, au plus offrant, de l'entreprise du transport opéré par chaque galère. « Et chascune desdictes gallées est

Bortolamio Valareso, ser Christofalo Dandolo, ser Nicholò Bragadim e ser Alesandro Malypiero e ser Antuonio da Ponte[1].

. . . .

Apreso[2] pur[3] in lo dito muodo azionse uno nobel homo per anbasador, prior de Toloxa[4], voiando domandar gracia de armar una galia per pasar a le parte de Ruodo chon molta zente in so chonpagnia, per eser in conserva chon le nostre galie da marchado[5]; del qual[6] se inpensa ebia quelo d'entrada de le suo parte duchaty XL milia d'oro; per vixitar el gran maistro de Ruodo, per chaxion el dito nobel chavalier eser de quela gran naxion luogotenente de Ruodo; al qual in Veniexia fo fato notabel honor[7].

. . . .

baillée à ferme à ung gentilhomme plus offrant, lequel est appellé patron de ladicte gallée... » (*Traité du gouvernement de Venise*, ch. xcv, dans Michel Perret, *Hist. des relat. de la France et de Venise*, t. II, app. I, p. 293.) — Fonction qu'il faut bien se garder de confondre avec les « paroni » commandants des coques de guerre.

1. Antonio da Ponte, ici mentionné comme adjudicataire d'une de ces galères de Flandre, était destiné à être bientôt mis en faillite, complication qui allait donner lieu aux plus laborieux pourparlers.

2. Fol. 208 A. — Entre le 5 juillet et le 26 août 1408.

3. Cet extrait ne se retrouve pas dans Sanuto.

4. Raymond de Lescure, titulaire du prieuré de Toulouse, en la *Nation* ou *Langue* de Provence, de l'ordre de Rhodes, le négociateur de la paix de l'ordre avec le sultan d'Égypte à la suite de la désastreuse campagne de 1403 contre Alexandrie. (Sur lui, Mas Latrie, *Hist. de Chypre*, t. II, p. 494.)

5. Le passage à Venise de ce haut dignitaire de l'ordre de Rhodes, signalé à cette date par Morosini, marque la fin du voyage entrepris par lui en Europe, en 1407, comme plénipo-

resso, ser Cristoforo Dandolo, ser Niccolò Bragadino, ser Alessandro Malipiero et ser Antonio da Ponte.

. . . .

Ensuite et de la même manière arriva en ambassade un noble homme, le prieur de Toulouse, qui voulait demander la faveur d'armer une galère pour passer aux parties de Rhodes, avec nombreuse gent en sa compagnie, et de naviguer de conserve avec nos galères de marchandise. On dit qu'il a de rente en son pays 40,000 ducats d'or. Il allait rendre visite au grand-maître de Rhodes, parce que ledit noble chevalier était lieutenant de Rhodes pour cette grande nation, et à Venise il lui fut fait grand honneur.

. . . .

tentiaire du roi de Chypre Janus II, d'abord à Gênes, pour traiter de diverses questions pendantes entre les deux États, puis en France, pour négocier le mariage du roi de Chypre avec Charlotte de Bourbon, sœur du comte de la Marche, mariage qui devait être célébré par procuration en 1409.

6. Dégagé définitivement de toute suite des affaires de Pise, depuis l'annexion de Pise à Florence, du 3-9 octobre 1406, Boucicaut, dans son poste de gouverneur français de Gênes, toujours hanté par l'obsession de grandioses entreprises en Orient, a essayé de négocier avec le roi de Chypre, dans le cours de 1407, en profitant du séjour du prieur de Toulouse à Gênes, un nouveau plan d'expédition en Égypte, auquel les hésitations de Janus II l'ont contraint, à son ardent regret, de renoncer encore. (Delaville le Roulx, *La France en Orient*, p. 505-510.)

7. La diplomatie vénitienne venait de discuter avec le gouvernement français de Gênes le nom de Raymond de Lescure, pendant le séjour de celui-ci à Gênes, en avril 1407, comme susceptible de représenter l'arbitre départageant spécifié par la paix du 28 juin 1406, arbitre encore non désigné par suite

Apreso[1], in l'ano[2] de M CCCC VIII, dy xxvi d'avosto, vene nuove in Venexia de le parte da Torim per lo tratado dy nostry anbasadory, miser Polo Zane e miser Barbom Morexiny, fo per lo signor chonte de Savoia[3] determenado chom bona plezaria che Zenovexi de fose tegnudy de pagar per termene de tre mexi per terzo hogno mexe a la chomunitade de Veniexia, per i dany de le robaxion fate sy in tera a Baruto chomo eciamdio de le nostre choche e nave prexe, dy dany per loro a nuy faty, chomo claramente fo provado, de pluy de ducaty c lxxx milia d'oro, chon dano e intereso. E fo determenado per quel signor chonte de Savoia in Torim, che Zenovexi hover la chomunitade de Zenova devese dar e pagar a la chomunitade de Veniexia hover chy se intenda, in spizialytade a chy a quely fose fato el dano, de duchaty lxxxxv milia vii^c lxv d'oro. De la qual determenacion è stado, oltra la utilitade de Veniexia, de grandisimo honor de la citade de Veniexia, chon ziò sia che may per lo mondo de questo non se porà may dir se non questo eser provado e chognosudo non sia stado altro cha de nostro grando honor e fama e nomenanza; che Veniciany sia chaxon de nonn eser may nomenady per robadory, chomo loro se a vezudo claramente per efeto[4].

. . . .

du récent retrait du gouvernement florentin (ci-dessus, 27 juillet 1406) ; après discussion réciproque son nom s'était trouvé écarté. (Delaville le Roulx, *La France en Orient*, p. 499.)

1. Fol. 208 b.

2. Cet extrait se trouve résumé dans Sanuto sous la date du 28 août, au lieu de celle du 26 ici notée, entre ces mots : « A' 28 del detto mese », et ceux-ci : « De quali dieno per resto 95765. » (Col. 839-840.)

Ensuite, en l'an 1408, le 26 août, vinrent nouvelles à Venise, des parties de Turin, qu'à la suite des négociations de nos ambassadeurs, messer Paolo Zane et messer Barbone Morosini, le seigneur comte de Savoie avait décidé, avec bonne plégerie, que les Génois seraient tenus de payer, dans le délai de trois mois, à raison d'un tiers par mois, à la république de Venise, des dommages-intérêts pour les dam et pilleries commis par eux, tant sur terre, à Beyrouth, que sur nos coques et nefs capturées, dommages à nous causés par eux, ainsi qu'il avait été clairement prouvé, et montant à plus de 180,000 ducats d'or. Et il fut décidé par ledit seigneur comte de Savoie, à Turin, que les Génois, c'est-à-dire la république de Gênes, devraient donner et payer à la république de Venise ou à qui de droit, en particulier à ceux qui avaient souffert le dommage, la somme de 95,765 ducats d'or. Cette décision a été, outre le profit, de très grand honneur à la cité de Venise, parce qu'on ne pourra jamais dire dans le monde, au sujet de cette affaire, qu'une chose : c'est qu'il est prouvé et reconnu que rien n'y a été qu'à notre grand honneur et bruit et renommée, et que les Vénitiens n'ont pas donné occasion de jamais être traités de pillards, comme on a pu le voir clairement et par effet.

. . . .

3. Allusion à la désignation finale (ci-dessus, 27 juillet 1406) d'Amédée VIII, comte, puis duc de Savoie (1391-1416-1439), comme arbitre départageant spécifié par la paix du 28 juin 1406, désignation effectuée de commun accord entre Venise et le gouvernement français de Gênes, en juin 1407. (Delaville le Roulx, *La France en Orient*, p. 499.)

4. Enregistrement de l'arrivée à Venise, sous cette date du

Fra[1] questo tenpo[2] de l'ano de M CCCC VIII, dy VIII de zener, vene da Zenova in Veniexia uno notabel dotor, miser Eringo (sic) dy Grimaldy, per anbasador, suplycando a la dogal Signoria a la domanda per la Signoria fata a la comunitade[3] de Zenova de la se[n]tencia de fo dada per miser lo chonte de Savoia a nuy eserne tegnudy de duchaty LXXXXV milia VII^c LXV d'oro. A quely i pareva eser agrevady, chon ziò sia che quela sentencia iera mal defenida incontra de loro, e che al vero del tuto quely se voleva del tuto apelarse, parandoy eser tortizady. A la qual anbasada per miser lo doxe con la Signoria, de prexente clamado el Chonseio in Pregady, ly fo dado resposta in questo muodo : « Che una fiada bem iera sta chognosudo per clara esperiencia loro de iera tegnudy dy dany, che per mar loro de aveva fato, de la dita quantitade; ch'oltra di dity denery, che nuy volemo che loro debia pagar, e pagady che i dity sia, sia dapuo loro a tornarse chomo i piaxe, chon ziò sia che a nuy par sia ase bastevel el tenpo avevemo schorso, e che l'andar e star sia de qui a la soa voluntade, e chusy bem iera sta chognosudo per molte e molte efichazie raxiom[4]. »

. . . .

26 août, de la nouvelle de la sentence arbitrale rendue à Turin par Amédée VIII, réglant les derniers différends que la paix du 28 juin 1406 avait laissés pendants. La sentence arbitrale, après conférences contradictoires de mars à août, est prononcée le 9 mars 1408. (*Ibid.*, p. 499-502.)

1. Fol. 210 A.

En ce temps de l'année 1408, le 8 janvier, vint de Gênes à Venise un célèbre docteur, messer Enrico de' Grimaldi, en qualité d'ambassadeur, pour faire supplique à la Seigneurie ducale au sujet de la demande formulée par ladite Seigneurie à la république de Gênes et qui exigeait de cette dernière, en vertu de la sentence rendue par messire le comte de Savoie, une somme de 95,765 ducats d'or. Les Génois prétendaient qu'ils étaient lésés, que cette sentence avait été injustement prononcée contre eux et que de vrai ils voulaient appeler de toute cette affaire, où il leur paraissait qu'on leur avait fait tort. A cette ambassade, messire le doge et la Seigneurie, après avoir immédiatement convoqué le Conseil « in Pregadi », firent réponse en cette manière : « Qu'il avait été une bonne fois et par claire expérience reconnu qu'ils étaient tenus, pour les dommages qu'ils nous avaient causés sur mer, de nous payer l'indemnité fixée ; que, une fois ladite somme d'argent, dont nous exigeons le paiement, bien et dûment versée, ce serait affaire à eux de s'arranger comme il leur plairait, mais que le délai déjà écoulé nous paraissait très suffisant, qu'ils pouvaient s'en aller ou rester selon leur volonté, et qu'il en avait été ainsi bien décidé pour très nombreuses et efficaces raisons. »

. . . .

2. Cet extrait ne paraît pas se retrouver dans Sanuto.
3. *Communi- tade.* Des. fol. 210 A ; inc. fol. 210 B.
4. Mention de la mission à Venise, constatée en effet par les documents officiels vénitiens et génois, d'Enrico Grimaldi, envoyé du gouvernement français de Gênes, chargé de protester contre la sentence arbitrale rendue par Amédée VIII le 9 août

Dapuo¹ anchora² fo fato, in lo sovradito milieximo de M CCCC VIII, chapetanio de v galie al viazo de Fiandra el nobel homo miser Jachomo Trivixam de Sem Zane Nuovo; sovrachomity suo, prima ser Jachomo Dandolo, ser Fantim Morexiny de miser Zane, ser Lorenzo Dandolo, ser Troilo Malypiero fo de miser Marin, ser Ziorzi Chapelo fo de miser Zane. E ave molta vaiuda de seda e specie e altre merze, e arzento e monede per grandisimo valor, e fo de duchaty CCCCL milia d'oro in suxo³; e party de Veniexia ady IIII° de marzo over fo mazo⁴.

. . . .

In⁵ questo tenpo⁶ avesemo per nuove⁷ chomo⁸ el

1408 et d'en signifier la non-acceptation. (Delaville le Roulx, *La France en Orient*, p. 502.) — Le gouvernement français de Gênes devait refuser jusqu'à sa chute, en septembre 1409, cette ratification de la sentence. L'acte arbitral n'est accepté à Gênes, à la fin de 1410, que par le nouveau pouvoir institué à la suite de l'expulsion des Français. Ratification qui efface, alors seulement, les derniers différends nés du choc de 1403 entre Venise et Boucicaut. (*Ibid.*, p. 502-504.)

1. Fol. 211 A. — Entre le 8 janvier et le 28 février 1409.
2. Cet extrait se trouve résumé en quelques mots dans Sanuto. (Col. 840.)
3. Le voyage de Flandre de l'an 1409, que mentionne ici Morosini, est réglé par décision du sénat du 29 mars 1409, sous le commandement de Giacomo Trevisani, à trois galères pour Londres et deux pour l'Écluse. Les galères de Londres emportent un nouvel ambassadeur vénitien auprès de Henry IV, Antonio Bembo, chargé de continuer la mission confiée l'an précédent à frère Hieronymo. (Rawdon Brown, *Ven. Papers*, t. I, p. 48-51, n°ˢ 168-176, et Liste des capitaines.)
4. Le départ, mentionné par cette notation postérieure, ne

[1409]   D'ANTONIO MOROSINI.   247

Ensuite, en ce même millésime 1408, fut encore fait capitaine de cinq galères pour le voyage de Flandre noble homme messer Giacomo Trevisani de San Giovanni Nuovo; ses « sovracomity » furent d'abord ser Giacomo Dandolo, ser Fantino Morosini, fils de messer Giovanni, ser Lorenzo Dandolo, ser Troilo Malipiero, fils de feu messer Marino, ser Giorgio Capello, fils de feu messer Giovanni. Ils eurent une grande quantité de soie et d'épices et d'autres marchandises, d'argent et de monnaie pour très grande valeur : 450,000 ducats d'or et plus. Ils partirent de Venise le 4 mars ou plutôt le 4 mai.

. . . .

En ce temps, nous eûmes nouvelles que l'armée du

peut, de toute évidence, avoir eu lieu que le 4 mai seulement et non dès le 4 mars.

5. Fol. 211 A. — 4 mai 1409.

6. La première partie de cet extrait, quoique ne s'imposant pas au cadre de cette édition, a dû être insérée ici, pour éclairer comme il convient la seconde partie du passage, dont la publication était nécessaire.

7. La première partie de cet extrait se reconnaît tronquée dans Sanuto. (Col. 840.)

8. Allusion à la campagne ouverte en 1409 par le roi de Naples Ladislas, rival du prince français Louis II, contre l'État florentin, qui comprend à présent Pise, et contre Sienne et Arezzo, ses alliées, guerre où le gouvernement français de Gênes, par la communauté d'intérêts qui lie Gênes à Florence, va se trouver plus ou moins mêlé en divers points. — Ladislas, représentant des droits d'héritage dynastique de la première maison d'Anjou régnante à Naples, souverain nominal de Naples depuis 1386, en est roi, de fait, depuis 1400, où il est parvenu à expulser son rival Louis II, duc d'Anjou, représentant des droits d'héritage adoptif de la première maison ange-

chanpo del re Vinzilao¹ se aveva achostado apreso a Siena circha per mia xII, con circha chavaly xv^m e da pedony x^m e holtra, per aver so intendimento de aver Siena, e per algum tradado de quely dentro zià hordenado aveva de darly una de ledo porte de Siena ; e de prexente deschoverto che fo questo, fo zudegady e sentenciady i traitory a morte ; dapuo per manchamento de vituaria, el dito chanpo del dito re se retrase adriedo, siando stado molty dy con so senestro asay².

. . . .

E³ dapuo⁴ vene nuova in lo dy de l'Asensa⁵ in Veniexia, abuda la dogal Signoria per lo fante da

vine. La conquête de Rome, la mainmise sur le pouvoir pontifical et par là sur l'empire, est le rêve de son ambition grandiose, mais permise à des énergies de sa trempe, dans le vide laissé par la disparition du grand Visconti. — Depuis le 21 avril 1408, Ladislas occupe enfin Rome, Rome sans pape et sans maître, déjà surprise deux fois par lui depuis quatre ans, sous Innocent VII, sans pouvoir s'y maintenir, où cette fois il s'est établi tout-puissant, en partie occultement liée avec le nouveau pontife, le Vénitien Angelo Corrario, titulaire de la tiare romaine, sous le nom de Grégoire XII, depuis le 18 novembre 1406. — Mais, en ce moment, le pontife de Rome est aussi menacé que le pape d'Avignon, son rival. Grégoire XII, ayant quitté Rome pour la Toscane, dès l'été de 1407, l'an 1408 en vain passé à errer de ville en ville, jusqu'à Lucques, en négociations sans portée pour l'union de l'Église, est alors réduit à chercher refuge à l'extrémité de l'Italie, en Frioul, dans les États du patriarche souverain d'Aquilée. Benoît XIII, reparu vers le même temps, en 1407-1408, dans l'État de Gênes, un instant rapproché de son rival, de port en port, jusqu'à Porto-Venere, est en ce moment en fuite dans les États du roi d'Aragon, son souverain national. Tous deux sont à la veille d'une déposition commune, que va décider le concile général, préparé sous l'influence décisive de Florence et de la France, et qui vient

roi Venceslas s'était campée près de Sienne, à douze milles environ, avec environ 15,000 chevaux et 10,000 hommes de pied et plus, pour exécuter son projet de prendre Sienne, et avait traité avec certains des habitants qui devaient lui livrer une des portes de Sienne ; que, dès que la chose fut découverte, les traîtres furent jugés et condamnés à mort ; qu'ensuite, par défaut de vivres, l'armée dudit roi avait battu en retraite, après avoir beaucoup souffert pendant plusieurs jours.

. . . .

Ensuite vint nouvelle, le jour de l'Ascension, à la Seigneurie ducale de Venise, par le courrier de Flo-

---

de s'ouvrir à Pise, le 25 mars 1409, en vue de pacifier l'Église et d'élire un pape étranger au schisme. — Donc, pour maintenir la tiare à Grégoire XII, qui tient encore tête à l'orage et a convoqué un contre-concile à Udine (comme Benoît XIII un autre à Perpignan), Ladislas, au printemps de 1409, partant de Rome comme base d'opérations, est entré en Toscane, en guerre ouverte contre Florence et ses alliés.

1. « Vinzilao ». Wenceslas, s'il fallait prendre la désignation à la lettre. Forme secondaire sous laquelle Morosini, comme, du reste, plusieurs chroniqueurs italiens contemporains, désigne ici et à diverses autres reprises le roi de Naples Ladislas, souvent aussi dénommé Lancelot dans les chroniques françaises.

2. Ladislas, parti de Rome, paraît devant Sienne le 5 avril 1409. (*Annali Sanesi*, ap. Muratori, *Rer. Ital. Script.*, t. XIX, col. 422.) Le récit de Morosini, relatant la tentative de surprise sur Sienne, confirme le récit des Annali Sanesi, qui place le fait au 24 avril (col. 422), date qui concorde avec l'arrivée de la nouvelle à Venise, le 4 mai. — Écarté de Sienne, Ladislas entre de vive force à Cortone le 3 juin. (*Sercambi*, t. III, p. 157-159.)

3. Fol. 211 B. — 16 mai 1409.

4. Cet extrait ne se retrouve pas dans Sanuto.

5. Le jour de l'Ascension, 16 mai 1409.

Fiorenza, fata ady VIII de mazo di M° CCCC VIIII°[1], l'armada soa del predito re aver prexo una chocha de Zenovexi[2], dita Squarziafiga, vegniva da Ruodo, sovra de la qual iera el Gran Maistro de Ruodo, romaxo infermo in Cecilia[3], sovra de la qual chocha i scrive aver trovado de aver de Fiorentiny per duchaty XV^u d'oro de specie, e l'avanzo del dito chargo de Zenovexi[4]. E non avemo anchora i l'abia lasada, ma atendeva a una altra vegniva de Fiandra, de lane e pany, de Fiorentiny, per valor de duchaty c°L milia d'oro, laqual con salvamento quela iera azionta a Porto Venere[5] in segurtade[6].

. . . .

E[7] avesemo[8] anchora de nuovo in questo tenpo l'armada del re Lanzelao[9], chon III choche e chon-

1. C'est-à-dire que le courrier de Florence, parti de Florence pour Venise, avec une lettre écrite à Florence le 8 mai, parvenait le 16 à Venise. Sous ce nom de « fante », ou sous le terme de « scarsela », Morosini désigne à plusieurs reprises les courriers expédiés à Venise de divers points d'Italie ou d'Europe.
2. Au moment où Morosini signale ces hostilités entre Napolitains et Génois, le gouvernement français de Gênes, quoique hostile en principe à Ladislas et à Grégoire XII, quoique favorable au concile de Pise et au choix imminent qu'il va faire, n'est cependant pas en guerre déclarée avec le roi de Naples. — L'an précédent, en avril 1408, au moment où Rome, abandonnée au premier occupant, était menacée de près par Ladislas, Boucicaut avait bien essayé de le prévenir et de le gagner de vitesse, en amenant en personne une flotte génoise vers l'embouchure du Tibre, sans que ses huit galères, arrêtées en route par des vents contraires, et n'ayant pas même réussi à atteindre l'embouchure de l'Arno, aient pu intervenir à temps. (*Livre des faicts*, part. III, ch. XIX et XX.) Mais, en ce présent

rence, le 8 mai 1409, que la flotte du susdit roi avait capturé une coque génoise, dite Squarciafica, venant de Rhodes, et sur laquelle était le grand-maître de Rhodes, resté malade en Sicile. Sur cette coque ils trouvèrent, à ce qu'on écrit, pour 15,000 ducats d'or d'épices appartenant aux Florentins; le reste du chargement appartenait aux Génois. Nous ne sachions pas encore qu'ils aient remis cette coque en liberté; on dit qu'ils en guettaient une autre, venant de Flandre, chargée de laines et d'étoffes pour le compte des Florentins, de la valeur de 150,000 ducats d'or, et qui était arrivée saine et sauve à Porto-Venere et s'y trouvait en sécurité.

. . . .

Nous eûmes encore nouvelles en ce temps que la

moment, la guerre n'est pas ouverte, et c'est uniquement contre les intérêts florentins qu'est dirigée cette agression de la flotte napolitaine, attaquant ainsi un navire génois chargé de marchandises de Florence.

3. Le grand maître de l'ordre des Hospitaliers est toujours Philibert de Nailhac (1396-1421). Il se rendait alors en effet en Europe, où il devait séjourner, en divers pays, jusqu'à son retour à Rhodes, en 1421. (Ci-après, 3 janvier 1416.)

4. Cet exemple d'affrètement florentin sur un navire génois est à relever.

5. Porto Venere, port de l'État de Gênes, sur la rivière du Levant, à l'entrée de la baie de la Spezia, qui a hérité de l'ancienne importance de cette place.

6. Cet exemple de trafic de Florence avec la Flandre est à signaler.

7. Fol. 212 B. — Entre le 16 et le 27 mai 1409.

8. Cet extrait ne se retrouve pas dans Sanuto.

9. Désignation, plus régulière que la précédente, du roi de Naples, Ladislas ou Lancelot.

meso III galie, in le aque de Cecilia aver prexo una richa chocha, paron uno ser Piero Nardom, zenovexe, la qual vegniva de Fiandra; sovra de la qual iera de aver de Fiorentiny sachy M° VII° de lane e da balony LXXX de pany zentil, per vaiuda de duchaty C L milia d'oro. De la qual nuova molto ly a chostado el dano de la vera soa e a tuta la chomunitade de Fiorenza; de l'altro aver de Zenovexi quelo dixe aver lasado[1].

. . . .

E[2] apreso[3] avesemo per nuove, ady XVIII de zugno de l'ano de M° IIII° VIIII°, per la via da Lucha[4] e per la via da Fiorenza insenbremente, e de questo ancora abudo per la dogal Signoria, chomo[5] VIII galie de

1. Nouvel exemple d'affrètement florentin sur navire génois, et de trafic de Florence en Flandre, à relever.
2. Fol. 213 A.
3. Ce passage ne se retrouve pas dans Sanuto.
4. Lucques, presque seule des petits États de Toscane, s'est préservée de l'annexion à l'empire de Giangaleazzo Visconti. La révolution intérieure du 14 octobre 1400 y a fortifié le pouvoir de Paolo Guinigi, maître de la république lucquoise : asservi à la politique milanaise, il réussit à s'y maintenir dans une autonomie relative jusqu'à la disparition du duc de Milan en 1402, et conserve le gouvernement de Lucques jusqu'à sa mort, en 1430.
5. Allusion aux événements de Sardaigne, auxquels le gouvernement français de Gênes, pendant les derniers mois de son existence, va se trouver mêlé. — Passée de l'influence de Pise sous celle de la couronne d'Aragon, dans le cours du XIV° siècle, et surtout depuis les pactes de 1386-1388, la Sardaigne, partagée en quatre tenures désignées sous le nom de *Judicats*, voyait alors se disputer la succession du plus important de ces États, le *Judicat* dit d'Arborée, situé sur le versant

flotte du roi Ladislas, composée de trois coques et trois galères ensemble, avait capturé dans les eaux de Sicile une riche coque, patron ser Pietro Nardoni, Génois, qui venait de Flandre. Sur cette coque, il y avait, appartenant aux Florentins, 1,700 sacs de laine et 80 ballots d'étoffes de luxe, d'une valeur de 150,000 ducats d'or. Cette nouvelle montre ce qu'a coûté cette guerre à toute la république de Florence; quant aux autres biens des Génois, on dit qu'ils les ont laissés.

. . . .

Ensuite, nous eûmes nouvelles, le 18 juin de l'an 1409, à la fois par la voie de Lucques et par la voie de Florence, et la Seigneurie en fut aussi informée, que huit galères catalanes avaient donné la chasse à

occidental de l'île, avec Oristano pour capitale. La mort de Mariano V, successeur de sa mère Éléonore, dernière représentante de l'antique maison d'Arborée, issue de la maison provençale des Baux, avait ouvert le litige en 1407. Le judicat se trouvait revendiqué à la fois, et par le mari d'Éléonore, le génois Brancaleone Doria, comme représentant des droits de sa femme, et, plus régulièrement à ce qu'il semble, par Guillaume II de Lara, vicomte de Narbonne (1397-1424), comme descendant de Béatrice, sœur d'Éléonore, appelé d'ailleurs par le vœu des Sardes. Leurs droits rivaux étaient également combattus par le roi d'Aragon Martin Ier (1395-1410), qui prétendait la succession dévolue à la couronne aragonaise par suite des pactes de 1386-1388. Les deux représentants de la dynastie sarde, quoique ennemis, se sont enfin ligués pour défendre leur part commune d'intérêts contre l'invasion aragonaise. (Sur ces faits, voir Pasquale Tola, *Codice diplomatico di Sardegna*, t. I, diss. 3, 4, 5; t. II, diss. 6, ap. *Monumenta historiae patriae*.) A cette époque, en juin 1409, les Aragonais, déjà installés dans l'île, depuis le mois d'octobre précédent, sous la conduite de l'infant Martin, roi de Sicile (1402-1409), préparent, avec des

Chatelany aver inchalzade v galie de Zenovexi in le aque de Sardegna; de le qual quele dy Catelany aver prexo de le v le III, e quely aver tuty taiady a peze, salvo el chapetanio de quele se scrive averse resalvado[1].

. . . .

Dapuo[2] apreso[3] la dogal Signoria ave per nuove da miser Pandolfo Malatesta, per soa letera de Bresia[4], dada[5] ady xxx de zugno de M° IIII° VIIII°[6], per la qual el scrive aver abudo da Milan[7] chomo in

forces venues d'Espagne en mai, une puissante campagne offensive destinée à se terminer par leur complète victoire. (Çurita, *Anales de la corona de Aragon*, l. X, ch. LXXXVI, LXXXVII.)

1. Le gouvernement français de Gênes, combattant naturellement les prétentions de l'Aragon, paraît avoir soutenu plutôt les droits du vicomte de Narbonne que ceux de Brancaleone Doria. Dans les premiers mois de 1409, avant le milieu de mai, Giorgio Stella relève l'armement, à Gênes, de trois galères, une galiote et quatre naves, destinées à une expédition du vicomte de Narbonne. (*Giorgio Stella*, col. 1218.) La défaite mentionnée ici par Morosini, et dont on voit la nouvelle parvenant à Venise le 18 juin, doit être l'échec subi par cette expédition devant l'île dell' Asinara, à l'entrée ouest des bouches de Bonifacio, où plusieurs galères génoises furent en effet, vers cette époque, capturées par la flotte catalane. (Çurita, l. X, ch. LXXXVII; *Giorgio Stella*, col. 1218.)

2. Fol. 214 A.

3. Ce passage ne se retrouve pas dans Sanuto.

4. Pandolfo Malatesta, co-seigneur de Rimini, depuis 1385, avec son frère Carlo, s'est rendu maître de Brescia, à la faveur des troubles de Lombardie, en 1404, et, vers 1408, occupe Bergame, se taillant ainsi un petit État personnel qu'il conserve jusqu'en 1419-1421. Morosini va donner d'intéressants renseignements sur son rôle dans les événements du Milanais, où se trouve mêlé le gouvernement français de Gênes.

5. Ce bruit de l'expulsion des Français de Gênes, que Morosini montre ainsi transmis de Milan à Brescia, puis, par cette

cinq galères génoises dans les eaux de Sardaigne ; que les Catalans en avaient capturé trois sur les cinq et en avaient taillé en pièces tout l'équipage, sauf le capitaine, qui, écrit-on, a pu se sauver.

. . . .

Ensuite, la Seigneurie ducale eut encore nouvelles, par lettres de messer Pandolfo Malatesta, datées de Brescia, 30 juin 1409, qu'il a appris de Milan que le peuple de Gênes s'était levé en armes et que Bouci-

lettre du 30 juin, porté à Venise le 5 juillet, est erroné, comme le Diario le constate à la fin du présent extrait, mais seulement prématuré. On verra l'événement annoncé ici deux mois trop tôt se produire effectivement le 3 septembre suivant.

6. En ce moment précis, en juin et juillet 1409, le gouvernement français de Gênes, désintéressé de la question pisane depuis l'annexion définitive de Pise à Florence, en 1406, repoussé définitivement d'Orient par l'échec du projet d'expédition contre Alexandrie, en 1407, dégagé des affaires de Rome et de Naples par les insuccès de Ladislas, est absorbé par ses plans d'intervention en Milanais, intervention suspendue pour l'instant, mais prête à s'affirmer de nouveau, et dans le contrecoup de laquelle, cette fois, la domination française en Ligurie va elle-même disparaître.

7. Dans l'ancien empire du grand Visconti, depuis sa brusque disparition en 1402, la minorité lamentable de son fils Gianmaria, duc à Milan, à peine âgé de treize ans, sous l'insuffisante tutelle de sa mère, la duchesse régente Caterina Visconti, a laissé le champ libre à toutes les convoitises et à tous les déchirements des partis, qui, sous les noms archaïques de Guelfes et de Gibelins perpétués par la tradition, mais à peine compréhensibles pour ceux qui s'y encadrent alors, s'arrachent avec frénésie les débris du pouvoir à Milan et les ruines des cités de Lombardie. — Au cours de l'an 1404, depuis l'élimination, puis la mort tragique de la duchesse régente, sous le nom de laquelle Guelfes et Gibelins, chacun à deux reprises, ont violemment gouverné tour à tour, deux grands groupe-

Zenova[1] el puovolo iera levado in arme, e chomo Buzicardo iera schanpado, so governador, in lo chastelo per so segurtade[2]; è zionta la nuova de qui a dy

ments rivaux d'intérêts et de convoitises se sont organisés d'eux-mêmes. L'un, relevant du parti guelfe, sous la direction des Malatesta, entraînant avec eux tous les nouveaux maîtres des cités lombardes; l'autre, se réclamant du parti gibelin, sous l'impulsion du grand condottiere Facino Cane, installé, comme en une capitale, dans Alexandrie de la Paille, entre le Milanais et le Piémont, et maintenant porté presque à hauteur d'un trône. — En 1407, le parti des Malatesta a conquis le pouvoir, exercé d'abord par Carlo, de Rimini, puis par Pandolfo, de Brescia, qui lui a succédé au début de 1409. (Précis de ces événements d'après les sources italiennes.)

1. Entre le gouvernement français de Gênes et le parti gibelin milanais, soit maître du pouvoir à Milan, soit refoulé dans les villes dont il dispose, l'état de guerre s'est vite imposé. Nées spontanément dès l'été de 1403, lors de la première entrée des Gibelins au pouvoir à Milan, engagées alors à Tortone, à Alexandrie, à Castellazzo, dans toute la région comprise entre l'Apennin au nord de Gênes et la Lombardie, prolongées jusqu'aux négociations survenues en 1404-1405 (Guglielmino Schiavina, *Annales Alexandrini*, éd. Vincento-Ferrero Ponzilioni, ap. *Mon. Hist. Patriæ Scriptores*, t. IV, p. 396-401; *Giorgio Stella*, col. 1202, 1205, 1207-1209; *Livre des faicts*, part. III, ch. II), les hostilités, sourdement entretenues depuis, ont repris corps en 1408, pendant la concentration de Facino Cane dans son État d'Alexandrie, après son éviction de Milan par le parti guelfe. Allié au marquis de Montferrat, Théodore II Paléologue (1381-1418), dont les intérêts sont liés aux siens, Facino Cane enlève la ville de Novare, alors occupée à ce qu'il semble, bien avant en Lombardie, par des forces du gouvernement français de Gênes, qui, de son côté, fait venir des renforts de France. (Gioffredo Della Chiesa, *Cronaca di Saluzzo*, éd. Carlo Muletti, ap. *Mon. Hist. Patriæ Scriptores*, t. III, col. 1054; *Chronique du bon duc Loys de Bourbon*, éd. Chazaud, p. 302, 304, 305.) — Au cours de cette prise d'armes, une tragédie s'est dénouée à Gênes. Gabriello-Maria Visconti, apparu en Milanais après

caut, son gouverneur, s'était réfugié dans la citadelle pour être en sûreté. Cette nouvelle est arrivée ici le 5 juillet 1409; mais nous reçûmes ensuite plus de

la vente de Pise à Florence, en 1405, installé quelque temps au gouvernement, puis réfugié près de Facino Cane depuis le triomphe de la coalition guelfe de 1407, se trouvant alors en séjour temporaire à Gênes, pendant une absence de Boucicaut en Provence, est accusé d'un complot destiné à livrer Gênes à Cane, est arrêté, jugé et exécuté sommairement le 15 décembre 1408. (*Giorgio Stella*, col. 1217; *Livre des faicts*, part. III, ch. xxii; *Ogdoas*, sc. I, p. 271-272.) — Sa tête est un défi jeté au parti gibelin, dont l'aigle noire, par une singulière métamorphose, va désormais incarner, dans l'Italie du Nord, l'emblème du parti national italien.

2. C'est dans ces conditions que s'est produite, au début de 1409, l'intervention du gouvernement français de Gênes en Milanais, à laquelle il vient d'être fait allusion. — Sous l'action d'un groupe de conseillers, un moment prépondérants à la cour milanaise, le jeune duc Gianmaria, en mars 1409, entame avec Boucicaut des négociations effectives qui aboutissent à la conclusion d'une ligue entre le duc, Amédée VIII, comte de Savoie (1391-1439), Louis de Savoie, comte de Piémont, prince titulaire d'Achaïe (1402-1418), son cousin et beau-frère, Boucicaut, renforcé de troupes françaises, et le gouverneur français du comté d'Asti, possession passée avec Valentine Visconti dans la maison d'Orléans, Bernardon de Serres (1405-mai 1409), l'ancien capitaine général de la république florentine. Gianmaria, nommant Boucicaut régent du duché, faisant entrer des forces françaises à Milan, se met sous l'influence de la France, qui, de la Ligurie, va s'étendre à demeure sur le Milanais. (Giacomo Delayti, *Annales Estenses*, ap. Muratori, *Rer. Ital. Script.*, t. XVIII, col. 1080-1082; Andrea Biglia, *Historia Mediolanensis*, ap. Muratori, *Rer. Ital. Script.*, t. XIX, col. 33; *Della Chiesa*, col. 1054-1055; Benvenuto di SanGiorgio, *Historia Montisferrati*, ap. Muratori, *Rer. Ital. Script.*, t. XXIII, col. 678; *Chron. du duc de Bourbon*, p. 302-305; Corio, *Storia di Milano*, t. II, p. 498; Isaïa Ghiron, *Della vita e delle militari imprese di Facino Cane*, ap. *Archivio Storico*

v de luio de 1409, ma dapuoy avesemo pluy clara la dita novela, non fo trovada per veritade[1].

. . . .

Holtra[2] de questo[3], pur in questo tenpo, vene nuova a Veniexia, per letera mandada a Napoly, per la resposta de la qual avesemo chomo el re de Ragon per una armada fata de choche LXX e galie XXVIII per mandar in Sardegna, e avesemo per la dita armada del dito Re aver aquistado Sardegna da homeny VII^x, e aver prexo de Zenovexi iera là CCC XII, e tuty quely da any X in suxo averly inpexi per la gola[4]; e, fato questo, voler lo dito stuolo de galie e choche andar per la Riviera fina in lo porto de Zenova[5] per dagnyfichar quely[6].

. . . .

Lombardo, t. IV, 1877, p. 576.) — Cette nouvelle et déroutante orientation de la politique milanaise a brusquement réconcilié Guelfes et Gibelins d'Italie, également évincés du pouvoir. Pandolfo Malatesta, qui a quitté Milan sur la volteface du duc, et qui, de Brescia, soulève les Guelfes de Lombardie, s'unit à Facino Cane, au marquis de Montferrat, à leurs adhérents gibelins. Après six semaines d'hostilités enchevêtrées, la paix s'est trouvée signée entre le duc et les coalisés, dans les premiers jours de juin, avec un *consortium* qui partage entre les partis de Cane et de Malatesta, entre nationaux, le gouvernement du Milanais. (*Delayti*, col. 1082-1083; *Biglia*, col. 33; *Della Chiesa*, col. 1054-1055; *San-Giorgio*, col. 678; *Corio*, t. II, p. 502; Ghiron, *Facino Cane*, Pièces just., n°s 22, 23, p. 595-602.)

1. La paix conclue dans les premiers jours de juin devant durer encore jusqu'à la fin de juillet, l'existence du bruit de l'expulsion des Français de Gênes, son enregistrement et sa transmission à Venise, le 5 juillet, par un des chefs de la ligue opposée à Boucicaut, montre à quel point, en pleine pacification, ce plan destiné bientôt à réussir se préparait déjà. — Entre le 21 et le 24 juin, on trouve déjà trace, de manière tout

détails sur ladite nouvelle, qui ne fut trouvée véritable.

. . . .

Outre cela, en ce même temps, vint nouvelle à Venise, en réponse à une lettre envoyée à Naples, que le roi d'Aragon avait armé une flotte de 70 coques et 28 galères pour envoyer en Sardaigne, et que la flotte dudit roi, forte de 7,000 hommes, avait conquis la Sardaigne et fait prisonniers 312 des Génois qui s'y trouvaient, que tous ceux d'entre eux âgés de dix ans et au-dessus avaient été pendus par la gorge, et que, cela fait, ladite flotte, galères et coques, avait l'intention d'aller par la Riviera jusque dans le port de Gênes pour y faire dommage.

. . . .

à fait incidente, des préoccupations du gouvernement vénitien et des craintes qu'il éprouvait de voir Boucicaut s'insinuer à Parme et Reggio, naguères aux mains du redoutable Ottobono Terzo, qui venait d'être assassiné le 27 mai précédent, et dont la chancelante succession, en ce moment même, était l'objet de furieuses convoitises. (*Diario*, ad diem 21-24 juin 1409, ms., fol. 213 b.)

2. Fol. 214 b. — Entre le 25 juillet et le 11 août 1409.

3. Cet extrait ne se retrouve pas dans Sanuto.

4. Mention de la sanglante victoire de Sanluri, en Sardaigne, remportée le 30 juin 1409 par les Aragonais sur l'armée combinée du vicomte de Narbonne, soutenue par le gouvernement français de Gênes, et du Génois Brancaleone Doria, tous deux alliés depuis peu contre leur ennemi commun. (Récit dans *Çurita*, l. X, ch. lxxxvii.)

5. Ce projet prêté aux Aragonais de tenter une démonstration contre Gênes, que Morosini signale ainsi, est à relever.

6. Après la bataille de Sanluri, après la mort de Brancaleone Doria et la retraite du vicomte de Narbonne dans le château de Monteleone, à Oristano, puis sur le continent, après la mort foudroyante du roi de Sicile, enlevé dans le mois qui suit

† Chorando¹ any pur M° IIII° VIIII°, dy xi avosto, in Veniexia.

In² questo tenpo zionse in Veniexia una solena anbasada de tre anbasadory dal re de Franza, e una dal re d'Engletera, e una altra dal ducha de Borgogna³, tute vegnude qui a la dogal Signoria⁴, in le qual fo el patriarcha d'Antiocia⁵. E apreso puo, el dy sequente, zionse una galia dal papa Griguol duodecimo da Cividal⁶; e una altra, la qual manda papa

---

sa victoire (*Çurita*, l. X, ch. lxxxviii), le 15 juillet 1409, les Sardes d'Arborée prennent pour *juge* Leonardo Cubello, qui traite en 1410 avec l'Aragon, et auquel, après une nouvelle tentative du vicomte de Narbonne, défait en 1412 devant la place maritime d'Alghero, le judicat d'Arborée demeure définitivement acquis, avec le titre nouveau de marquisat d'Oristano, sous le protectorat étroit de la couronne d'Aragon. (Tola, *Cod. dipl. di Sardegna*, t. II, diss. 6, et Pièces just., xvᵉ s., n° 7.)

1. Fol. 215 A.
2. Cet extrait se retrouve, considérablement résumé, dans Sanuto, entre ces mots : « Agli 11 d'Agosto vennero tre oratori a Venezia », et ceux-ci : « e fu fatto Giovanni de' Garzoni. » (Col. 843.)
3. Allusion aux négociations diplomatiques engagées auprès du gouvernement vénitien par le gouvernement français, par l'Angleterre, et, d'après ce passage du Diario, par le duc de Bourgogne. Ces négociations ont pour objet de détacher définitivement Venise de la cause de Grégoire XII, maintenant déposé, comme son rival immédiat Benoît XIII, par le Concile général de Pise, depuis le 5 juin 1409, et de faire adhérer la république au nouveau pontife de toute la chrétienté, le Crétois Pietro Philargo, sujet vénitien, archevêque de Milan, élu le 26 juin suivant sous le nom d'Alexandre V. Benoît XIII, ayant cherché asile dans les États du roi d'Aragon, y a tenu, à Perpignan, de novembre à mars, un simulacre de concile. Grégoire XII, en ce moment réfugié en Frioul, dans les États du patriarche souverain d'Aquilée, y fait siéger, à Udine, de

† Au cours de cette même année 1409, le 11 août, à Venise.

En ce temps arriva à Venise une solennelle ambassade de trois ambassadeurs du roi de France, une du roi d'Angleterre et une autre du duc de Bourgogne, toutes venues ici près la Seigneurie ducale et où se trouvait le patriarche d'Antioche. Et après, le jour suivant, arriva encore une galère du pape Grégoire XII, venant de Cividale ; puis une autre, envoyée

juin à septembre, un autre fantôme de concile. Ces deux assemblées sont en révolte contre le Concile général de Pise, qui s'est ouvert le 25 mars et se termine régulièrement le 7 août. — Un des ambassadeurs français arrivant ainsi à Venise était, comme on va le voir, un des envoyés de France au Concile de Pise. (Ci-après, n. 5.) L'Angleterre avait également une mission à Pise. (Wylie, *Hist. of Henry IV*, t. II, ch. LXXXII.) Quant au duc de Bourgogne, on ne voit pas qu'il y fût représenté. (Cf. Labbe, *Sacr. Conc.*, t. XV, col. 1231-1234.)

4. En avril précédent, dès l'ouverture du Concile de Pise, une ambassade française était déjà arrivée à Venise. (Michel Perret, *Hist. des relations de la France avec Venise*, t. I, p. 120-121.)

5. Il doit s'agir ici, non du patriarche latin d'Antioche, mais du patriarche latin d'Alexandrie. Le patriarche latin d'Alexandrie, qui figure alors parmi les négociateurs composant l'ambassade de Charles VI au Concile de Pise (Labbe, *Sacr. Conc.*, t. XV, col. 1232), était le Français Simon de Cramaux, successivement évêque de Poitiers, archevêque de Reims, évêque de Poitiers de nouveau, cardinal en 1413, mort vers 1429, qui occupait le patriarcat d'Alexandrie depuis 1391. (*Gallia christiana*, t. II, col. 1194-1196.) — Le prélat qui occupait en 1409 le patriarcat latin d'Antioche était Wenceslas, qui figure parmi les négociateurs composant l'ambassade du royaume de Bohême au Concile de Pise. (Labbe, *Sacr. Conc.*, t. XV, col. 1232, 1234.) — Le Concile de Pise avait été clos le 7 août. (*Ibid.*, col. 1229.)

6. Cividale, en Frioul, alors résidence de Grégoire XII pen-

Alesandro quinto de le parte da Pixia[1], vegnuda qui per la via da Bologna a requixicion del gardenal de Bologna[2]; el quel fo miser Piero de la Randa[3]. Tute vegnude a la dogal Signoria, per le qual tute faremo mencion el nome dy dity anbasadory qui de soto, alegando e contignando per molte suo alegacion, favorizando la creacion del dito papa Alesandro quinto eser pastor e vichario vero per lo nome de Christo in tera, pregando e informando senpre la dogal Signoria a questo quela se debia voler tegnir e confermar, chonziosiachè questa eliciom sia sta provada e hotentichada per la vera concordia e honion de tuta la Gliexia honiversal de Dio, e apreso de questo confermando questa santa Signoria voler questo acetar e creder e hobedir, seria a tuto el mondo luxe e materia de aconzarse la sisma di Griexi, de redur quely a la fede chatolicha cristiana; la qual sisma a durado per longisimo tenpo sul mondo tuto in tera, e sozonzando chon molte e simel altre parole, quando per questa comunitade condesendese a voler questo, che tuto lo resto del mondo de christiantade tigneria e faria questo per veritade e aconzeriase da hogny parte el mondo tuto, e pur quando altramente fose, i dubiteria che hochoreria over poria hocorer per lo avegnir,

dant la réunion de son concile à Udine. — La galère dont il est ici question arrivait d'un port de la côte d'Adriatique, à portée de l'une de ces deux villes de l'intérieur.

1. Alexandre V, élu à Pise le 26 juin 1409, y séjourne jusqu'en janvier 1410, où il passe à Bologne.

2. Le « cardinal de Bologne », c'est-à-dire le cardinal, ablégat du Saint-Siège, qui gouverne Bologne depuis 1403, depuis l'expulsion de la domination milanaise et l'union de la ville et de son territoire à l'Église, est Baldassarre Cossa, devenu le véri-

par le pape Alexandre V des parties de Pise, venue ici par la voie de Bologne sur la demande du cardinal de Bologne : [l'ambassadeur] était messer Pietro della Randa. Toutes, venues à la Seigneurie ducale (nous ferons mention ci-dessous du nom desdits ambassadeurs) alléguèrent beaucoup de raisons, avec insistance, en faveur de la création dudit pape Alexandre V, vrai pasteur et vicaire du Christ sur la terre, priant et suppliant sans cesse la Seigneurie ducale qu'elle voulût la tenir et confirmer, parce que cette élection avait été approuvée et authentiquée pour la véritable concorde et union de toute l'Église universelle de Dieu; que, si cette sainte Seigneurie déclarait vouloir accepter ce pape et lui donner créance et obéissance, ce serait pour le monde tout entier une illumination, et aiderait à accommoder le schisme des Grecs et à les ramener à la foi catholique chrétienne, et que ce schisme avait duré par très long temps sur tout le monde de la terre. Et ils ajoutaient par mout et semblables autres paroles que, dans le cas où la république de Venise condescendrait à cet avis, tout le reste du monde de la chrétienté s'y tiendrait et ferait de même, en vérité, et que le monde tout entier s'accorderait de toute part; mais que, s'il en était

table souverain de l'État bolonais et passé au rang de puissance indépendante autant que redoutable. Baldassarre Cossa a fortement contribué à l'élection du vertueux et débile Alexandre V, sa créature sur le trône pontifical, qu'il n'a pas encore voulu briguer pour son propre compte, mais qu'il travaille à conquérir, sans scrupules, dès qu'il va être en mesure d'y prétendre.

3. Ambassadeur d'Alexandre V à Venise, dont la personnalité n'a pu être reconnue.

la dita chomunitade non de romagneria consolada, pregando ase per la pluy afermativa parte, tanto presto quanto se podese, a quely i fose dado resposta de spazamento, e azioche tanto bem non se restase de darse a bon conplimento[1].

E[2] holdido tute le parte dy sovraditi anbasadory e maistry e dotory tuty per plu ziorny, per lo serenesimo miser lo doxe miser Michiel Stem[3], e savii e consiery suo e percholatory e per molty del Chonseio nostro de Pregady, per miser lo doxie a questy fose resposto in questa forma[4] :

« Signory, nu avemo ase bem intexo le vostre raxon e pro e contra, de intranbe le parte bem e delizentemente; ma, chonsiderando ase aquesty fati, i pareva eser grandy e volerde aver molto pensamento, e chose che schazeva a i faty de le aneme, de volerde aver respeto de responder con delyberado e maduro chonseio circha a le predite cose chon dotory de leze e maistry in decretaly e de raxion de Clementine e savii de sciencie zivil e chatolize e mondane, e apreso abudy i Consey nostri de Pregady, tanto presto quanto se podese i se daria resposta, e abudonde pluxor ziorny de respeto da pensar circha de le predite chose, tornandose prima al Criator eterno

1. Les arguments qui précèdent sont naturellement ceux allégués par les représentants des États favorables à Alexandre V et par ceux de ce pontife. Ce discours, relaté sous forme indirecte, ne représente pas, il va sans dire, acquiescement des représentants de Grégoire XII, lesquels étaient présents en même temps à Venise, comme on vient de le voir, pour prévenir le retrait d'obédience sollicité du gouvernement vénitien.

autrement, ils craindraient qu'il arrivât ou qu'il pût arriver dans l'avenir que la République n'eût pas sujet d'être satisfaite. Et ils suppliaient fort que de la manière la plus affirmative on leur donnât, le plus tôt qu'il se pourrait, réponse sans délai, afin que si grand acte ne restât pas d'être conduit à bonne fin.

Après qu'eurent été entendus séparément tous et chacun desdits ambassadeurs et maîtres et docteurs pendant plusieurs jours par le sérénissime doge messer Michele Steno, par les « savi », conseillers et procureurs et beaucoup de notre Conseil des « Pregadi », il leur fut répondu par messire le doge en cette forme :

« Seigneurs, nous avons très bien entendu vos raisons et pour et contre, les unes et les autres bien et diligentement ; mais, considérant avec soin les faits, il nous a paru qu'ils étaient importants et voulaient qu'on y fît beaucoup de réflexion ; que, ces matières touchant aux affaires des âmes, il fallait prendre répit pour répondre de manière mûre et délibérée sur lesdites choses, après avoir pris conseil de docteurs ès lois, maîtres en décrétales et en raison de Clémentines, savants en sciences civiles, catholiques et profanes, et qu'ensuite, après avoir réuni nos conseillers des « Pregadi », il serait aussitôt que possible donné réponse, après avoir eu plusieurs jours de répit pour

---

2. *E.* Inc. fol. 215 B.

3. Le doge Michele Steno passe pour avoir porté à son compatriote Grégoire XII une hostilité efficace, née à l'occasion d'un grief tout particulier, consistant en un refus de faveur personnelle. (Romanin, *Stor. di Ven.*, t. V, p. 55, n. 1.)

4. Le texte de cette harangue, qui ne se retrouve pas dans Sanuto, est intéressant à signaler.

signor Dio, pregandolo e fazando pregar per tuto el corpo dy monestiery e parochie de Veniexia, e[1] tuta la clerexia dy prevedy, frary e servy de Dio, invochado el nome de Christo e de la soa mare de gracia benedeta Verzene Maria e apreso del protetor nostro biado Santo Marcho Vanzelista, fazando cantar molte mese e procesiom e letanie e oraciom. »

Domenega, a dy XVIII del mexe d'avosto, deveva eser fato Chonseio de Pregadi clamado; tuty debia bem vegnir a quelo e ascholtar e intender e responder a le parte serà alegade e provade; e apreso eser bem declaradea tute le scriture de intranbe le parte dy sovradity papa; e concluxo e intexo bem tute raxon, privado(?) fuora i parentady de intranbe le parte ho che per parentado s'apartegnise, i qual non posa a quel ponto meter balota in favor de alguno de quely, i qual plu balote averà de tuto el Conseio, sia fermo e stabele da quelo tegnir e hobedir. De qua indriedo diremo chomo a questy faty serà declarado[2].

. . . .

Chorando[3] M° CCCC VIIII°, dy XXII d'avosto[4].
Per lo Chonseio de questo miser lo doxe conmeso

1. *Ms.* « a ».
2. Ce passage semble indiquer que la séance du sénat vénitien, où devait être débattue la question d'obédience posée par la France, ait été primitivement fixée au 18 août. On va la voir se tenir, en fait, le 22. En effet, la séance du 18 août avait été troublée par des incidents d'une violence

réfléchir aux susdites choses et nous être tournés d'abord vers le Créateur éternel notre Seigneur Dieu, en le priant et le faisant prier par tout le corps des moutiers et paroisses de Venise et tout le clergé, prêtres, frères et serfs de Dieu ; après avoir invoqué le nom du Christ et de sa mère pleine de grâce, la bénie Vierge Marie, et ensuite celui de notre protecteur le bienheureux saint Marc l'Évangéliste, et avoir fait chanter mout messes, processions, litanies et oraisons. »

Le dimanche 18 du mois d'août devait se tenir un Conseil des « Pregadi » dûment convoqué. Tous devaient s'y rendre, écouter, entendre et répliquer aux raisons alléguées et avancées de part et d'autre. Après que toutes les écritures des deux parties, c'est-à-dire des susdits papes, auraient été bien discutées et leurs raisons bien entendues, on en viendrait au vote, d'où seraient exclus ceux qui se trouveraient être parents ou alliés de l'une ou de l'autre des deux parties et auxquels il serait défendu de voter en faveur d'aucune d'elles. A la partie qui obtiendra le plus de voix de tout le Conseil, on sera tenu de se rallier et d'obéir. Nous dirons plus bas ce qui aura été décidé sur cette affaire.

. . . .

Au cours de l'année 1409, le 22 août.

Sur le projet du Conseil de messire le doge et de la

extrême et des altercations particulières qui avaient empêché de prendre aucune résolution valable. (Michel Perret, *Hist. des relations de la France avec Venise*, t. I, p. 122-123.)

3. Fol. 216 A.

4. Relation de la séance du sénat vénitien où est débattue la question d'obédience posée par la France, séance qui semble

la Signoria, siando al numero de persone cxxxi[1], fo prexo in Pregady de tuor la hobediencia a papa Gregorio duodecimo (bemchè anchor fose fato per avanty uno altro Chonseio circha de questy faty al tuto per dar resposta a tute le anbasiade antidite vegnude de qua, e sy per non le atediar tropo a prolongarle), e de hobedir papa Alesandro quinto, chonziosiachè zià per la pluy parte del mondo vien da questo[2] zià hobedido, e a caxion questa sisma sia al tuto levada via, e de aconzarse el mondo tuto. La qual parte desputada fose prima, fo XIII no senciery[3], XLVIII de no[4], LXVIII fo de la parte[5]; e cusy fo prexa de quela de miser lo doxe, che mancha de meter a questo Chonseio, se partì dal choliegio a le hore VI e meza de note de là, ma ben vien dito iera de quela hopinion[6]. Prego Christo chusy sia stado el meio de le aneme nostre e de la salude de Veniexia e de tuto l'universo. Amen. E chusy devemo romagnir chontenty tuti[7].

Per lo dito Chonseio de Pregadi fose fato de prexente IIII° anbasadory a Pixia al dito miser lo papa Alesandro; i qual fo prima miser Piero Arimondo, miser Bortolamio Nany, miser Bortolamio Donado, e

avoir été d'abord fixée au 18. Sanuto, ne faisant pas cette distinction, place au 18 la discussion ainsi remise au 22. (Col. 843.)

1. Le total des divers suffrages exprimés ci-après ne fournit que 130 voix au lieu de 131 indiquées. Le départ du doge avant le vote, départ qu'on va voir relevé, explique cette différence.

2. *Sic in ms*. Peut-être faut-il lire : *viend[e] aquesto*.

3. Dans la terminologie politique vénitienne, le terme de « non sinceri » désigne l'abstention.

4. L'appellation de « non » désigne les voix contraires à la proposition émise.

Seigneurie, l'assemblée étant au nombre de 131 personnes, il fut décidé « in Pregadi » d'enlever l'obédience au pape Grégoire XII (il y avait eu, d'ailleurs, auparavant un autre Conseil exactement au sujet des mêmes faits, pour donner réponse à toutes les susdites ambassades venues à Venise et ne pas trop les fatiguer de délais) et d'obéir au pape Alexandre V, parce que la plus grande part du monde lui obéissait déjà, et afin de faire du tout disparaître ce schisme et concilier tout le monde. Cette décision fut prise, après avoir été d'abord débattue, par 13 abstentions, 48 non et 69 oui, et ainsi fut-il décidé de la part de messire le doge, qui ne vota pas à ce conseil, ayant quitté la réunion à six heures et demie du soir; mais on affirme qu'il était de cette opinion. Je prie le Christ qu'ainsi il en ait été pour le mieux de nos âmes et du salut de Venise et de tout l'univers. Amen. Et ainsi devons-nous tous rester contents.

Ledit Conseil des « Pregadi » désigna sur-le-champ quatre ambassadeurs pour aller à Pise, près de messire le pape Alexandre, et ce furent d'abord messer Pietro Arimondo, messer Bartolomeo Nani, messer

5. L'appellation de « de parte » désigne les voix favorables à la proposition émise.

6. La présence du doge aurait complété le chiffre des 131 présents relevé par Morosini, on voit avec quelle exactitude. — On vient de formuler les raisons, personnelles autant que politiques (ci-dessus, p. 265, n. 3), qui auraient porté Michele Steno à se prononcer, avec la majorité de l'assemblée, contre Grégoire XII.

7. Ainsi, à la suite de la négociation engagée par la France, Venise se soustrait à l'obédience italienne de Grégoire XII et se range à celle du pontife unique Alexandre V.

a miser lo papa Griguol fose fato in prima miser Fantin Dandolo de San Lucha, miser Zian dy Garzony, el qual acetase de prexente, l'altro refuda adeso[1]....

E[2] prexo[3] fo[4] anchora[5], per chaxion de[6] informacion abuda da i nostry de sovra Po[7], da Brixielo e

1. Alexandre V, qui va quitter Pise en janvier 1410 pour se rendre à Bologne, entre les mains de l'inquiétant Baldassarre Cossa, y mourra singulièrement le 13 mai, non sans soupçon d'empoisonnement de la part du menaçant ablégat, que les cardinaux à sa dévotion proclament pape, à Bologne même, le 27 mai, sous le nom de Jean XXIII. — Grégoire XII, qui va quitter le Frioul à la fin de 1410 pour se réfugier d'abord dans le royaume de Naples, où Ladislas lui donne Gaëte pour asile, puis, en 1412, à Rimini, à la cour des Malatesta, sa suprême retraite, n'abdiquera définitivement la dignité pontificale qu'en 1415, entre les mains du concile de Constance, qui lui décernera le titre de doyen du Sacré Collège, conservé par lui jusqu'à sa mort, en 1417.
2. Fol. 216 A. — 22 août 1409.
3. Les extraits qui suivent vont tous avoir trait à la chute de la domination française à Gênes, consommée par la révolution du 3 septembre 1409.
4. Cet extrait se retrouve dans Sanuto, entre ces mots : « In questo tempo i Genovesi », et ceux-ci : « e di 100 sul Polesine. » (Col. 844.)
5. La décision du sénat vénitien, à laquelle il est ici fait allusion, est en effet prise directement à la suite de celle qui se trouve mentionnée dans l'extrait précédent, dans la même séance du 22 août 1409.
6. Première série de mesures prises à Venise, le 22 août, en raison de l'intervention française en Milanais, dont une nouvelle reprise se manifeste en ce moment, plus menaçante cette fois qu'au printemps précédent, et dont Venise, devenue vraie puissance continentale à la suite de l'annexion de

Bartolomeo Donato, et pour aller près de messire le pape Grégoire on désigna d'abord messer Fantino Dandolo de San Luca, messer Giovanni de' Garzoni, lequel accepta sur-le-champ, tandis que le premier refusa aussitôt . . . .

Il fut encore décidé, — sur une information reçue de nos gouverneurs du cours du Pô, de Brescello et de

l'État de Padoue, en 1405, a lieu de craindre fortement la répercussion dans ses récentes conquêtes.

7. Dans les derniers jours de juillet, en effet, s'est dessiné un second plan d'intervention, arrêté à nouveau entre Boucicaut et le duc de Milan, à la suite du traité qu'on a vu imposé à Gianmaria, au début de juin, par la coalition italienne. Les deux forces en présence se sont maintenues identiques : d'un côté Facino Cane avec le marquis de Montferrat, les Malatesta et les petits souverains guelfes de Lombardie; de l'autre le duc de Milan, le comte de Savoie, le comte de Piémont et le gouverneur français du comté d'Asti, Jean de Fontaines (mai 1409-1415), avec lesquels va se prononcer cette fois le comte de Pavie, Filippo-Maria, frère cadet de Gianmaria, jouet des partis dans Pavie et jusque-là englobé le plus souvent dans les combinaisons gibelines. (*Biglia*, col. 33; *Della Chiesa*, col. 1054-1055; *San-Giorgio*, col. 678; *Giorgio Stella*, col. 1220-1221; *Rel. de Saint-Denis*, t. IV, p. 254-258; *Monstrelet*, t. II, p. 37-38; *Chron. du duc de Bourbon*, p. 307; *Berry*, éd. Godefroy, ad ann. 1409; *Corio*, t. II, p. 502.)—Jusqu'à ce moment même, Gianmaria paraît avoir réussi à tromper encore sur ses intentions réelles Facino Cane, qui peut toujours se figurer le traité de juin intact et se croire maître du Milanais. (Voir la lettre de Cane au duc, en date d'Alexandrie, le 29 juillet, lui signalant comme un péril, avec une précision et une sûreté d'informations remarquables, les mouvements des troupes françaises demeurées depuis le printemps au delà de l'Apennin, publiée dans Ghiron, *Facino Cane*, Pièces just., n° 25, p. 604-605.) — Dès le 30 ou le 31 juillet, cependant, Boucicaut a quitté Gênes, marchant sur Milan. (*Rel. de Saint-Denis*, t. IV, col. 256; *Giorgio Stella*, col. 1221.)

da Chazal Mazior[1], de homeny da chavalo v^u[2] de Franzeschi e da pedony mile[3]; in la qual brigada sia sta Buzicardo, retor de Zenova, e Brunorio da[4] Verona[5], e Marsilio da Charara[6], vegnudy in Piaxenza[7] per pasar el Po[8], e prexo de prexente fo de far lanze v^c et pedony м, prima de meter a paso, holtra la zente avemo d'arme, a Verona[9] anchora lanze ccc, e

1. Brescello, sur la rive droite du Pô, entre Crémone et Guastalla. — Casalmaggiore, sur la rive gauche du Pô, un peu au-dessus de Brescello. — Ces deux places paraissent acquises par Venise, avec Guastalla et Colorno, vis-à-vis Casalmaggiore, dans le partage des États d'Ottobono Terzo, maître de Parme et des territoires environnants, assassiné le 27 mai précédent, partage opéré de concert entre Venise et le marquis de Ferrare, qui avait gardé Parme. (*Diario*, ad diem 24 juin 1409, ms., fol. 213 в.)
2. Sanuto dit (col. 844) au passage correspondant : « Uomini da cavallo 500 », au lieu de 5,000 signalés ici par Morosini. Ce dernier chiffre semble, en tout cas, plus vraisemblable que le premier, Boucicaut ayant reçu, de France seulement, des forces montant à 1,500 hommes d'armes. (*Lettre de Facino Cane*, loc. cit.) Giorgio Stella dit 5,500. (Col. 1221.)
3. Sanuto répète cette évaluation sans la modifier. Giorgio Stella dit 600 (col. 1221).
4. *Da.* Inc. fol. 216 в.
5. Brunoro della Scala, le dernier représentant de la maison souveraine de Vérone, fondée au milieu du xiiie siècle par Mastino della Scala, et qui, cinquante ans plus tard, dominait sous Cane le Grand toute l'Italie du Nord, abattue en 1387 au profit des Visconti. Fils de Guglielmo della Scala, rétabli un instant en 1404 dans sa cité de Vérone, contre les Visconti, par Francesco de Carrare, Brunoro, avec son frère Antonio, y avait été lui-même reconnu souverain quelques jours. Vérone, saisie définitivement par Carrare, puis presque aussitôt assiégée par Venise, était annexée à l'État vénitien depuis 1405. Le dernier des La Scala, depuis lors, passait de pays en pays à la recherche

Casalmaggiore, que 5,000 hommes de cheval français
et 1,000 piétons, en compagnie desquels étaient Boucicaut, gouverneur de Gênes, Brunoro de Vérone et
Marsilio de Carrare, étaient venus à Plaisance, pour
passer le Pô, — il fut, dis-je, décidé sur le champ
d'équiper 500 lances et 1,000 piétons ; de faire d'abord
passer à Vérone, outre les gens d'armes que nous y

d'ennemis de Venise. Réfugié près de l'empereur Sigismond,
après un dernier essai de surprise de Vérone, hasardé en 1410,
il devait se fixer en Allemagne jusqu'à sa mort, en 1434. —
Cf. G. Cogo, *Brunoro dalla Scala e l'invasione degli Ungari del
1411*, ap. *Nuovo Archivio Veneto*, t. V (1893), p. 295.

6. Marsile de Carrare, le dernier représentant de la maison
souveraine de Padoue, dépossédée par Venise depuis le tragique massacre de son père et de ses frères dans les prisons
vénitiennes, en 1406. Fils de l'héroïque Francesco de Carrare,
enfant mis à l'abri à Florence pendant le terrible siège de
Padoue, il errait ainsi, depuis l'âge d'homme, dévoré de la
haine de Venise. Réfugié également près de l'empereur Sigismond, après un essai de surprise de Padoue risqué en 1410, il
était destiné à périr en prince vaincu, vingt-cinq ans plus tard,
dans une dernière tentative pour reprendre sa cité de Padoue,
à laquelle il n'avait pas voulu renoncer.

7. Disputée avec un acharnement persistant, au nom du duc
de Milan, entre condottieri guelfes et gibelins, entre Facino
Cane et Ottobono Terzo, Plaisance, depuis l'assassinat de
Terzo, le 27 mai 1409, paraît être rentrée sous l'autorité de
Gianmaria. (*Antonio de Ripalta*, col. 872.)

8. Les forces françaises, sous la conduite de Boucicaut, parti
de Gênes le 30 ou le 31 juillet, ayant entre autres occupé Tortone sur leur passage, sont entrées à Plaisance. (Sur cette
marche : *Chron. du duc de Bourbon*, p. 306-307; *Rel. de Saint-Denis*, t. IV, p. 256; *Berry*, ad ann. 1409; *Lettre de Facino
Cane*, loc. cit.) — On voit ici cet événement donner lieu aux
mesures ainsi enregistrées comme prises à Venise le 22 août.

9. Vérone, annexée à l'État vénitien en juin 1405.

da lanze c° apreso quela de Padoa¹, e lanze c° sul Polexene del Ferarexe²; e questo, per mazior forteza dy luogy nostry³.

. . . .

De⁴ prexente fo prexo⁵ per questo miser lo doxie e so Conseio dè zuoba, ady XXVIIII d'avosto de M° IIII^c VIIII°, per lo scriver⁶ dy nostry retory de sovra Po, de le parte e contrade de Lonbardia, per la zente dita dy Franzeschy dity de sovra⁷, de far una per c° d'inprestidy de inpoxiciom, chomo porta uxanza de tuto el corpo de la tera, per soldar la dita zente, per defension de tute le nostre tere e pasy de tuta Lonbardia; per i qual a Christo piaqua de conzieda vituoria⁸!

. . . .

1. Padoue, annexée à l'État vénitien en novembre 1405.
2. Le Polesine, district du delta du Pô dépendant du marquisat de Ferrare, engagé à l'État vénitien en 1393-1395, par Niccolo d'Este, pour prix de l'alliance qui lui avait permis de régner à Ferrare (Romanin, *Stor. di Venezia*, t. III, p. 330), et garantie par lui à la république par le traité de Venise du 29 mars 1405, lors de sa paix particulière avec Venise, au cours de la guerre de Padoue. (*Diario*, ad dies 25-29 mart. 1405, ms., fol. 168 B-169 A. Cf. *Sanuto*, col. 814-815.)
3. L'existence d'un double complot, à Vérone et à Padoue, en faveur de Brunoro della Scala et de Marsile de Carrare, avait été annoncée à Venise le 21 juin, révélation à la suite de laquelle le gouvernement vénitien, selon un procédé familier, met à prix, leur tête à 3,000, et leur capture à 4,000 ducats d'or. (*Diario*, ad diem 21 juin 1409, ms., fol. 213 A; cf. *Sanuto*, col. 842.)
4. Fol. 217 A.
5. Cet extrait se retrouve, résumé en quelques mots, dans Sanuto. (Col. 844.)

avons, 300 lances encore, puis 100 lances près nos gens d'armes de Padoue, enfin 100 lances sur la Polesine du Ferrarais, et ce pour renforcer les lieux par nous occupés.

. . . .

Il fut décidé sur-le-champ par messire le doge et son Conseil, le jeudi 29 août 1409, sur lettres reçues de nos gouverneurs des rives du Pô, des parties et pays de Lombardie [menacés] par les susdites troupes françaises, de prélever une somme d'un pour cent sur les impôts, ainsi que le comporte l'usage de tout le corps de notre territoire, pour solder les gens nécessaires à la défense de toutes nos terres et pays de toute la Lombardie; par lesquels plaise à Dieu nous concéder victoire !

. . . .

6. Seconde série de mesures prises à Venise le 29 août à l'occasion du développement de l'intervention de Boucicaut en Milanais. — On vient de voir que, le 22, Venise savait l'occupation de Plaisance.

7. Les forces françaises, après avoir occupé Plaisance et s'être assuré là le passage du Pô, ont continué leur route sur Milan, par Pavie, où elles paraissent séjourner une huitaine de jours, de façon à entrer à Milan le 28 ou le 29 août. (Sur cette marche : *Rel. de Saint-Denis*, t. IV, p. 256-258 ; *Chron. du duc de Bourbon*, p. 307 ; *Berry*, ad ann. 1409 ; *Della Chiesa*, col. 1054-1055 ; *Schiavina*, col. 405-406 ; *Lettre de Facino Cane*, loc. cit.; *Corio*, t. II, p. 502.) — Ce doit donc être l'entrée des Français à Pavie qui donne lieu aux mesures ainsi enregistrées comme prises à Venise, le 29.

8. Contre les forces de Boucicaut entrées en Milanais et si menaçantes pour elle, Venise s'apprête donc à une vigoureuse défensive éventuelle. Ces renseignements, qu'on ne possédait jusqu'ici que résumés par Sanuto, sont précieux pour l'histoire de cette entreprise française.

276   CHRONIQUE   [1409]

Corando¹ M° IIII° VIIII° [dy XI²] de setenbrio, dè merchore, a hore XXII del dito mexe³.

Partido⁴ de Lonbardia⁵ el marchexe de Monferà⁶ e Fazim Cham⁷ con circha chavaly IIII^M e pedony II^M V^c

1. Fol. 217 B.
2. La date qui s'impose ici est celle du mercredi 11 septembre, en la tenant comme indicative de l'arrivée de la nouvelle à Venise. En France, ces nouvelles ne parviennent qu'au début d'octobre, avant le 4, par lettres de Josse de Luxembourg, marquis de Moravie. (*Journal de Nicolas de Baye*, éd. Alexandre Tuetey, t. I, p. 287; *Rel. de Saint-Denis*, t. IV, p. 254.)
3. Ce long extrait ne se retrouve pas dans Sanuto, sauf l'indication finale, dont on y reconnaît le résumé. (Col. 845.)
4. Récit, en un seul tenant : — d'abord de l'expulsion des Français de Gênes, pendant l'absence de Boucicaut en Milanais, les 3-4 septembre 1409, — puis des premiers incidents de la campagne de Boucicaut contre la ligue gibeline maîtresse de Gênes, — enfin de la participation de Venise à la ligue.
5. Les forces françaises, parties de Pavie après huit jours d'attente, sont entrées à Milan le 28 ou le 29 août. (Sur cette marche : *Rel. de Saint-Denis*, t. IV, p. 256-258; *Chron. du duc de Bourbon*, p. 307; *Berry*, ad ann. 1409; *Schiavina*, col. 405; *Corio*, t. II, p. 502.) — Boucicaut, nommé régent par le duc, installé fortement dans la ville de Milan, où il repousse, le troisième jour de son entrée, une attaque ennemie, a mis immédiatement la main sur le prince et le gouvernement. (*Rel. de Saint-Denis*, t. IV, p. 256-260; *Chron. du duc de Bourbon*, p. 307-309; *Berry*, ad ann. 1409; *Giorgio Stella*, col. 1223; *Corio*, t. II, p. 502-503.) « Dove », dit Corio, « secondo il suo costume vi facea molte novità. » (T. II, p. 503.) — Mais, pendant qu'il gouverne ainsi Milan, et que semble enfin réalisé ce plan grandiose de protectorat français sur toute la Haute-Italie, Gênes, sa base essentielle d'opérations, lui échappe à jamais dans un retour de fortune. (Sur cette inconstance, voir notamment les réflexions de *Sercambi*, t. III, p. 169-170; du *Rel. de Saint-Denis*, t. IV, p. 260.) — Facino

Au cours de l'an 1409, le mercredi [11] du mois de septembre, à la 22ᵉ heure.

Partis de Lombardie, le marquis de Montferrat et Facino Cane, avec environ 4,000 chevaux et 2,500 pié-

Cane et le marquis de Montferrat, en effet, de leurs États où ils se tiennent, n'ont pas même attendu l'entrée de Boucicaut à Milan pour marcher sur Gênes, abandonnée et pleine de ferments de trouble. Dès le 25 août, les forces italiennes, sur la route de la Rivière, débouchant à Voltri, paraissent à Mollare, à l'entrée des Apennins. (*Giorgio Stella*, col. 1220-1221.)

6. Théodore II Paléologue, marquis de Montferrat (1381-1418), d'une branche de la race des Paléologue, à laquelle le Montferrat est passé par mariage dès le début du xivᵉ siècle.

7. Facino Cane, dont ces extraits révèlent ici pour la première fois seulement le nom, souvent répété déjà dans le texte intégral du Diario à propos des affaires purement italiennes, et que le commentaire de cette édition a été amené depuis longtemps à citer maintes fois. — Issu d'une famille noble de Pavie passée à Casale en Montferrat, né en 1360 à Casale, élève du grand condottiere allemand Otto de Brunswick, qui s'est trouvé chargé, en 1372, de la tutelle des enfants de Montferrat, il a fait ses premières armes sous ce maître énergique, dans le royaume de Naples, en 1376, où son chef a conquis la main de la reine Jeanne, veuve pour la troisième fois. Passé successivement à la solde du duc de Milan, à celle du duc d'Orléans, du doge de Gênes Antoniotto Adorno, du marquis de Montferrat, il était demeuré, depuis 1401, au service de Giangaleazzo Visconti. En 1404, il s'était installé à Alexandrie de la Paille, où il régnait en maître. Créé par Gianmaria comte de Biandrate, marié à Béatrice de Tende, il tenait État de souverain entre le Milanais et le Montferrat, disposant du trône de Milan et préférant le pouvoir au titre qu'il pouvait saisir à son gré. Il meurt en 1412, et sa mort décide, par un calcul politique, l'assassinat de Gianmaria par le parti gibelin. (Sur lui : Ghiron, *Della vita..... di F. Cane*, et E. Galli, *F. C. e le guerre guelfe-ghibelline nell' Italia settentrionale (1360-1400)*, ap. *Arch. Stor. Lombardo*, 1897, t. VII, p. 339, et t. VIII, pp. 1 et 209.)

bem montady¹, chavalchando e azionzando inverso Zenova², e siando acanpady per spacio de mia tre de fuora³, hocorse che Zenovexi, sapiando de la sovradita zente ly vegniva verso le parte de Zenova chon grando intendymento de gran novitade, e achostandose la parte de fuora dy confinady de la dita citade, se achosta al dito esercito, chon speranza de poser tornar in chaxa soa a hogny soa defensiom e aida dy diti Italiany⁴. Hora sentando questo el puovolo de Zenova, se achosta con la parte Gelfa e Gebelyna, et fexe IIII° chavy tra loro acordandose a insembre a una voluntade⁵, per tal che de prexente sonando campana [a] martelo, i fo davanty el luogotenente aveva lasado in so luogo Buzicardo governador de quela, el qual per nome se clama Chastel Morante⁶, domandandoly secorso d'arme per poserse

1. Ce chiffre, dans sa répartition, est assez différent de celui de Stella, qui attribue aux forces de Cane et du marquis 4,800 fantassins et 2,600 hommes d'armes. (Col. 1221-1222.)

2. Le 25 août, se répand dans Gênes le bruit de l'approche de l'armée italienne et de sa présence à Mollare, à l'entrée de l'Apennin, à la tête de la route qui débouche à Voltri sur la Rivière du Levant : Gênes, dès ce jour, s'emplit de paysans réfugiés et de désordre. Le 28, Cane et le marquis sont à Pegli, sur la Corniche, entre Voltri et Gênes. Le 29, ils campent à la Coronata, dans la vallée de la Polcevera, en vue de Gênes. (Établissement de cette marche d'après Giorgio Stella, col. 1221.)

3. Le 2 septembre, le marquis de Montferrat, ayant opéré sa disjonction et tourné Gênes par les montagnes, est à l'abbaye des Incrociati, dans la vallée du Bisagno, de l'autre côté de Gênes. Facino Cane est demeuré dans la vallée de la Polcevera et s'est transporté plus près encore de Gênes, jusqu'à San-Pier-d'Arena. (Établissement de cette marche d'après Stella, col. 1221.)

4. Stella signale en effet, dès le 29 août, l'adjonction aux

[1409]   D'ANTONIO MOROSINI.   279

tons bien équipés, chevauchaient et se dirigeaient vers Gênes ; alors qu'ils étaient campés à une distance de trois milles au-dessus de la ville, il arriva que les Génois apprirent que ces troupes venaient vers les parties de Gênes avec grande intention de grand bouleversement, et qu'au dehors les bannis de ladite ville s'étaient réunis et joints à ladite armée, dans l'espoir de pouvoir retourner en leur maison avec toute protection et aide desdits Italiens. A cette nouvelle, le peuple de Gênes, parti guelfe et parti gibelin, se réunit et nomma quatre chefs, tous étant d'accord en une même volonté, de sorte que sur le champ, au

forces de Cane, à la Coronata, de bandes de montagnards et de paysans, de « Polceveraschi », insurgés contre les Français à l'appel d'un agitateur gibelin, Battista Franchi. (*Giorgio Stella*, col. 1221.) Mêlé à tous les troubles qui avaient marqué le début de la domination française à Gênes, en 1400 et 1401, deux fois capitaine de Gênes, à deux courtes reprises, condamné à mort dès le rétablissement de l'autorité par Boucicaut, ce tenace conspirateur avait sauvé sa tête par une évasion remarquable, sans précédent peut-être, improvisée au pied même de l'échafaud où venait de périr son compagnon Battista Boccanegra, évasion désespérée, hasardée les mains liées, d'une brusque poussée à travers les rangs complices de la foule. (*Giorgio Stella*, col. 1180-1186, 1187-1188.) Dévoré de haine pour Boucicaut, il cherchait depuis, implacablement, dans toute l'Italie, des ennemis aux Français de Gênes.

5. Dans l'émoi de la double attaque en préparation, un conseil de quatre membres représentants de la population génoise paraît, en effet, avoir été désigné, avec la composition qu'indique ici Morosini, le 2 septembre, pour s'adjoindre aux autorités françaises. (*Giorgio Stella*, col. 1222.)

6. Erreur d'attribution. Le lieutenant laissé par Boucicaut à Gênes, en partant pour le Milanais, destiné, comme on va le voir, à périr dans ce soulèvement, n'était pas Jean de Chateaumorand, mais Hugues Cholet, sire ou fils du sire de la Chole-

valer, e de prexente al puovolo ly fo dado balestriery infiniti e da churaze vɪ^c [1]. Hora da puo anchora achostandose lo dito Fazim e marchexe dito pluy avanty, per lo dito puovolo si da la parte Gelfa chomo Gebelyna, domandando loro nonn iera posenti a defenderse e a mantegnirse, ly domanda el chastelo[2] fose fornido de zente, ch'el podese reparar, e de subito ly fo averto el portelo e chalado i ponty e averto le porte ; de intra dy diti Italiany quanty ne pote intrar[3], mantignando el chastelo con i choredory a nome del dito marchexe e Fazim dito. E apreso anchora acostandose questa dita zente pluy avanty, per loro dentro ly fo averto le porte senza tratado algum, e dadoy

tière, Français d'Auvergne, dont il faut reconnaître le nom, dans cette charge, sous les défigurations plus ou moins fantaisistes des chroniques italiennes. (*Giorgio Stella*, col. 1222; *San-Giorgio*, col. 678; cf. avec *Rel. de Saint-Denis*, t. IV, p. 260, *Berry*, ad. ann. 1409, et *Monstrelet*, t. II, p. 38.) — Chateaumorand, qu'on a vu, après sa capture à Modon, libéré des prisons de Venise, en exécution de la convention du 22 mars 1404, est rentré depuis auprès du duc de Bourbon, son souverain, au service duquel il a pris part à diverses entreprises, dans l'évêché de Metz, en Valais, en Aragon, en Bresse, tout récemment encore, au début de 1409, dans une guerre privée du duc contre le comte de Savoie. (*Chron. du duc de Bourbon*, p. 278, 282-297.) En ce moment, on le voit bien en compagnie de Boucicaut, mais en qualité de commandant d'une des compagnies françaises expédiées au maréchal : en tout cas, il se trouvait présent à ses côtés en Lombardie, non son lieutenant à Gênes. (*Ib.*, p. 302-309.) Rentré auprès du duc de Bourbon en 1410, il meurt vers 1438. (*Ibid.*, p. 310-311 ; Introd., p. xiii.) — Hugues Cholet, connu sous le nom de Choleton, avait pris part à l'expédition du Levant en 1403 et avait accompagné Boucicaut, lors de son absence de Gênes, en Provence, en 1408. (*Livre des faicts*, part. II, ch. xv, xxiii; part. III, ch. xxi.) — La confusion opérée ici par Morosini sur le nom du lieutenant de Boucicaut à

son de la cloche sous le marteau, ils furent devant le lieutenant qu'avait en son lieu laissé Boucicaut comme gouverneur de la ville, et qui de son nom s'appelait Châteaumorand, lui demandant secours d'armes pour pouvoir se défendre, et sur le champ il fut donné au peuple un nombre infini d'arbalétriers et 600 cuirasses. Puis, comme Facino et le marquis s'approchaient encore davantage, ledit peuple, tant du parti guelfe que du parti gibelin, voyant qu'il n'était pas de force à se maintenir et à se défendre, leur demanda de munir le château de troupes de façon à pouvoir le défendre, et aussitôt la poterne leur fut ouverte, abaissés les ponts et ouvertes les portes ; il y entra

Gênes montre à quel point les Vénitiens, sous l'empire des souvenirs de la campagne navale de 1403, considéraient Chateaumorand comme le fidèle et inséparable auxiliaire du maréchal.

1. Ce conseil génois, dont on vient de mentionner la création, prescrit effectivement, d'accord avec les autorités françaises, l'armement de la population génoise, Stella dit au nombre de 1,600 à 2,000 hommes. (Col. 1222.)

2. Le Livre des faicts (part. II, ch. ix) décrit les deux ouvrages fortifiés, les « deux beaulx et fors chastiaulx », que Boucicaut avait fait élever pour commander la ville de Gênes, le Châtelet, « en la plus forte place de la ville, qui, tant est fort que, à peu de deffence, se tendroit contre tout le monde », et la Darse, sur le port, « moult bel et fort, à ii grosses tours », tous deux communiquant ensemble, paraît-il, « maugré tous ennemis ». (Bibl. nat., ms. fr. 11432, fol. 50 v°, col. 2 ; 51 r°, col. 1.) C'est du Châtelet qu'il s'agit manifestement ici. Le vicomte de Narbonne s'y trouvait alors, réfugié à Gênes au retour de Sardaigne, et fourvoyé dans l'insurrection. (*Giorgio Stella*, col. 1225.) — Sur la situation de ces deux forteresses, voir le curieux plan en perspective de Gênes en 1410. (*Libri Jurium Januensium*, éd. Ercole Ricotti, t. I, ap. *Mon. Hist. Patr.*)

3. *Intrar. Inc.* fol. 218 A.

la podestade de tuta la citade e de tuto el circhuito so e del chastelo de Savona chon tute le forteze e apertinencie suo. E chusy in questo fo prexo a furor del puovolo lo dito Castel Morante, homo Franzescho, luogotinente de Buzicardo, et uno altro chavalier so chonpagno fo taiady per peze e toltoy la dominacion de la signoria de tuta la citade de Zenova[1]. De la qual nuova zionta a Veniexia de fo fata granda alegreza e festa sapiando questo; et da puo apreso chonsiderando in quanta soperbia e regoio lo dito Buzicardo iera acresudo a la destrucion dy Veniciany; de la qual a Christo glorioxo a piaxesto a la citade de Veniexia far tanta gracia e [e]sultaciom, chon speranza anchora, conzedando miser Domenedio de farà de

1. Tout ce récit du soulèvement de Gênes présente le plus grand intérêt. — On peut en rétablir l'enchaînement de la façon suivante. — Le mardi 3 septembre, à la suite des événements du 2, à l'approche combinée de Facino Cane par la Polcevera, du marquis de Montferrat par le Bisagno, a éclaté, en effet, spontanément, dans les rues de Gênes, une irrépressible insurrection. Dans l'après-midi, Hugues Cholet, lieutenant de Boucicaut, se décide à évacuer le palais du gouvernement pour se réfugier dans le Châtelet. C'est dans ce trajet périlleux, se taillant un chemin avec ses hommes d'armes dans la foule déchaînée, que, tout à coup, séparé de son escorte par une bande de ruraux de la Polcevera, il est, en effet, massacré, « in porta nova sub basilica Sancti Francisci », le coup mortel à lui porté par un insurgé, « quodam Johanne Turlet nuncupato », dont il avait naguères fait exécuter le frère, tandis qu'un autre Français de marque, « notarius ejus Gallicus », tombait également avec lui. Le gros des forces françaises, éparses dans le dédale des rues de la ville, parvient néanmoins à atteindre le Châtelet et la Darse, où s'organise la défense, et qui tiennent bon. Le 4 au matin, après une nuit de désordre, s'installe un gouvernement provisoire de douze anciens, qui envoient deux députations au marquis et à Cane. (D'après *Giorgio Stella*,

desdits Italiens tant qu'il en put entrer, occupant le château et les chemins couverts au nom du marquis et de Facino. Ensuite, lesdites troupes s'approchant encore davantage, ceux du dedans leur ouvrirent les portes sans nulle condition et leur donnèrent le pouvoir de toute la cité, dans toute son étendue, avec toutes ses forteresses et appartenances. Et c'est alors que la fureur populaire s'empara dudit Châteaumorand, homme français, lieutenant de Boucicaut, et il fut, ainsi qu'un autre chevalier, son compagnon, taillé en pièces, après que lui eut été enlevée la domination de la seigneurie de toute la cité de Gênes. Cette nouvelle, arrivée à Venise, y causa grande allégresse et fête, dès qu'on la sut, et qu'on vit ensuite, considérant à quel degré de superbe et d'orgueil ledit Bou-

col. 1222, et *Rel. de Saint-Denis*, t. IV, p. 260-264.) — Le 6, le marquis de Montferrat entre dans la ville, triomphalement, pour y être proclamé trois jours après capitaine de Gênes avec pouvoir de doge, tandis que Facino Cane, maintenu hors de l'enceinte à Sam-Pier d'Arena, opère une volte-face et, repassant l'Apennin, court au-devant de Boucicaut jusqu'à Novi, où il occupe la ville, sans pouvoir, toutefois, se saisir du château. (D'après *Giorgio Stella*, col. 1222-1223; *Monstrelet*, t. II, p. 39-40; *San-Giorgio*, col. 678; *Schiavina*, col. 406; *Corio*, t. II, p. 503-504.) — Savone suit aussitôt, en effet, le mouvement parti de Gênes. (*Giorgio Stella*, col. 1224.) — Quant aux châteaux de Gênes, ils ne capitulent, la Darse que le 10 (*Giorgio Stella*, col. 1223), le Châtelet que le 25, à terme pour le 29 à minuit (*Giorgio Stella*, col. 1225; *Sercambi*, t. III, p. 171). — Le récit de Morosini, dans la relation de l'insurrection des 3-4 septembre, semble relater successivement, d'abord l'envahissement des approches du Châtelet par le peuple insurgé, puis l'ouverture des portes du Châtelet aux troupes italiennes, puis enfin seulement leur entrée dans la ville. Mais le Châtelet ne se rend, comme on vient de le voir, que longtemps après, le 25 septembre seulement.

gracia anchora lo dito finirà tristament[r]e luy con i suo segnazi Franzeschy, vegnudy per la destruciom de Lombardia; serà la destrucion soa, che in brieve de tenpo non ly porà falir[1].

Sapudo questa nuova[2] miser Buzicardo in Lonbardia chonmeso la zente soa dy Franzeschi e Italiany, e Brunorio da la Schala, e Marsilio da Charara, suo seguazi, non ly sope da fumo, e de prexente i se partì de Milan, non lasando homo de la soa zente[3]. E schorando alguny de quela zente da Milan, toiando de là per vaiuda de duchaty x^u d'oro in pluy partide, se intriga a la chodaza i Franzeschi con i Milanexi, e fonde una meschia de bataia, per tal che i Franzeschy de rezeve molto el chavo roto, e fonde de morty asay[4]. Ma a la perfim, chavalchando verso Pavia a le

1. Cette appréciation de Morosini caractérise de façon significative les sentiments éprouvés à Venise, relativement à l'extension de l'influence française dans la Haute-Italie.

2. La date inscrite en tête de ce présent extrait est, on l'a vu, celle du mercredi 11 septembre. La partie ici abordée contenant mention de faits classés à la date du 10 et ne pouvant être connus à Venise le 11, il est préférable de regarder cette partie comme inscrite entre le 11 et la première date venant ensuite dans le Diario, qui est le 14.

3. C'est bien à Milan même, en effet, que parvient à Boucicaut la nouvelle de la révolution de Gênes. (*Biglia*, col. 33; *Giorgio Stella*, col. 1223; *Della Chiesa*, col. 1055; *San-Giorgio*, col. 678; *Rel. de Saint-Denis*, t. IV, p. 262; *Monstrelet*, t. II, p. 39; *Berry*, ad ann. 1409; *Schiavina*, col. 406; *Corio*, t. II, p. 503-504.) Le jour est plus difficile à préciser. Entré le 28 ou le 29 août dans la ville, son séjour s'y serait prolongé au

cicaut était monté pour la ruine des Vénitiens, qu'il a plu au Christ glorieux de faire si grande grâce et exaltation à la cité de Venise, avec l'espoir encore que messire Damedieu nous concédera et fera cette grâce encore que ledit Boucicaut finira misérablement, lui et sa séquelle de Français, venus pour la ruine de la Lombardie. Ce sera leur ruine, laquelle à bref délai ne leur saurait faillir.

Au su de cette nouvelle, messire Boucicaut, qui était en Lombardie avec ses troupes françaises et italiennes et ses alliés Brunoro dalla Scala et Marsilio de Carrare, jugeant la chose grave, partit aussitôt de Milan, sans y laisser homme de sa gent. Aucuns de cette gent de Milan saccageant et emportant de là pour la valeur de plus de 10,000 ducats d'or en plusieurs bandes, il éclata une dispute à l'arrière entre Français et Milanais, et il y eut une mêlée de bataille, si bien que de nombreux Français eurent la tête brisée et qu'il en mourut beaucoup. Mais à la parfin, chevauchant vers

moins neuf jours, paraissant avoir tenté le neuvième jour, en vain du reste, de surprendre le château demeuré en puissance du parti gibelin (*Corio*, t. II, p. 502), ou même douze jours, avec un combat aux portes livré la troisième journée de l'occupation. (*Chron. du duc de Bourbon*, p. 308.) La première date à laquelle on retrouve ensuite trace précise de Boucicaut paraît être le 10, moment où on le revoit à Gavi, au pied de l'Apennin, arrêté dans la marche à revers de Lombardie sur Gênes, qu'on va lui voir inutilement entreprendre. (*Giorgio Stella*, col. 1223.)

4. Ce combat d'arrière-garde, au sortir de Milan, ne paraît pas mentionné ailleurs. Dans la nuit qui avait précédé l'évacuation, un massacre général des Français semble avoir été ourdi, et mis à exécution sur les retardataires, sitôt le départ de l'armée. (*Berry*, ad ann. 1409; cf. Gaguin, *Compendium*, l. IX.)

parte dy luogi del dito Fazim Chan, atrova i suo chastely e luogi eser molto forty e bem in ordene, non ly posando danizar de niente, per tal che ly se reduse a una planura serada da tute parte per reposarse chon puocho hordene e chon desbandizamento ase de la soa zente[1].

Fra de questo tenpo[2] azionse a Veniexia[3] el nobel homo miser Pandolfo dy Malatesta, segnor de Brexia, chon circha chavaly CC lasady in Padoa per lo so retorno, e miser Malatesta da Rimano, suoxero de miser lo ducha de Milan[4], choferando chon miser lo doxe e chon la dogal Signoria[5]. Esiando stady molto a parlamento circha a le predite chose, per poser deschazar ly dity Franzeschi chon lo dito Buzichardo e seguazi suo de Lonbardia, e per so sostignymento

1. Parti de Milan en toute hâte, au reçu des nouvelles de Gênes, lui seul et son entourage immédiat en ayant connaissance (*Corio*, t. II, p. 504), en feignant de se diriger sur Sant' Angelo, en Lodesan, vers le Pô, dans la direction, en effet, de Pavie (*Corio*, t. II, p. 504; *San-Giorgio*, col. 678), Boucicaut a repassé le Pô à Pavie, ainsi que Morosini semble le dire. — Il se dirige à marches forcées vers Gênes, par la route de Novi à Gênes aboutissant dans la vallée de la Polcevera, espérant encore pouvoir rentrer en maître dans la ville soulevée. C'est alors que, vers l'entrée de l'Apennin, il se heurte aux fortes positions occupées par Facino Cane, parti des environs de Gênes le 6, et déjà maître de la ville de Novi, sinon de son château. — S'appuyant sur la place de Gavi, demeurée en son pouvoir, un peu plus avant sur la route de Gênes, Boucicaut prend position d'attente dans le voisinage, le 10 septembre. (*Giorgio Stella*, col. 1223-1224.)

2. La date inscrite en tête de ce présent extrait est, comme on l'a vu, celle du mercredi 11 septembre : la première date inscrite ensuite dans le Diario est celle du 14.

3. Ici seulement commence l'emprunt fait par Sanuto à cet

Pavie, aux lieux occupés par ledit Facino Cane, Boucicaut trouva ses châteaux et lieux très forts et bien en point, sans qu'il fût possible de leur porter dommage en rien, de sorte qu'il se retira dans une plaine fermée de toutes parts pour prendre haleine, et cela avec peu d'ordre et grande débandade de sa gent.

Sur ces entrefaites arriva à Venise noble homme messer Pandolfo Malatesta, seigneur de Brescia, avec environ 200 chevaux qu'il laissa à Padoue pour son retour, et messer Malatesta de Rimini, beau-père de messire le duc de Milan, pour conférer avec messire le doge et avec la Seigneurie ducale. Après avoir beaucoup été en parlement au sujet des choses susdites, pour arriver à chasser de Lombardie les Français avec ledit Boucicaut et ses alliés, et aussi pour la

extrait de Morosini. Ce dernier alinéa se retrouve résumé dans les « Vite de' Duchi », entre ces mots : « Venne a Venezia il signor Pandolfo Malatesta », et ceux-ci : « contro i prediti Franzesi e Genovesi. » (Col. 845.)

4. On a vu comment Pandolfo Malatesta, maître de Brescia et de Bergame, et son frère Carlo, co-seigneur avec lui de Rimini, qui avait, en effet, marié sa fille Antonia, en 1408, à Gianmaria, partageaient le pouvoir avec Facino Cane et sa faction depuis le consortium de juin.

5. Ce passage de Morosini fixe l'époque de la rentrée des Malatesta en ligne, à l'occasion de la nouvelle intervention française, rentrée en ligne concordant seulement, à ce qu'il semble, avec la nouvelle de la révolution de Gênes. Entre le 11 et le 23 septembre, les Malatesta sont à Venise, prêts à en partir pour le théâtre de la guerre. Le 7 et le 10 septembre, le sénat s'était occupé de traiter avec eux. (Doc. cités par Michel Perret, *Hist. des relations de la France avec Venise*, t. I, p. 104.) — Venise, continuant ses armements, cherchait en même temps à engager le marquis d'Este dans la ligue italienne. (*Ibid.*, p. 103-104, 106.)

anchora de Bresia e dy luogi suo, e eciamdio al chonservamento nostro de le tere nostre de Lonbardia e Verona, Vicenza[1] e Padoa, e eciamdio per varentar i nostri sudity[2] de Mantoa[3] e altre parte de Cremona[4], s'achonvegnysemo de darly de prexente duchaty xx d'oro de chontady, e fazando anchora pluy[5] per bexogno de remandarly dy i altry; e luy insenbre personalmente con la zente soa de tute lanze e chavaly e pedony da una parte, e miser Chabriel Fondu, signor de Cremona, da l'altra[6], e apreso la zente del dito Fazim Chan partido mo nuovamente da Zenova sovravignando da l'altra per inschontrar i dity Franzeschy, ronpesemo al tuto, achostandose per i spiony no sende laserà partir Franzescho nisum che non vada per mala via. E a Christo piaqua questo abiemo de

1. Vicence, dépendance de l'État véronais acquise aux Visconti en 1387, lors de la chute de la maison della Scala, puis cédée par Milan à Venise en 1404.

2. « Sudity », alliés protégés.

3. Gianfrancesco 1er de Gonzague, seigneur de Mantoue (1407-1444), premier marquis de Mantoue en 1433. Mineur à son avènement, en février 1407, il avait été, d'après les dispositions de son père, Francesco 1er (1382-1407), pris jusqu'à sa majorité sous le protectorat de Venise. (*Diario*, ad diem 9 mars 1407, ms., fol. 200 B. Cf. *Sanuto*, col. 837.)

4. Cabrino Fondolo, condottiere du parti guelfe, devenu maître de Crémone depuis le sanglant massacre des Cavalcabò, en 1406, et destiné à y régner jusqu'en 1420, pour terminer, quatre ans plus tard, sur l'échafaud de Milan, sa carrière d'audacieuse et troublante énergie. Le 6 mars 1407, il avait été inscrit au Livre d'or de la noblesse vénitienne et admis à siéger au grand conseil. (*Diario*, ad diem 9 mars 1407, ms., fol. 200 B. Cf. *Sanuto*, col. 837.)

5. *Pluy*. Inc. fol. 218 B.

défense de Brescia et de son territoire, en outre pour la conservation de nos terres de Lombardie, Vérone, Vicence et Padoue, et aussi pour garantir nos sujets de Mantoue et autres parties de Crémone, nous convînmes de lui donner sur-le-champ 20,000 ducats d'or comptant et, s'il en était besoin, de lui en renvoyer d'autres encore; puis, que lui personnellement, ensemble avec la gent de toutes ses lances et chevaux et piétons, d'une part, et messer Gabriello Fondolo, seigneur de Crémone, de l'autre, puis encore la gent dudit Facino Cane, parti tout nouvellement de Gênes, survenant de son côté pour aller à la rencontre des Français, nous les mettrions du tout en déroute, et qu'en nous approchant par espions on ne laisserait partir nul Français qu'il ne s'en allât par la male voie. Et plaise à Dieu que nous remportions

6. Ce passage de Morosini paraît fixer entre le 11 et le 13 septembre la coopération de Cabrino Fondolo à la ligue formée contre la nouvelle intervention française en Milanais. Boucicaut semblait avoir compté, au contraire, sur son alliance, ainsi que sur celle de Giovanni Vignati, maître de Lodi, et de Giorgio Benzoni, maître de Crème, aussi du même parti guelfe. Tous trois, d'après le Religieux de Saint-Denis, auraient rejoint Boucicaut à Plaisance, au milieu d'août, dans sa marche sur Milan; Cabrino Fondolo serait même entré avec lui à Milan, où le maréchal l'aurait armé chevalier. (T. IV, p. 256-258.) D'après certains documents vénitiens, quelque peu contradictoires, les forces françaises auraient même occupé Crémone. (Michel Perret, *Hist. des relations de la France avec Venise*, t. I, p. 103, 106, 107.) — On a trace, le 23 septembre, des négociations de Venise avec les souverains de Lodi et de Crème, et, le 5 octobre, de celles engagées avec Cabrino Fondolo (*Ibid.*, t. I, p. 105-106), déjà présent à Venise depuis le 1er (ci-après, p. 298, n. 5).

brieve, che al vero non può falir, abiando tanta bona zente a chanpo! Che a Christo i piaqua abiemo bone novele prestamente. Amen [1].

. . . .

Vene[2] nuove a Veniexia[3] ady XVII del sovradito mexe de M IIII VIIII chomo Aste, Bergamo, Ligorna aveva revelado e dadose al marchexe de Monferà, governador a Zenova. Li qual luogi aveva dado el ducha de Milam in dota a una so fia al fio del re de Franza o per vero voio dir a miser lo ducha de Borgogna[4].

Sabado[5] dy XXI del mexe de setenbrio de M° IIII°

1. Cette appréciation trahit toute l'anxiété de Venise devant l'entreprise de Boucicaut.
2. Fol. 218 B.
3. Ce passage ne figure pas dans Sanuto.
4. Enchevêtrement d'événements connus, de faits peut-être à enregistrer, et de qualifications fortement erronées. — Le comté d'Asti, annexé au Milanais en 1379, porté en 1389 à Louis, duc d'Orléans, par sa femme Valentine Visconti, fille de Giangaleazzo, appartient depuis 1407 à Charles, duc d'Orléans, son fils aîné (1407-1465), dont les successeurs et héritiers, régnant plus tard en France, le conservent jusqu'au traité de Madrid de 1526. Le 7 mai 1409, le gouverneur pour le duc d'Orléans, Bernardon de Serres, en fonctions depuis 1405, l'ancien capitaine général de la guerre de Florence, avait été remplacé par Louis de Montjoie, qu'on trouve encore en fonctions en 1415. (Paul Durrieu, *Les Gascons en Italie*, p. 216, 218.) — Asti, au cours du mouvement national italien de 1409, si caractéristique, ne semble en aucun moment s'être soulevé contre la domination française. (Maurice Faucon, *La domination française dans le Milanais de 1387 à 1450*, ap. *Archives des missions scientifiques et littéraires*, 3ᵉ série, t. VIII.)

« Vrais François par nature
Nous trouveras aussi bons qu'à Paris,
Ayans en ceur la franche fleur di liz »,

ce succès de bref, lequel au vrai ne peut faillir, avec tant et si bonne armée en campagne! Plaise au Christ que nous ayons bonnes nouvelles promptement! Amen.

. . . .

Vinrent nouvelles à Venise, le 17 dudit mois [de septembre] 1409, qu'Asti, Bergame et Livourne s'étaient rebellées et données au marquis de Montferrat, gouverneur à Gênes. Ces lieux avaient été donnés par le duc de Milan en dot à une de ses filles [mariée] au fils du roi de France, ou, mieux veux-je dire, à messire le duc de Bourgogne.

Le samedi 21 du mois de septembre 1409, au soir,

disait, parlant de ses compatriotes, en s'adressant au roi de France Louis XII, le poète astesan Giorgio Alione. (Carlo Vassallo, *Gli Astegiani sotto la dominazione straniera*, ap. *Arch. Stor. Ital.*, 4ᵉ série, t. II, 1878, p. 275.) — Bergame, détachée du duché de Milan en 1403 par un soulèvement guelfe, sous l'impulsion des Colleoni, disputée frénétiquement entre eux et les Suardi, chefs du parti gibelin, en proie à tous ces déchirements, semble, vers 1408, aux mains de Pandolfo Malatesta, qui la conserve jusqu'en 1419, où elle fait retour au duché de Milan. (Cipolla, *Stor. delle sign. ital.*, p. 237, 239-242, 245, 322.) — Livourne, retirée récemment de la suzeraineté directe du roi de France, où l'avait maintenue le traité de vente de Pise à Florence en 1405, sans que le duc de Bourgogne y eût jamais, comme un instant à Pise, exercé aucun droit, a été annexée purement et simplement à l'État génois, le 2 août 1407 (*Libri Jurium Januensium*, t. II, nº 360) : elle suit bientôt, comme Savone, le mouvement parti de Gênes, et, le 27 septembre, adhère au gouvernement nouveau (*Sercambi*, t. III, p. 170), et demeure à Gênes jusqu'à la vente que le gouvernement génois en fait à Florence, en 1421 (*Cipolla*, p. 328).

5. Ce passage se retrouve résumé en quelques lignes obscures de Sanuto (col. 845), qui confond en un seul les deux récits dont se compose le présent extrait, récits bien distincts cependant, se rapportant à deux événements différents et provenant

VIIII° da sera, e anchora la domenega dy XXII de quel dito mexe[1], per la via da Bresia e per letera abuda la dogal Signoria da miser Franzescho Chontariny, provededor nostro mandado in Lonbardia, e anchora questo avesemo per do choriery vegnudy da le parte de Verona, avesemo chomo[2] Buzicardo con la zente soa dy Franzeschi e Italiany eser stady a le man con[3] la zente de Fazim Chan a uno luogo dito Saravale, el qual luogo se dixe sia tra Novy e Gavy sul destreto apreso Zenova[4]. E par che a la primiera bataia de la prima schiera Fazim chon la zente soa da chavalo de Italiany e arziery suo ferise in la zente de Buzicardo e, ferido luy, par che ly dese una gran rota, e de magagnadi e de feridy e de morty de fose asay. Ma dapuo apreso, in quelo dito dy, Buzicardo se mese meio per ordene con molty balestriery e arziery, apreso anchora chonmeso i Franzeschy e alguna parte d'Ytaliany l'aveva chon luy, la dese a la chodaza del dito Fazin Chan, e vigoroxamente fery conmeso la soa brigada e con i balestrieri suo, ferando e alcidando de molty chavaly, e deschavalchady pluxor de Italiany, avende in tuto da chavaly CCCC e con prexiony ase; per tal che nuy avesemo che da chadauna parte e da l'altra de fose morty ase. Ma pur chonsiderando dal primo

---

de deux sources différentes. — Ces événements, dans les diverses relations contemporaines ou rédactions modernes, sont, du reste, présentés de la façon la plus confuse.

1. Le samedi 21 et le dimanche 22 septembre 1409.

2. Premier groupe d'informations consistant en messages divers arrivés à Venise les samedi 21 septembre au soir et dimanche 22, et semblant, au moins quant à la lettre provenant de Brescia (on va voir tout à l'heure une lettre analogue

et puis le dimanche 22 dudit mois, par la voie de
Brescia et par lettres adressées à la Seigneurie ducale
par messer Francesco Contarini, notre provéditeur
envoyé en Lombardie (et nous le sûmes encore par
deux courriers venus des parties de Vérone), nous
sûmes que Boucicaut, avec ses troupes françaises et
italiennes, en était venu aux mains avec la gent de
Facino Cane dans un lieu nommé Serravalle, que l'on
dit être entre Novi et Gavi, dans le district voisin de
Gênes. Il paraît qu'au premier engagement des premières troupes, Facino, avec ses gens à cheval italiens
et ses archers, attaqua la gent de Boucicaut, le blessa
et lui infligea une grande déroute, et qu'il y eut beaucoup de gâtés, de blessés et de morts. Mais ensuite,
en ce même jour, Boucicaut se mit mieux en ordre
avec beaucoup d'arbalétriers et d'archers, ainsi que
les Français et un certain nombre d'Italiens qu'il avait
avec lui, donna sur les derrières dudit Facino Cane et
l'attaqua vigoureusement avec sa brigade et ses arbalétriers, blessant et tuant beaucoup de chevaux, et
démontant plusieurs des Italiens; il en eut en tout
4,000 chevaux et de nombreux prisonniers; si bien que
nous apprîmes qu'il y avait, de part et d'autre, de

effectuer ce trajet en quatre jours), devoir dater du 17 septembre.

3. *Con. Inc.* fol. 219 A.

4. Serravalle, dans la vallée de la Scrivia, affluent direct du
Pô, dont Morosini indique assez exactement la situation géo-
graphique, est un peu à l'écart, vers l'est, de la route venant
des plaines de Lombardie, qui joint Novi à Gavi et qui se
prolonge ensuite, de Gavi à Gênes, par le col de la Bocchetta
et la vallée de la Polcevera.

arsalto al segondo, non de fo deferencia ase, che quaxi se può dir fose zuchala (sic), ma non però da far molto menciom. De miser Pandolfo nè del fradelo so di Malatesta non se dixe de fose stado secorso algum, chonziosia a quel tenpo non podeva eser moso anchora chom la soa zente in ordene[1]. Ma pur per alegreza de Buzichardo in Piaxenza fo fato in quela note de grandisimy fuogi per lo portamento luy fexe[2].

Apreso, el merchore di [25] del sovradito mexe[3], da hora de nona, per miser lo doxe e la Signoria, per letera abuda dal dito miser Franzescho Contariny da Bresia, fata a xxi de setenbrio de M IIII^c VIIII, faxe mencion che siando[4] al chanpo dy Franzeschy a Tortona[5] a la via se va verso Novy e Gavy[6], do forteze

1. Ce premier groupe d'informations (auquel appartient la lettre datée le 17 septembre de Brescia) relate, comme on voit, les péripéties curieuses d'un combat livré à Serravalle, vers le 15 par conséquent, entre Boucicaut et Facino Cane, *avant* la jonction des forces guelfes avec l'armée de Cane. — Le récit de Morosini (p. 286), on se le rappelle, laissait Boucicaut appuyé sur Gavi, qu'il a atteint le 10, et Cane sur la ville de Novi, que, parti des environs de Gênes, il a enlevée le 6. Serravalle étant situé, non entre Gavi et Gênes, mais plutôt entre Gavi et Novi, il ne semble pas qu'il s'agisse pour Boucicaut de se rouvrir la route de Gênes, mais bien de défendre la position où il s'est installé, encore à portée de Gênes, Gênes où, à défaut de la Darse prise le 10, le Châtelet tient toujours jusqu'au 25. — Parmi les chroniqueurs qui ont mentionné ces combats de la mi-septembre, Monstrelet semble le seul à désigner cette première rencontre par des termes qui permettent de la distinguer nettement de la seconde qui va suivre, seconde

nombreux morts. Pourtant, à comparer le premier assaut au second, il n'y eut pas très notable différence, de sorte qu'on peut dire que ce fut rencontre indécise et dont on ne doit faire grand cas. Quant à messer Pandolfo Malatesta et à son frère, on ne dit pas qu'ils aient été d'aucun secours ; c'est qu'à ce moment il ne pouvait pas encore s'être mis en mouvement et ordonnance avec sa gent. Mais pourtant, en signe d'allégresse, furent faits à Plaisance, cette nuit-là, de très grands feux en l'honneur de la conduite de Boucicaut.

Ensuite, le mercredi [25] du susdit mois, à l'heure de none, messire le doge et la Seigneurie reçurent lettres dudit messer Francesco Contarini, datées de Brescia, 21 septembre 1409, où il était mentionné que l'armée française, ayant à Tortone, sur la route qui va vers Novi et Gavi, deux forteresses ou châteaux de

rencontre que, quant à lui, il ne relate pas d'ailleurs. (T. II, p. 39-40.)

2. Plaisance avait été occupée par Boucicaut le mois précédent, lors de sa marche de Gênes sur Milan (ci-dessus, p. 273, n. 8). Le fait mentionné ici par Morosini est à relever, car les documents vénitiens paraissent aussi démontrer que des forces françaises se maintinrent à Plaisance, après la retraite de Boucicaut, jusqu'au début de 1410. (Michel Perret, *Hist. des relations de la France avec Venise*, t. I, p. 107, 109, 111-112.)

3. Le mercredi 25 septembre 1409.

4. Second groupe d'informations consistant en un unique message arrivé à Venise le 25 septembre, en quatre jours, de Brescia, et formellement daté cette fois du 21.

5. Ms. : « Cortona » (*sic*). Il n'est pas besoin de discuter l'urgence de la rectification opérée pour remplacer le nom de Cortone, en Toscane, inadmissible en cette occurrence, par celui de Tortone, qui paraît s'imposer ici.

6. Tortone, sur la Scrivia, au-dessous de Serravalle, à l'est

over chastely sul Zenovaxego, di qual uno de questy aveva zià revelado e dadose al marchexe de Monferà e Fazin Cham per nome de Zenovexi, e chazado fuora zià i Franzeschy per seguaro (*sic*) de vituarie, e non voiandose tegnir[1], apar che Buzichaldo, sapudo questo, de prexente fexe aparechiar some cento de vituaria per mandarly, e holtra de questo, per schorta ly mandase chavaly v^c in viii^c, per eser pluy segury. E sapudo questo, Fazim Chan de prexente mese la soa zente in ordene per andar inverso quely, e zionto luy, prexe quele some chonmeso tuta la scorta e senza defexa alguna; intro i qual Franzeschy de fo da chavaly xxxiii per numero, homeny avantazady e da granda taia. E anchora non resta de seguitarly plu avanty. E per simel avesemo questa altra zente del signor Pandolfo, e'l fradelo so dy Malatesta chon la soa zente, aveva chavalchado per poser atrovar el dito Buzicardo al deschoverto chon lo resto de la soa zente, abiando zià lo dito Fazim Chan retornady per salvo chonduto tuty Lonbardy e Italiany da luy partidy da Buzicardo a la soa voluntade[2]. La

et par le parallèle d'Alexandrie, est en effet sur la route qui, de la Lombardie, par Novi et Gavi, se dirige sur Gênes, mais est située entre Novi et le Pô et non entre Gavi et Gênes. — Lors du contact hostile de 1403-1405 entre Gibelins milanais et Français de Gênes, les forces de Boucicaut et de Cane s'étaient déjà trouvées en contact à Tortone. (Ci-dessus, p. 256, n. 1.)

1. Ce passage relatif à Novi fait allusion, ainsi que le montre la suite du récit, à la prise déjà effectuée de la ville de Novi, sauf le château, par les forces italiennes, parties le 6 des environs de Gênes. (Ci-dessus, p. 282, n. 1.) — Ce passage relatif à Gavi fait allusion à la conservation de Gavi par Boucicaut, qui s'y maintient jusqu'au 26 ou 29. (Ci-après, p. 300, n. 6.)

2. Ce second groupe d'informations, datant du 21 septembre,

l'État de Gênes, l'un d'eux s'était déjà rebellé et donné au marquis de Montferrat et à Facino Cane pour le compte des Génois, et avait déjà chassé les Français par faute de vivres et ne voulant plus tenir, il paraît que Boucicaut, l'ayant su, fit sur le champ préparer cent charges de vivres pour les leur envoyer, leur dépêchant en outre une escorte de 5 à 800 chevaux pour qu'ils fussent plus en sûreté. A cette nouvelle, Facino Cane mit sans tarder sa gent en ordre pour aller au-devant d'eux, et, une fois arrivé, s'empara de ces charges, ainsi que de toute l'escorte, sans résistance aucune, et parmi ces Français il y avait 33 chevaliers bien comptés, nobles hommes et de grand'rançon. Et il ne resta pas de les poursuivre plus avant. Mêmement nous apprîmes que les autres troupes du seigneur Pandolfo Malatesta, ainsi que son frère avec sa gent, avaient chevauché pour pouvoir trouver ledit Boucicaut à découvert avec le reste de ses gens, ledit Facino Cane ayant déjà donné des sauf-conduits à tous les Lombards et Italiens qui avaient quitté Boucicaut de

de Brescia, relate comme on voit un combat livré dans la direction de Tortone, vers le 19 par conséquent, entre Boucicaut et Facino Cane, *après* la jonction des forces guelfes avec l'armée de Cane. — Il semble qu'il s'agisse d'une opération destinée à secourir la garnison du château de Novi, manacée de très prochaine capitulation. — C'est cette seconde rencontre seule, ou tout au moins son lieu d'action, que semblent avoir désigné (sauf Monstrelet, sur lequel on s'est expliqué) les chroniqueurs qui ont mentionné avec le plus de précision ces combats de la mi-septembre. Schiavina, dans les « Annales Alexandrini », rédigées au siècle suivant, parlant d'une région qu'il était bien fait pour connaître, décrit ainsi le lieu du combat : « In ea parte Fraschetæ, quæ Alexandrinæ jurisdictionis est, inter Salas et Fregarolum » (col. 406). Et Benvenuto di San-Giorgio,

qual nuova fo gracioxa e bona al stado de Veniexia[1].

. . . .

Apreso[2] in M° CCCC VIIII°[3], dy primo otubrio[4], avesemo miser Chabriel Fondu fo a parlamento in Veniexia chom la dogal Signoria, narando[5] a quela molte chose e deschovrando circha dy tratady faty per la liga de Buzichaldo franzescho, fo governador de Zenova, del qual se partì de Lonbardia chonmeso chavaly v^M de Franzeschi per pasar per andar a Zenova, el qual sia stado serado in una vale chonfina a Gavy in le parte del terituorio de Zenova, e de là apar quelo non se posa partir ad eser in soa lybertade, fazando salvo chonduto a Franzeschy suo da Novy i se posa levar de là[6].

un peu antérieurement, dans son « Historia Montisferrati » : « Nell' Alessandrino sopra la Frascheya » (col. 678). Or, ces désignations de localités représentent les bourgs de Sale et de Frugarolo, dans la plaine entre la Scrivia et le Tanaro, entre Tortone et Alexandrie, bourgs formant avec ces deux villes un losange dont Salé occupe la pointe nord et Frugarolo la pointe sud. Figure dont, entre parenthèses, Marengo occupe exactement le centre.

1. La confusion opérée par Sanuto entre ces deux combats successifs livrés à quelques jours d'intervalle, vers le 15 et le 19 septembre, près de Serravalle et dans la direction de Tortone, résulte bien nettement de la rédaction des « Vite de' Duchi », où les deux situations géographiques des lieux de rencontre sont visiblement réduites à une. « A' 21 del detto mese s'ebbero lettere... come Buccicaldo sopradetto era stato alle mani colle genti di Facino Cane appresso a Serravalle di là da Tortona tra Novi e Gavio, e v'era stata gran battaglia. » (Col. 845.) Cette confusion, ou plutôt cette addition l'un à l'autre de ces deux combats, ont fait généralement adopter, comme rencontre unique, la dernière bataille, celle livrée aux environs

leur plein gré pour venir auprès de lui. Cette nouvelle fut agréable et bonne à l'État de Venise.

. . . .

Ensuite, en 1409, le 1er octobre, nous apprîmes que messer Gabriello Fondolo fut à parlement à Venise avec la Seigneurie ducale, lui racontant beaucoup de choses et lui déclarant les traités faits par la ligue du français Boucicaut, ancien gouverneur de Gênes, qui, parti de Lombardie avec 5,000 chevaux français pour passer et aller à Gênes, avait été resserré dans une vallée voisine de Gavi, sur le territoire de Gênes, et ne paraissait pouvoir en sortir en liberté, sauf-conduit étant donné à ceux de ses Français de Novi qui voudraient quitter ce lieu.

---

de Tortone. (Ghiron, *Facino Cane*, p. 580-581.) — Le récit intégral de Morosini permettra de rétablir les faits sous leur véritable jour.

2. Fol. 219 в.
3. Cet extrait ne se retrouve pas dans Sanuto.
4. Le mardi 1er octobre 1409.
5. Nouvelle source d'informations consistant dans le récit général des événements de septembre, fait de vive voix au gouvernement vénitien par Cabrino Fondolo, seigneur de Crémone, qu'on vient de voir figurer avec les Malatesta à la tête des forces italiennes du parti guelfe, arrivé de sa personne à Venise le 1er octobre, venant du théâtre de la guerre. Les documents vénitiens le montrent, le 5, présent à la séance du sénat. (Michel Perret, *Hist. des relations de la France avec Venise*, t. I, p. 106.)
6. Cette nouvelle source d'informations, remontant aux quelques jours nécessaires à Cabrino Fondolo pour se transporter du théâtre de la guerre jusqu'à Venise, a trait à la position prise par Boucicaut après le combat livré vers le 19 dans les environs de Tortone. — A l'origine de ces nouvelles arrivant à Venise le

Holtra[1] de questo[2], pur in lo dito mexe avesemo de nuovo una chocha de Zenovexi vegniva d'Alesandria chon specie a Savona, sovra de la qual se atrovava de spiziaria per vaiuda de duchaty xxv[u] d'oro, d'aver de Fiorentiny, fo tegnudo per Zenovexi, a chaxion per le galie del re Alvixe, per avanty azionte là a Savona, ly fo fato a Zenovexi algum dano, e per questa chaxion i dity Zenovexi sapudo (sic) refarse, pensando loro sia in liga con Fiorentiny fina ly serà refato a loro dy suo dany per Fiorentiny[3].

. . . .

Apreso[4] per questo miser lo doxie[5], per lo Conseio di Pregady avesemo in questo tenpo, per una anbasada per tratado de Fazim Cham mandada de qui in Veniexia[6], a caxon che in le parte de Lonbardia fose

1ᵉʳ octobre, Boucicaut se tient toujours à Gavi, où il demeure, en effet, jusqu'au 26 ou 29, le Châtelet de Gênes tenant encore jusqu'au 25; mais le château de Novi, dont le vain essai de ravitaillement a occasionné le dernier combat, a décidément capitulé. La description de la position de Boucicaut, signalée ici par Cabrino Fondolo : « El qual sia stado serado in una vale », est à rapprocher de celle mentionnée naguères dans le récit de Morosini, dans son arrêt de sa marche sur Gênes : « Se reduse a una planura serada da tute parte ». (Ci-dessus, p. 286.)

1. Fol. 219 ʙ. — Entre le 1ᵉʳ et le 18 octobre 1409.
2. Cet extrait ne se retrouve pas dans Sanuto.
3. Allusion aux conséquences de la révolution génoise à Savone, ville qui a adhéré de suite, comme on l'a vu, au nouveau gouvernement de Gênes. — Louis II, duc d'Anjou, comte de Provence, rival de Ladislas au trône de Naples, auquel la guerre de Ladislas contre Florence rend toutes ses chances, passé en Italie pour soutenir ses droits, est depuis juillet en Toscane, en ligue avec Florence et ses alliés, gonfalonier

Outre cela, dans ledit mois encore, nous eûmes nouvelles qu'une coque génoise, venant d'Alexandrie à Savone avec des épices et sur laquelle se trouvait de l'épicerie pour la valeur de 25,000 ducats d'or, appartenant aux Florentins, avait été retenue par les Génois parce que les galères du roi Louis, auparavant arrivées à Savone, avaient fait quelque dam aux Génois; (et, pour cela, lesdits Génois ont voulu se refaire, pensant que les gens du roi Louis sont alliés avec les Florentins,) — jusqu'à ce qu'il leur ait été donné satisfaction des dommages à eux causés par les Florentins.

. . . .

Ensuite nous eûmes en ce temps-là nouvelles de Lombardie par une ambassade envoyée à Venise par l'entremise de Facino Cane, pour que dans les parties de Lombardie se conclût accord et arrangement entre

d'Alexandre V, et soutenu, jusqu'à la révolution génoise du 3 septembre, par le gouvernement français de Gênes. La flotte de galères provençales qui venait seconder sa campagne, arrivant à Savone, a trouvé, comme on le voit, la révolution opérée et le nouveau gouvernement génois immédiatement passé de la cause du prince français à celle de son compétiteur. Cette flotte provençale, d'après le récit de Morosini, paraît avoir ouvert contre Savone quelques hostilités, sans grand résultat, en représailles desquelles Savone fait saisir ces marchandises florentines, cargaison fourvoyée à Alexandrie sur un navire génois, bien avant les événements de septembre.

4. Fol. 220 b. — Entre le 13 décembre 1409 et le 10 janvier 1410.

5. Cet extrait se retrouve dans Sanuto, résumé en quelques lignes, et seulement en ce qui concerne l'intervention de Venise pour pacifier la Lombardie, après l'échec de l'intervention française. (Col. 846.)

6. Tout ce fragment a trait à la suite des événements de Lombardie. — Facino Cane, après le combat livré aux environs

meso acordo e aconzo tra quely do fradely, miser
Zian Maria e chonmeso so fradelo Filipo, chonte de
Pavia, intranby signor de Milan, e per chaxon che
intranby s'aconzase e fose d'acordo[1], che seria de
grandisimo utel e destro al stado de Veniexia, conzio-
siachè tuto el sal e altre marchadantie se soleva levarse
da Veniexia, per chaxion che tute chose aveva spazio
de qua, e per loro vegniva tolto da Zenova e d'An-
chona e da Pixia e altry luogi per mar, fo provezudo
de far do soleny anbasadory, li qual devese acordar e
meter in paxe quely luogi[2]. Dy qual fo fato in prima
el nobel homo miser Fantin Dandolo, che fo de miser

de Tortone vers le 19 septembre et la reddition du château de
Novi, s'est porté par Vigevano (*Schiavina*, col. 406) sur Milan,
et a mis de nouveau la main sur le duc et le duché. (*Ibid.*, id.)
— Boucicaut, que les dernières informations laissaient à Gavi,
le Châtelet de Gênes tenant encore, a, depuis, opéré sa retraite
le 26 septembre (*Giorgio Stella*, col. 1225-1226) ou le 29 (*Sercambi*, t. III, p. 171-172), laissant, toutefois, bien garnie la
forte place de Gavi, dont l'ennemi paraît alors abandonner le
siège (*Monstrelet*, t. II, p. 40), et qui ne se rendra qu'en 1411
(Giovanni Stella, *Cont. Annales Genuenses* de Giorgio Stella,
col. 1233, 1238) : cette retraite lui a sans doute été commandée par la capitulation du Châtelet de Gênes, effectuée le 25
pour la nuit du 28 au 29. (*Giorgio Stella*, col. 1225 ; *Sercambi*,
t. III, p. 171.) — Mais ce n'est nullement pour repasser les
Alpes, ainsi qu'il est généralement assuré par erreur. (Canale,
Nuova Istoria della repubblica di Genova, t. IV, p. 164.) C'est
seulement pour se retirer dans un autre État italien, en Piémont, dont le souverain, Louis de Savoie, prince d'Achaïe, est
un des confédérés de la ligue française. (*Della Chiesa*, col. 1055;
Sercambi, t. III, p. 171-172; *Chron. du duc de Bourbon*, p. 310-
311; *Berry*, ad ann. 1409.) De là, n'abandonnant pas encore la
partie, renforcé peut-être par de nouveaux secours de France
(*Monstrelet*, t. II, p. 40), il resserre sa fédération avec le comte
de Piémont et le comte de Savoie contre le nouveau gouver-

les deux frères, c'est-à-dire entre Giammaria et Filippo, comte de Pavie, son frère, tous deux seigneurs de Milan, et pour que tous deux s'arrangeassent et fussent d'accord : chose de très grande utilité et profit pour l'État de Venise, puisque ces pays avaient accoutumé de se fournir à Venise de tout le sel et autres marchandises, de toutes choses qui y étaient de vente, et qu'ils prenaient alors à Gênes, à Ancône, à Pise et autres lieux par mer. Par messire le doge et le conseil des « Pregadi » il fut décidé de choisir deux ambassadeurs extraordinaires, qui devraient faire l'accord et la paix en ces lieux. Pour cette

nement de Gênes, le marquis de Montferrat et Facino Cane. (*Della Chiesa*, col. 1055.) Dès le 3 octobre, ils assiègent la place de Poirino, entre Turin et Asti ; le 29 novembre, ils sont devant Sant'-Albano, presque au pied de l'Apennin, dans la direction de Mondovi, place destinée à capituler à la fin de janvier 1410. (*Della Chiesa*, col. 1055.) Ensemble d'événements qui ne paraît pas avoir été jusqu'ici l'objet de relations précises.

1. Cette mission à Venise de Facino Cane, maître du nouveau gouvernement milanais, a pour but de solliciter l'intervention de la république pour pacifier les différends existant entre le duc et son frère le comte de Pavie, mal apaisés par l'entrée des forces françaises à Pavie. Elle est intéressante à relever. — Un ambassadeur du comte de Pavie avait paru à Venise en novembre. (Michel Perret, *Hist. des relations de la France avec Venise*, t. I, p. 108-109.) Après la mission de Cane, que Morosini semble seul indiquer, Venise négocie la paix entre les deux frères, pendant les premiers mois de 1410. (*Ibid.*, t. I, p. 111.) Les troubles persistants de Pavie vont permettre à Facino Cane, l'an suivant, d'y usurper tout pouvoir comme à Milan.

2. On voit reparaître ici la question, purement commerciale, relative au trafic du sel, qui avait amené les premières difficultés entre le gouvernement français de Gênes et Venise, en 1402.

Lunardo el chavalier, e l'altro fo miser Franzescho Contariny, i qual intranby aceta de prexente al servixio de questa dogal Signoria a deverde andar[1].

. . . .

Apreso[2] in lo dito tenpo[3] fo meso a marchado, vegnudo el salvo chonduto del viazo de Fiandra, a marchado iiii° galie de le mexure uxade per chomun. I parony fo prima ser Christofalo Sovranzo, ser Zian Morexiny, ser Bernardo Pasqualigo e ser Nicholò Ierizo. Andè a l'incanto da duchaty xxv fina duchaty L d'oro l'una. Chapetanio de queste fo fato el nobel homo miser Nicolò Foscholo[4]. E apreso do choche mese per spizial persone, prima la chocha de ser Nicholò dal Chareto, e la chocha Nuova, paron ser Zane Bon de Ziliol, andè a cargar de malvasie in Chandia, de portada de bote vii^c, e l'altra carga de viny per Veniexia, e anchora de qua fo seda e specie e altre ase marchadantie, per vauida de duchaty ccc milia d'oro[5].

. . . .

---

1. Ce passage de Morosini montre avec quelle facilité, sitôt la chute de la domination française, les difficultés pendantes entre Gênes et Venise, au sujet des affaires de Lombardie, se dénouent d'elles-mêmes entre les divers intéressés italiens.

2. Fol. 221 b. — Entre le 12 février et le 20 avril 1410.

3. Cet extrait ne se retrouve pas dans Sanuto.

4. La décision du sénat réglant ce voyage de 1410 et répartissant, sous le commandement de Niccolò Foscolo, trois galères à destination de l'Écluse, et une à celle de Londres, est du

ambassade fut choisi d'abord le noble homme messer Fantino Dandolo, fils de feu messer Lionardo, chevalier, et en second rang messer Francesco Contarini, qui tous deux acceptèrent sur le champ d'y aller pour le service de la Seigneurie ducale.

. . . .

Ensuite, dans le même temps, furent mises à l'encan, après l'arrivée du sauf-conduit du voyage de Flandre, quatre galères du tonnage ordinaire. Les « par*ony* » furent d'abord ser Cristoforo Soranzo, puis ser Giovanni Morosini, ser Bernardo Pasqualigo et ser Niccolò Erizzo. Elles montèrent, à l'encan, de 25 ducats jusqu'à 50 ducats d'or chacune. Capitaine en fut fait le noble homme messer Niccolò Foscolo. Et ensuite deux coques affrétées par des personnes privées, d'abord la coque de ser Niccolò Del Carretto, puis la coque Neuve, patron ser Giovanni Buono de' Zilioli, allèrent, la première, d'un tonnage de 700 « botte », charger des vins blancs de Malvoisie à Candie, et l'autre prendre un chargement de vins pour Venise, ainsi que de la soie, des épices et beaucoup d'autres marchandises, d'une valeur de 300,000 ducats d'or.

. . . .

27 février 1410. Antonio Bembo, dont la mission en Angleterre, l'an précédent, paraît avoir été infructueuse, devait revenir avec la flotte. (Rawdon Brown, *Ven. Papers*, t. I, p. 51-52, n°s 178-184, et Liste des capitaines.)

5. Outre le « voyage de marchandise » officiel effectué par les seules galères de l'État vénitien, il s'agit ici de deux coques, objet d'armements particuliers, à destination finale de Flandre, avec les détours de traversée ici relatés.

Avese¹ apreso², per lo scriver³ a fato ser Franzescho Bevazian, nostro noder de le parte da Zenova⁴, chomo per uno tratado fo deschoverto de una femena de Savona⁵ miser l'arziveschovo de Savona⁶ aveva fato soto man uno tratado de dar Savona a Buzicardo⁷. De che questo sapudo, lo dito fose prexo e meso in una cheba de fero, e in quela zudegado a morir, e abia quely de Savona chazado i Gelfy de fuora, e dadoy anchora una cholta de duchaty CC^x d'oro, e questo solo a caxon quely non posa pluy intrar entro de Savona⁸.

1. Fol. 222 A. — Entre le 20 avril et le 24 mai 1410.
2. Ce passage ne se retrouve pas dans Sanuto.
3. Les deux extraits qui suivent ont trait aux dernières répercussions de la révolution génoise et aux dernières manifestations de la présence de Boucicaut en Italie jusqu'à la fin de l'an 1410.
4. Francesco Beazzano (Bevacciani), notaire de la république de Venise, envoyé de Venise à Gênes en janvier 1405 pour l'exécution de la convention du 22 mars 1404, et dont la mission prend fin en décembre 1410, par suite de l'exécution finale de la sentence arbitrale prescrite par la paix du 28 juin 1406 et enfin rendue par le comte de Savoie en 1408. (Delaville le Roulx, *La France en Orient*, p. 482, 504.)
5. Le petit État de Savone s'était donné à Louis, duc d'Orléans, par traité du 17 novembre 1394 (Eug. Jarry, *Louis de France, duc d'Orléans*, p. 150-152), puis à la couronne de France par transfert du 24 octobre 1396, au moment de l'installation de la domination française à Gênes. En 1407, Savone, où l'on a déjà vu Benoît XIII séjourner avant et après son voyage à Gênes en 1405, avait été désigné de commun accord, par traité du 20 avril, pour servir de lieu d'entrevue entre les deux papes Benoît XIII et Grégoire XII, entrevue où le pape d'Avignon devait seul se trouver au rendez-vous. Traité bien connu dont le texte présente de multiples reproductions, entre autres dans Raynaldi, *Annales ecclesiastici* (t. XVII, ad ann.

[1410] D'ANTONIO MOROSINI. 307

On sut ensuite, par un écrit de Francesco Beazzano, notre notaire dans les parties de Gênes, que, par un traité dénoncé par une femme de Savone, messire l'archevêque de Savone avait conclu sous main traité pour livrer Savone à Boucicaut; qu'à cette nouvelle, l'archevêque avait été saisi, mis dans une cage de fer et condamné à y mourir, et que ceux de Savone avaient mis au ban les Guelfes en les frappant d'une amende de 200,000 ducats d'or, et cela seulement pour qu'ils ne pussent plus rentrer dans Savone.

1407, 4), dans *Rel. de Saint-Denis* (t. III, p. 542-562). Le Diario en renferme une version italienne sans intérêt spécial. (*Diario*, ad diem 1ᵉʳ juin-14 juillet 1407, ms., fol. 203 A à 204 A.) — Lors de la révolution génoise du 3 septembre 1409, Savone, qu'on a vu adhérer au nouveau gouvernement, était néanmoins devenue le refuge de tous les Guelfes marquants de Ligurie, atteints, en somme, par les événements de Gênes, œuvre du parti gibelin, qui, malgré l'unanimité du mouvement, en avait recueilli comme faction tout le fruit.

6. L'évêque (et non archevêque) de Savone est alors le Français Philippe Auger, en fonctions depuis 1406, successeur de Giovanni Grimaldi, et qu'on trouve remplacé, à la date de 1412, par Pier Spinola. (Gams, *Series episcoporum*, Savona.)

7. Boucicaut, continuant toujours avec obstination la campagne en Piémont, avec ses alliés les princes de Savoie, a pris le 20 janvier 1410 la place de Trinità et le 25 celle de Sant'-Albano, assiégée depuis la fin de novembre, toutes deux commandant au pied de l'Apennin la route du Piémont à Savone par le col de Cadibone; puis, du 1ᵉʳ au 6 mars, il a assiégé et pris Polonghera, entre Turin et Saluces. (*Della Chiesa*, col. 1055.)

8. Cette conjuration guelfe destinée à rendre Savone à la France est découverte le 15 avril 1410, date qui correspond bien à celle ici marquée pour l'arrivée de la nouvelle à Venise. (*Giovanni Stella*, col. 1228.) — Le récit de Morosini, avec cer-

El qual Buzicardo iera per mia xxv in persona apreso Savona[1].

. . . .

Veramente[2] per avanti[3] fose fato mencion e a chaxion non me esia de memuoria[4], avesemo de fermo trovandose lo dito Fazim Chan eser apreso Novy, aver roto circha chavay v^c in vi^c de Franzeschi molto mal in ordene e malysimamente desposty contra le tere de Lonbardia, e per conseio de questo Buzicardo, per meter per Lonbardia in derota; la qual nuova è stada molto bona al stado de Verona e Vizenza e Padoa[5]. De la dogal nostra Signoria[6] è[7] perso uno castelo dito

tains des détails qu'il contient, est confirmé par celui de Sercambi. (T. III, p. 171-172.)

1. La participation que Morosini, dans cette entreprise, assigne à Boucicaut, toujours présent en Piémont et maître de la tête de route de Savone, est intéressante à relever et témoigne de la ténacité des intentions de revanche conservées par le maréchal. L'assertion du Diario est confirmée dans ses lignes générales par Sercambi. (T. III, p. 171-172.) — Cette entreprise sur Savone paraît s'être aussi reliée, d'après Sercambi (t. III, p. 171-172), aux projets de Louis II, de Florence et ses alliés en vue de leur campagne prochaine contre Ladislas, repoussé définitivement de Toscane, expulsé de Rome et refoulé dans son royaume de Naples depuis la fin de 1409. Savone, à défaut de Gênes, à présent alliée de Ladislas, eût offert dans la Rivière une relâche précieuse aux galères provençales.

2. Fol. 224 a. — Entre le 2 et le 10 août 1410.

3. Cet extrait ne figure pas dans Sanuto.

4. Le passage initial qui suit, dans son allure enchevêtrée et avec les termes de rappel qu'il semble contenir au sujet d'une

[1410]   D'ANTONIO MOROSINI.   309

Boucicaut était alors en personne à 25 milles de Savone.

. . . .

Vraiment il a été fait mention auparavant, [et je dis,] afin que cela ne me sorte pas de la mémoire, que nous eûmes pour certain que Facino Cane, se trouvant près de Novi, avait mis en déroute environ 5 à 600 chevaux français très mal en ordre et très maladroitement disposés contre les terres de Lombardie par ce Boucicaut, dans le dessein de mettre en déroute la Lombardie. Cette nouvelle a été très bonne pour l'état de Vérone, Vicence et Padoue. Quant à notre Seigneurie

nouvelle déjà ancienne, ne peut guère se rapporter qu'à une répétition des faits remontant à l'an précédent, à savoir les combats livrés entre Facino Cane et Boucicaut, autour de Novi, à Serravalle et vers Tortone, en septembre 1409, faits déjà présentés par Morosini en leur date normale. Étant donnés les termes de rappel dont le Diario fait ici usage, il semble difficile qu'il s'agisse, en ce moment, d'une nouvelle action importante livrée dans les mêmes parages à l'occasion du fait, exact et récent celui-là, qui se trouve allégué dans le passage final.

5. Ms. : « Padoana ».
6. Ce rappel d'événements semble uniquement motivé par le désir de remettre en mémoire les événements de Lombardie, avant de hasarder, à la longue distance d'une année, la notation d'un fait nouveau s'y rattachant encore, fait réellement survenu en cet été de 1410.
7. Le passage final qui suit se réfère, quant à lui, à l'un des derniers épisodes contrôlables de l'action française dans la Haute-Italie en cette période. C'est, en tout cas, le dernier signalé par Morosini.

Chastelazo[1], dadose[2] a miser lo ducha de Milam[3].

. . . .

1. Allusion à la perte de la place de Castellazzo, forte position sur la Bormida, entre Alexandrie et Novi, perdue par le parti guelfe opposé en cette région à Facino Cane et demeuré constamment, dans ces districts de l'Italie, en action liée avec Boucicaut. — En 1404, au cours des hostilités de 1403-1405 entre Gênes et Milan, Castellazzo avait été occupée, contre Facino Cane, par les Trotti, chefs du parti guelfe dans la région, qui même y avaient arboré un instant les couleurs de France. (*Schiavina*, col. 400-401.) Ils s'y maintenaient depuis. Castellazo était cependant pressée par Cane depuis 1407, dit Biglia dans un expressif récit (col. 31), depuis la fin de 1409, avec bastilles environnantes, disent Schiavina (col. 406), et della Chiesa (col. 1056), dernière relation où les sept « anny » assignés au siège avec bastilles doivent sans doute s'entendre de sept « mesy ». Castellazzo capitule enfin aux mains de Cane, se rendant expressément au duc de Milan (*Schiavina*, col. 407; *Della Chiesa*, col. 1056), le 22 juillet 1410 (*Schiavina*, col. 407). Date qui correspond parfaitement à la survenance de la nouvelle à Venise entre le 2 et le 10 août.

2. Boucicaut, cependant, s'obstine encore en Piémont. Après l'échec du coup de main tenté sur Savone, il a licencié la plus grande partie de ses forces françaises, arrivées l'an précédent en plusieurs envois, et leur a fait repasser les Alpes. (*Chron. du duc de Bourbon*, p. 310-311 ; cf. 309, 313.) Après la perte de Castellazzo par ses alliés, il achève l'année en Piémont. Entre le 5 juillet et le 13 août, il a essayé encore de surprendre, avec 4,000 hommes, Pieve di Teco, sur le versant sud de l'Apennin, entre Savone et Vintimille. (*Giovanni Stella*, col. 1231-1232.) En septembre 1410 est encore repoussée une attaque contre Gavi, toujours aux mains de sa garnison française. (*Ibid.*, col. 1232.) Le 28 et le 29 octobre, en compagnie du comte de Piémont, il s'empare de la ville et du château de Pancalieri, entre Turin et Saluces. (*Della Chiesa*, col. 1056.) Opération qui semble la dernière entreprise de Boucicaut sur

ducale, elle a perdu un château dit Castellazzo, qui s'est donné à messire le duc de Milan.

. . . .

le sol d'Italie. — Une trêve intervient alors entre les deux coalitions belligérantes, trêve transformée en paix finale le 8 avril 1411. (*Della Chiesa*, col. 1056.) Acte qui termine cette dernière répercussion de l'action française en Italie, où elle est destinée à ne pas se renouveler de longtemps.

3. Boucicaut est rentré en France à la suite de la trêve italienne, vers le début de l'an suivant 1411. On le trouve à Lille, auprès du duc de Bourgogne, dans la première huitaine de février, à ce qu'il semble. (*Monstrelet*, t. II, p. 109-111 ; Ernest Petit, *Itin. de Jean Sans-Peur*, p. 377-378.) Il reparaissait juste pour la terrible reprise de guerre civile que marque cet an 1411. Mal vu du duc de Bourgogne comme du parti d'Orléans depuis la perte de Pise (*Livre des faicts*, part. III, ch. xii), demeuré à l'écart des troubles qui déchirent le pays, employé seulement par le duc de Berry, pendant une courte période d'influence, en avril, en juillet 1411, à divers essais de rétablissement de l'ordre (*Itin. de Jean Sans-Peur*, p. 379 ; *Rel. de Saint-Denis*, t. IV, p. 404, 440), il retrouve cependant un rôle en vue en Languedoc, où il commande énergiquement, de 1413 à 1415, comme gouverneur, comme capitaine-général, comme lieutenant et capitaine général sur le fait de la guerre. (D. Vaissete, *Hist. de Languedoc*, t. IX, p. 1019-1028.) Lors de l'invasion anglaise de 1415, au choc d'Azincourt, il est fait prisonnier pour mourir en Angleterre en 1421. — Gênes, la trêve, puis la paix conclue avec les alliés de Boucicaut qui menacent encore son indépendance reconquise, demeure gouvernée par le marquis de Montferrat, capitaine avec pouvoir de doge, en attendant la révolution nouvelle du 20 mars 1413, par laquelle la cité reprend ses doges nationaux élus, jusqu'à ce que l'ingouvernable peuple, dévorant destructeur de ses propres forces, s'asservisse bientôt pour quinze ans, de 1421 à 1435, à la domination milanaise.

— Derniers échos de la guerre à présent close. En 1411 seulement, Gênes rentre en possession de la place d'Ovada, au nord de l'Apennin, entre Alexandrie et Gênes, qui capitule à terme,

Dapuo[1], ady[2] xx de zener de M° CCCC X°, azionse III galie de Fiandra a Veniexia; la quarta galia de ser Zian Morexin de miser Nicholò ronpese sovra bocha de Faro per fortuna; ma i omeni de quela schapola, e l'aver fo rechatado fuor cha sachy xxx de lana fo persy; e altro aver non se dise. Ma hè stado de molto dano de tuta la tera; conseguirà de dano la dita galia in la marchadantia per duchaty xx^м d'oro[3]. Ma fo provezudo de inchantar una galia per mandar a Mesina conmeso do provededory, dandoy duchaty CCC d'oro per so afano; le qual tute spexe seguirà debia andar sovra la marchadantia per rata. Paron fo fato anchora de la dita galia ser Zian Morexini, fio del dito miser Nicholò, pare de quelo[4].

. . . .

Per[5] l'ano[6] de M CCCC X°, dy xvIIII° de fevrer, fose inchantade IIII° galie de le mexure grose por lo viazo de Fiandra. Chapetanio fo el nobel homo miser Lunardo Mozenigo; i[7] sovrachomity suo, prima ser

le 22 juillet, pour le 1er novembre (*San-Giorgio*, col. 686-687); de Gavi, qui se rend le 10 octobre, après deux ans d'assauts (*Giovanni Stella*, col. 1238); en 1413 seulement, de Porto-Venere, tenue encore jusque-là par un gros de dissidents guelfes réfractaires à la révolution de 1409 (*Giovanni Stella*, col. 1228-1249). Le 27 avril 1413, le traité de Lucques consacre la paix entre Gênes et Florence, avec qui Ladislas lui-même, quelques mois avant sa mort, va signer la paix d'Assise, le 22 juin 1414.

1. Fol. 227 B. — 20 janvier 1411.
2. Ce passage ne se retrouve pas dans Sanuto.
3. Ces quatre galères du voyage de Flandre, armées comme on l'a vu en vertu d'une décision du sénat en date du 27 février

Ensuite, le 20 janvier 1410, arrivèrent trois galères de Flandre à Venise. La quatrième galère, celle de ser Giovanni Morosini, fils de messer Niccolò, fut brisée à l'entrée du Phare par la tempête; mais l'équipage échappa et le chargement fut sauvé, fors trente sacs de laine qui furent perdus (rien d'autre, à ce qu'on dit). Mais cela a été de grand dam à tout le pays ; il s'ensuivra du naufrage de cette galère une perte de 20,000 ducats pour la marchandise. On pourvut à la mise à l'encan d'une galère pour envoyer à Messine, avec deux provéditeurs, auxquels on donna 300 ducats d'or pour leur peine ; toutes les dépenses qui s'ensuivront seront réparties sur la marchandise au prorata. On fit encore « paron » de cette galère ser Giovanni Morosini, fils dudit messer Niccolò, son père (*sic*).

. . . .

Pour l'année 1410, le 19 février, furent mises à l'encan quatre galères de grand tonnage pour le voyage de Flandre. Capitaine en fut le noble homme

1410, étaient parties de Venise avant le 20 avril. (Ci-dessus, p. 304, n. 2-4.) On voit avec quel soin le Diario relève les détails de l'accident survenu au retour à l'une d'elles, à celle dont Giovanni Morosini était adjudicataire ou « paron ».

4. Exemple d'armement de secours expédié pour sauver la cargaison d'une galère de commerce d'État perdue à la mer. Ces sortes de désastres maritimes étaient très rares à Venise ; le Diario n'en présente que des mentions exceptionnelles. « Lequel nauffrage ne advient presque jamais », dit le Traité du gouvernement de Venise. (Ch. xcv, dans Michel Perret, *Hist. des relations de la France et de Venise*, t. II, app. I, p. 296.)

5. Fol. 227 b. — 19 février 1411.

6. Ce passage ne se retrouve pas dans Sanuto.

7. *I.* Inc. fol. 228 a.

Ziorzi Charavelo, ser Nicholò Trivixan, ser Nicholò Barbo; la quarta, ser Bernardo Pasqualigo. E a quely parony ly fose inprestado ducaty M d'oro per galia, e fo delyvrade da l. XI, in XIII, in XV infina l. XXI e s. ... de grosy[1].

. . . .

In[2] questy dy[3] del mexe d'avril sovradito, azionse le nostre do choche a Veniexia de le parte de Fiandra, la Chareta e la Ziliola, in chonserva, de vaiuda de lane e pany e certa quantitade de metaly e sarze, vary, anbre, de valor de duchaty CC X in CC XX^M d'oro. La qual fo bona novela a tuta la tera, chonziosia savevemo iera tegnuda da tre choche de Zenovexi, corsery de mal a far, sovra Cades; e per la devina gracia, quele azionse a Veniexia ady XVIII° d'avril de M°IIII^{c}XI°[4].

. . . .

Prexo[5] fose, ady[6] XXXI° del mexe de zener de

1. La décision du sénat réglant ce voyage de 1411 à quatre galères, en effet, mais sans répartition non plus spécifiée, est du 12 février 1411. (Rawdon Brown, *Ven. Papers*, t. I, p. 52-53, n°s 185-188.) La Liste des capitaines, publiée par Rawdon Brown, en appendice de sa savante introduction, présente pour cette année une erreur évidente qui se répercute sur les années suivantes, jusqu'en l'année 1429, erreur que ce passage du Diario et les suivants de même ordre permettront de rectifier. Cette liste indique, en effet, pour cette année 1411, deux capitaines simultanés, Leonardo Mocenigo, en effet, signalé par le Diario, et Marco Giustiniani, que le Diario présentera comme capitaine l'an suivant, en 1412. (*Ibid.*, Liste des capitaines et ci-après.) En 1412, la liste de Rawdon Brown indiquera pour capitaine Almorò Lombardo, que le Diario ne signale que l'année suivante, en 1413. Et ainsi de suite, jusqu'en 1429. (Liste des capitaines, et ci-après.) Il paraît donc évident que quelque

messer Lionardo Mocenigo ; ses « sovracomiti » furent d'abord ser Giorgio Caravello, ser Niccolò Trevisani, ser Niccolò Barbo, et, pour la quatrième, ser Bernardo Pasqualigo. Et à ces « patroni » furent prêtés 1,000 ducats d'or par galère, et elles furent adjugées de 11, 13, 15 jusqu'à 21 livres et ... sous de gros.

. . . .

En ces jours dudit mois d'avril arrivèrent à Venise nos deux coques des parties de Flandre, la Carretta et la Ziliola, de conserve ; leur chargement de laines, draps et certaine quantité de métaux, étoffes de lin, fourrures, ambre, valait de 210 à 220,000 ducats d'or. Ce fut bonne nouvelle pour toute la terre, parce que nous savions qu'elles étaient guettées par trois coques génoises, corsaires de male intention, au-dessus de Cadix ; par la grâce de Dieu, elles arrivèrent à Venise le 18 avril 1411.

. . . .

Il fut décidé par messire le doge et la Seigneurie,

incorrection matérielle, provenant, soit du manuscrit même d'où le savant érudit anglais a tiré les éléments de sa liste, soit de l'impression de son ouvrage, aura, de 1411 à 1429, avancé d'un an chacun des noms figurant sur cette liste.

2. Fol. 228 b.

3. Ce passage ne se retrouve pas dans Sanuto.

4. Ces deux coques vénitiennes à destination de la Flandre, armées par armement particulier, étaient parties de Venise, comme on l'a vu, vers le même temps que les galères de l'État armées par décision du 27 février, c'est-à-dire avant le 20 avril. Les incidents de leur route de retour, que relève le Diario, montrent que la révolution génoise de septembre 1409 n'avait pas entièrement modifié l'hostilité maritime persistante de Gênes et de Venise.

5. Fol. 238 a. — 31 janvier 1412.

6. Ce passage ne se retrouve pas dans Sanuto.

M° IIII° XI¹, de meter galie v de le mexure uxade per miser lo doxe con la Signoria al viazo de Fiandra, zoè galie tre a Londra e a la Scluxa, e galie II in Aque Morte, e questo fo per lo forzo grando de tute specie e sy de goto(i)ny se trova in Veniexia. Chapetanio² fo fato el nobel hom miser Marcho Zustignan fo de miser Orsato; i parony suo fo prima ser Nicholò Trivixam, ser Cristofalo Sovranzo, ser Vido da Chanal condam miser Franzescho, e ser Franzescho Zustignan, e ser Ziorzi Loredam. Chostà a l'incanto da l. XXXII in XL° de grosy, e quela d'Aque Morte, duchaty M° CCC XX. Party de Veniexia ady... Christo le conduga qua con salvamento! Amen³.

. . . .

E⁴ apreso per lo dito ano⁵ de M° IIII° XII, al viazo de Fiandres fose prexo de meter galie v de le mexure grose, le qual fo inchantade IIII° : do per le parte de Fiandra e do per Londra, e I per la Scluxa, o voio dir per Aque Morte. I parony fo prima, per quela de Aque

1. Depuis quelques semaines, depuis le cours de décembre, Venise est en guerre déclarée avec le roi de Hongrie, Sigismond, élu empereur depuis 1410, guerre destinée à se prolonger, sur les frontières du Frioul et de l'État vénitien, jusqu'à la trêve de cinq ans, conclue à Udin, le 17 avril 1413. (Romanin, *Stor. di Venezia*, t. IV, p. 57-63; Aschbach, *Geschichte Kaiser Sigmund's*, t. I, p. 334-354 et p. 349, n. 58.)

2. *Chapetanio*. Inc. fol. 238 B.

3. La décision du sénat réglant ce voyage de Flandre et Angleterre, pour 1412, paraît être du 3 février 1412 et porter quatre galères, sans répartition spécifiée. (Rawdon Brown, *Ven. Papers*, p. 53, n°⁸ 189-192.) Le capitaine indiqué dans la liste déjà citée est Almorò Lombardo, que le Diario ne signale que pour l'année suivante. Le capitaine mentionné ici par le Diario, Marco Gius-

le 31 du mois de janvier 1411, de mettre 5 galères du tonnage habituel au voyage de Flandre, c'est-à-dire trois galères pour Londres et l'Écluse, et deux galères à Aigues-Mortes ; et cela, à cause de la grande surabondance de toutes épices, et aussi de cotons, qui se trouvaient à Venise. Capitaine fut fait noble homme messer Marco Giustiniani, fils de feu messer Orsato ; ses « paroni » furent d'abord ser Niccolò Trevisani, ser Cristoforo Soranzo, ser Guido da Canale, fils de feu messer Francesco, ser Francesco Giustiniani et ser Giorgio Loredano. Elles montèrent à l'encan de 32 à 40 livres de gros, et celle d'Aigues-Mortes à 1,320 ducats. Elles partirent de Venise le... Que le Christ les conduise au port à sauveté ! Amen.

. . . .

Et ensuite, pour ladite année 1412, il fut décidé d'armer pour le voyage de Flandre cinq galères de gros tonnage, qui furent mises à l'encan ; des quatre premières, deux pour les parties de Flandre et deux pour Londres, puis une pour l'Écluse, je veux dire pour

tiniani, a été porté, dans la liste, en double pour l'an précédent 1411. — Quant au voyage d'Aigues-Mortes, les textes édités jusqu'ici ne semblent pas en contenir la trace, que les documents originaux des archives vénitiennes permettraient sans doute de vérifier. Cette mention de ce voyage, en 1412, paraît la première régulièrement inscrite par Morosini, qui, jusqu'ici, n'a fait à cette croisière commerciale qu'une simple allusion, sous la date de 1406. (Ci-dessus, p. 216, n. 1.) Les indications relatives à ce voyage d'Aigues-Mortes vont désormais, sauf exceptions relevées, se succéder régulièrement pendant tout le cours du Diario.

4. Fol. 259 B. — 24 janvier 1413.

5. Ce passage se retrouve résumé en quelques mots dans Sanuto. (Col. 877.)

Morte, el nobel homo miser Nicholò dy Prioly de miser Franzescho dito el Ziazo; l'altro paron è prima ser Nicolò Dolfim, ser Bernardo Pasqualigo, ser... Duodo e ser Piero Marzelo. Andè a l'incanto la prima, l. xi° s. ii; la segonda, a l. xxviii de grosy; la terza, a l. xxi e meza de grosy; la quarta, a l. xx s. viii de grosy; la quinta, a s. xvi de grosy. Chapetanio fato el nobel homo miser Almorò Lonbardo. Christo le conduga a salvamento! Amen[1].

. . . .

Prexo[2] fo[3] per miser lo doxe e la Signoria in lo Chonseio dy Pregady de far do anbasadory a la creacion del Re de Ragon, debiando partir con le predite galie de Fiandra; i qual fo mandady i nobel homeny miser Santo Venier, l'altro fo miser Nicholò Malipiero, i qual aceta de prexente, e farase far chavaliery[4].

. . . .

1. La décision du sénat réglant ce voyage de Flandre et Angleterre, pour 1413, à quatre galères, sans répartition spécifiée, est en effet du 24 janvier 1413. (Rawdon Brown, *Ven. Papers*, p. 53-54, n°s 193-195.) Le capitaine indiqué par la liste est Andrea Zane, que le Diario ne signale que l'an suivant. Almorò Lombardo, porté ici par le Diario, a été mentionné l'an précédent. — Les renseignements fournis sur le voyage d'Aigues-Mortes sont à relever.

2. Fol. 261 b. — 13 février 1413.

3. Ce passage ne se retrouve pas dans Sanuto.

4. Ces ambassadeurs vénitiens en Aragon, que Morosini montre ainsi prenant passage sur les galères de Flandre jus-

Aigues-Mortes. Les patrons furent d'abord, pour celle d'Aigues-Mortes, noble homme messer Niccolò Prioli, fils de messer Francesco dit « el Ziazo; » les autres, ser Niccolò Dolfin, ser Bernardo Pasqualigo, ser... Duodo et ser Pietro Marcello. A l'encan elles allèrent, la première à 11 livres 2 sols, la seconde à 28 livres de gros, la troisième à 21 livres et demie de gros, la quatrième à 20 livres 8 sols de gros, la cinquième à 16 sols de gros. Capitaine en fut fait noble homme messer Almorò Lombardo. Que le Christ les conduise à sauveté! Amen.

. . . .

Il fut décidé par messire le doge et la Seigneurie, en Conseil des « Pregadi », de nommer à l'occasion de l'avènement du roi d'Aragon deux ambassadeurs qui devaient partir avec les susdites galères de Flandre; furent envoyés nobles hommes messer Santo Venier et avec lui messer Niccolò Malipiero, qui acceptèrent sur le champ; ils seront faits chevaliers.

. . . .

qu'en Espagne, se rendaient au couronnement du nouveau roi d'Aragon, Ferdinand Ier, de la maison royale de Castille, fils de Jean Ier, roi de Castille, et héritier des droits de sa mère Éléonore, sœur de Martin Ier, roi d'Aragon, mort en 1410. A la suite de l'extinction de la maison royale d'Aragon par cette mort, le 31 mai 1410, le trône d'Aragon, disputé par plusieurs compétiteurs, était demeuré vacant jusqu'à la solennelle élection de Ferdinand Ier, le 28 juin 1412. Ferdinand Ier acquérait aussi le trône de Sicile, vacant également par la mort de Martin Ier, depuis 1410. C'est ce puissant souverain méditerranéen que vont saluer, au nom de Venise, les deux ambassadeurs embarqués sur les galères à destination du Nord.

SOMMAIRE

DU TOME PREMIER.

Année 1396. — Progrès de l'invasion ottomane en Europe; croisade générale, p. 2-6. — Grande levée de chevalerie en France, armée de Hongrie, flotte vénitienne et génoise, 6-8. — Bataille de Nicopolis, 10-12. — Captivité de Jean Sans-Peur, comte de Nevers, retraite de Sigismond, roi de Hongrie, à bord des galères vénitiennes du Danube, 12.

Année 1397. — Retraite de Sigismond sur la flotte vénitienne, sa rentrée en Hongrie par l'Adriatique et la côte d'Esclavonie, rançons des prisonniers français, p. 12-16.

Année 1402. — Mort de Giangaleazzo Visconti, duc de Milan, minorité de son fils Gianmaria, dissolution de son empire, troubles de l'Italie, p. 16-22. — Premières difficultés entre Venise et Gênes, devenue possession directe de la couronne de France depuis le traité du 25 octobre 1396, 22-24.

Années 1403-1404. — *Première reprise de récit.* — (Avril-juin.) Armement naval du maréchal Boucicaut, gouverneur français de Gênes, en apparence contre Janus II, roi de Chypre, en fait contre la puissance musulmane d'Égypte et de Syrie, p. 24-30. — Route de Boucicaut, [par la Morée,] vers Rhodes, 30-34. — Inquiétudes de Venise sur l'objet réel de cette campagne, armement d'une flotte d'observation sous le commandement de Carlo Zeno, 34-38. — Route de Zeno, par la Morée, vers Rhodes, 38-42. — Voyage de l'empereur d'Orient Manuel II en Europe, son passage à Gênes et à Venise, sa rentrée [de Morée] à Constantinople, sous l'escorte commune de galères de Boucicaut et de Zeno, 42-50. — Mouvements des deux flottes, 50. — (Juin-août.) Boucicaut et Zeno à Rhodes, séjour de Boucicaut, négociations de la paix avec Chypre, 50-52. — Départ de Boucicaut de Rhodes, sa descente sur la côte d'Asie, à l'Escandelour, traité de paix avec Chypre, disjonction de la flotte de Boucicaut vers l'Égypte et vers Chypre, séjour de Boucicaut à Chypre, impossibilité de rallier directement son escadre d'Alexandrie, ses projets immédiats sur la côte de Syrie, mouvements des flottes génoise et vénitienne et des deux escadres de Boucicaut, 54-64. — (Août.) Description de Beyrouth, 64. — Prise et sac de la ville par les forces de Boucicaut, 66. — Pillage des entrepôts vénitiens, 66-68. — Plainte et rapport des commerçants vénitiens à Zeno, en observation dans les eaux de Crète, 68-70. — (Août-septembre.) Retour de Boucicaut à Chypre, puis à Rhodes, abandon définitif de son entreprise d'Égypte, rappel de son escadre d'Alexandrie, mouvements de ses deux escadres, 72-74. — (Septembre-octobre.) Passage de Zeno de Crète en Morée, son poste d'attente au port vénitien de Modon, 74-76. — Départ de Boucicaut de Rhodes pour Gênes, par la Morée et les parages de Modon, 76-78. — Imminence d'un choc inévitable entre les deux flottes, 78. — (Octobre.) Mouvements et positions successives des flottes de Boucicaut et de Zeno, du 4 au 7 octobre, dans les eaux de Modon, 78-86. — Bataille navale dite de Modon, livrée près de Navarin, 86-92. — (Octobre-novembre.) Conséquences de la rencontre de Modon, 94. — Prisonniers français, 94. — Incertitudes de Zeno sur la conduite à tenir, 94-96. — Ses mesures pour préserver le commerce vénitien à Constantinople et dans la mer Noire, 96-100. — Retour de Boucicaut à Gênes, capture de bâtiments de commerce vénitiens sur sa route et en divers lieux, 100-102. — Hostilités entre Génois et Vénitiens à Constantinople, 104-106. — Retour de Zeno à Venise, 108-110. — Nouvelles hostilités dans la mer Noire, 110-112. — (Décembre-avril.) Négociation de paix entre Gênes et Venise, accord préalable du 22 janvier 1404, convention provisoire du 22 mars, ratifiée le 3 avril, 112-116. — Mesures de rigueur exercées à Montpellier sur les négociants vénitiens, crainte de pareil dommage à Bruges, [en représailles du traitement des prisonniers français pris à Modon, amenés et retenus à Venise,] 116-122. — *Seconde reprise de récit.* — Texte de la lettre de Carlo Zeno au doge Michele Steno, en date de Modon, 9 octobre, sur la bataille de Modon, 122-144. — (Octobre-novembre.) Conséquences de la rencontre de Modon, 144-146. — Retour de Boucicaut, capture de divers bâtiments de commerce vénitiens, 148-152. — Hostilités à Constantinople et dans la mer Noire, 152-158. — Retour de Zeno, sa plainte contre ses commandants de galère, 158-160. — Illuminations à Venise à la suite de la nouvelle de Modon, incendie du campanile de Saint-Marc, 160-162. —(Décembre-avril.) Négociations de paix, 164-166. — Armements militaires éventuels de Venise contre Boucicaut, 166-170. — Armement commercial annuel des galères de Flandre et d'Angleterre, 170-172. — Dernière mention chronologique de la *Chronique,* 172-174.

Année 1403. (Mention rétrospective détachée.) — Rappel du début des hostilités entre Gênes et la puissance musulmane d'Égypte et de Syrie, engagées de Chypre par le commandant génois de Famagouste, au début de 1403, p. 174-176. — Dernière mention effective de la *Chronique,* 176.

Année 1404. — (Octobre-novembre.) Dans les premières mentions du Diario, guerre de course, sous l'impulsion de Boucicaut, entre Gênes et Venise, p. 178. — Combat du Magne, 178-182. — Autres faits de course, 182. — Irritation de Venise contre Boucicaut, 182.

Année 1405. — (Mai-juin.) Reprise d'hostilités entre la France et l'Angleterre, entre Charles VI et Henry IV, combat naval de l'Écluse, p. 182-184. — Trêves conclues en 1389, leur rupture de fait et de principe en 1402-1404, combats en Calaisis, à Marck, descente anglaise en Cotentin, détails sur le combat de l'Écluse, 186-188. — (Août.) Présence du pape d'Avignon Benoît XIII à Gênes, [de mai à octobre,] en intention de négocier de plus près avec le pape de Rome Innocent VII, 190. — Récits incidents d'événements antérieurs, 190 : — entrevue dramatique du duc d'Orléans avec

Benoît XIII en 1403-1404, inquiétude de Charles VI, 190-192; — défaite d'Owen Glendower, prince de Galles, allié de la France, au début de 1405, bruit de sa mort, 194; — hostilités entre la France et l'Angleterre en 1403-1405, découragement en France, 194-196. — Séjour de Benoît XIII à Gênes, projets de main-mise sur sa personne prêtés à Boucicaut, 196-198. — (Août-septembre.) Événements de Pise, situation de l'État pisan, passé sous la suzeraineté française depuis les traités de 1404, Livourne devenue possession directe de la couronne de France, premier soulèvement à Pise, intervention de Boucicaut pour dégager par la voie de l'Arno la garnison française de la citadelle, 198. — Attaque des galères de Boucicaut, second soulèvement à Pise, 198-202. — Traité du 27 août, vendant à Florence la ville et la citadelle de Pise, maintenant Livourne à la couronne de France, troisième soulèvement à Pise, attaque et prise de la citadelle sur la nouvelle garnison florentine, proclamation d'indépendance de Pise, 202-206. — (Octobre.) Bruit, reconnu faux, de la mort de Benoît XIII à Gênes, 208. — Siège de Pise par les forces florentines, 208. — Secours maritimes de Provence à Pise, 208-210. — Combats autour de Livourne, bruit de la prise de Livourne par les Pisans [sur la garnison française], 210.

Année 1406. — (Janvier-février.) Armements militaires de Venise, crainte des entreprises de Boucicaut contre le commerce des mers du Ponant, p. 210-214. — (Février-avril.) Armement et départ du convoi commercial annuel des galères de Flandre et d'Angleterre, 214-218. — (Mai.) Lettre adressée par Giovanni Gambacorta, investi de la dictature à Pise, au doge, 218 : — secours maritimes de Sicile à Pise, 218-220; — combat naval dans les passes de l'Arno, annonce du succès des Pisans [au début du combat destiné à se terminer par leur défaite], confiance de Gambacorta, 220-222. — (Juin-juillet.) Traité de paix du 28 juin entre Gênes et Venise, 224-226. — Arbitrage définitif à intervenir sur certains points réservés, 226-228. — (Octobre.) Retour éphémère de Pise à la suzeraineté française, sous la co-seigneurie de Louis, duc d'Orléans, et de Jean Sans-Peur, duc de Bourgogne, reddition de Pise aux forces florentines, 228-230. — Annexion sans retour de Pise à Florence, 230.

Année 1407. — (Novembre-décembre.) Guerres civiles de France, formation des partis d'Orléans et de Bourgogne depuis 1405, arrivée à Venise de la nouvelle de l'assassinat du duc d'Orléans, p. 230-232.

Année 1408. — (Janvier-avril.) Toute-puissance du duc de Bourgogne à Paris, p. 234. — Folie de Charles VI, 234. — Événements d'Angleterre, trêves entre Angleterre et Écosse, en vigueur de 1389 à 1399, leurs reprises intermittentes de 1400 à 1423-1424, guerres civiles d'Angleterre depuis l'avènement de la maison de Lancastre en 1399, soulèvement de Henry Percy, comte de Northumberland, dans le nord de l'Angleterre, 234. — Ses premiers succès, [destinés bientôt à une défaite totale,] bruit d'une invasion écossaise en Angleterre, 234-236. — Armement du convoi commercial annuel des galères de Flandre et d'Angleterre, 238. — (Juillet-août.) Autre mention de cet armement, 238-240. — Arbitrage encore pendant entre Gênes et Venise, rôle de Raymond de Lescure, prieur de Toulouse, passé de Rhodes en Europe, sentence arbitrale définitive du 9 août, rendue par Amédée VIII, comte de Savoie, 240-242.

Année 1409. — (Janvier.) Protestations de Boucicaut contre la sentence arbitrale, leur rejet par Venise, [persistance de Boucicaut dans son refus,] p. 244. — (Mars-mai.) Armement et départ du convoi de Flandre et d'Angleterre, 246. — Concile général de Pise, ouvert sous l'influence de Boucicaut et de Florence pour mettre fin au schisme, 244. — Guerre de Ladislas, roi de Naples, contre le concile, Gênes et Florence, 247-248. — Hostilités navales de Ladislas contre Gênes, 248-252. — (Juin.) Événements de Sardaigne, succession du *judicat* d'Arborée, intervention de Boucicaut en faveur du vicomte de Narbonne contre Martin Ier, roi d'Aragon, 252. — Défaite des galères de Boucicaut devant Asinara, 252-254. — Situation de Boucicaut en Italie et à Gênes, 254. — Troubles de Lombardie depuis la mort de Giangaleazzo Visconti en 1402, résurrection des partis guelfe et gibelin, première intervention de Boucicaut en Milanais en mars précédent, nouvelle, reconnue fausse [pour l'instant], de l'expulsion des Français de Gênes, 254-258. — Défaite du vicomte de Narbonne et des forces de Boucicaut en Sardaigne, à Sanluri, 258. — (Août.) Ambassade française et anglaise à Venise, efforts pour décider Venise à reconnaître Alexandre V, pape élu par le concile général de Pise, après déposition collective de Benoît XIII, pape d'Avignon, et de Grégoire XII, pape de Rome, 260. — Négociations, 260-264. — Résumé du discours du doge, 264-266. — Adhésion de Venise à Alexandre V, 266-270. — (Août.) Situation de Boucicaut en Italie, sa seconde intervention en Milanais, en voie d'exécution, 270. — Passage du Pô à Plaisance, marche sur Milan, menace des possessions continentales de Venise, 270-274. — Entrée de Boucicaut à Milan, le Milanais sous la domination française, 276. — (Septembre.) Marche de Facino Cane et du marquis de Montferrat, avec les forces gibelines de Lombardie, sur Gênes dégarnie, 276-278. — Soulèvement de Gênes contre la domination française, 278-282. — Soumission de Gênes au marquis de Montferrat, marche de Facino Cane sur l'Apennin à la rencontre de Boucicaut, 282. — Impression de la révolution génoise à Venise, 282-284. — Évacuation de Milan par Boucicaut, 284. — Sa marche sur Gênes, 284-286. — Son arrêt au pied de l'Apennin, [à Gavi,] 286. — Alliance de Venise, contre Boucicaut, avec les Malatesta et Cabrino Fondolo, chefs des forces guelfes de Lombardie, 286-290. — Combat de Serravalle entre Boucicaut et Facino Cane, 290-294. — Combat de Tortone entre Boucicaut et les forces combinées de Facino Cane et des Guelfes, 294-298. — (Septembre-novembre.) Position de Boucicaut à Gavi après le combat de Tortone, 298. — Perte de Novi, 298. — Perte de Savone, 300. — Retraite de Boucicaut et continuation de sa campagne en Piémont, 300. — Paix définitive entre Venise et Gênes, après l'expulsion de la domination française, 300-304.

Année 1410. — (Février-avril.) Armement du convoi commercial de Flandre et d'Angleterre, p. 304. — Armements privés pour la Flandre, 304. — (Avril.) Continuation de la campagne de Boucicaut en Piémont, 306. — Conspiration française à Savone, 306-308. — (Juillet-août.) Perte de Castellazo, 308-310. — Fin de la campagne de Boucicaut en

Piémont, sa retraite en France, abandon par la France de tout essai de domination en Italie, 310.

Année 1411. — (Janvier.) Naufrage d'une galère du convoi de Flandre et d'Angleterre, rentrant à Venise, dans le Phare de Messine, p. 312. — (Février.) Armement du convoi commercial de Flandre et d'Angleterre, 312-314. — Retour à Venise des armements privés rentrant de Flandre, 314.

Année 1412. — (Janvier.) Armement et départ du convoi commercial de Flandre et d'Angleterre, p. 314-316. — Armement de celui d'Aigues-Mortes, 316.

Année 1413. — (Janvier-février.) Armement du convoi commercial de Flandre et d'Angleterre, p. 316-318. — Armement de celui d'Aigues-Mortes, 316-318. — Passage d'ambassadeurs vénitiens en Aragon à bord des galères de Flandre, 318.

Nogent-le-Rotrou, imprimerie Daupeley-Gouverneur.

www.ingramcontent.com/pod-product-compliance
Lightning Source LLC
Chambersburg PA
CBHW070617160426
43194CB00009B/1294